奥马哈之雾

珍藏版

OMAHA

任俊杰 朱晓芸·著

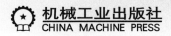

随着巴菲特在全球投资界影响力的日益提高，对其的误读、不解也在逐渐增多。有些误读无关轻重，但有些误读却使得众多投资者无法根据其所倡导的价值投资理念取得成功。本书针对那些研究书籍或投资者中存在的一些误读或质疑提出自己的观点，辅之以大量翔实的材料，旨在为广大读者及投资者们还原一个相对真实的巴菲特。

图书在版编目（CIP）数据

奥马哈之雾：珍藏版/任俊杰，朱晓芸著. —2版. —北京：机械工业出版社，2019.5（2025.4重印）

ISBN 978-7-111-62425-7

Ⅰ.①奥… Ⅱ.①任… ②朱… Ⅲ.①巴菲特（Buffett, Warren 1930—）—投资—经验 Ⅳ.①F837.124.8

中国版本图书馆 CIP 数据核字（2019）第 061511 号

机械工业出版社（北京市百万庄大街22号 邮政编码100037）
策划编辑：李　浩　　责任编辑：李　浩
责任校对：李　伟　　责任印制：张　博
北京联兴盛业印刷股份有限公司印刷
2025年4月第2版·第10次印刷
145mm×210mm·12.5 印张·3 插页·282 千字
标准书号：ISBN 978-7-111-62425-7
定价：99.00 元

凡购本书，如有缺页、倒页、脱页，由本社发行部调换

电话服务　　　　　　　　　　　　网络服务
服务咨询热线：010-88371066　　　机　工　官　网：www.cmpbook.com
读者购书热线：010-68326294　　　机　工　官　博：weibo.com/cmp1952
　　　　　　　　　　　　　　　　金　书　网：www.golden-book.com
封面无防伪标均为盗版　　　　　教育服务网：www.cmpedu.com

赞　誉

对曾经和正在关注巴菲特投资思想与操作细节的职业投资人、业余投资人以及介于这两者之间的半职业投资人，我都希望你们能看看这本书。《奥马哈之雾》为如何去全面，特别是"正确"了解巴菲特的思想与操作体系，提供了一个全新而又不可或缺的视角。

长城基金管理有限公司董事长　杨光裕

价值投资从来就没有被大众广泛接受，尤其是在投资领域涉世未深的年轻人。原因是正确应用、实践价值投资从来都不像看起来那么来钱快。而"证券市场是可以赚快钱的地方"的想法一直是一个人们坚信的"正确的错误"。

巴菲特貌似简单地应用价值投资原理获得了巨大的财富，但相对于全球成亿的炒股人，其数以万计的信徒在世界范围内似乎并不算多。

《奥马哈之雾》试图从不同的角度，向读者展示出多年来人们对巴菲特投资方法的种种误读，意在拨开笼罩在奥马哈上空的财富迷雾，不失为一本值得反复研读的、有助于财富良性增值的"智富手册"。

同威资产董事总经理　李　驰

我同意本书作者的一个观点：你可以不认同甚至不理会巴菲特，但不要误解了巴菲特。对于那些想模仿其投资方法的人来说，《奥马哈之雾》会是一个有效的辅助性工具。不得不承认，市场上对巴菲特的误读实在是太多了，而本书的价值就在于对这些误读提出了自己独到并值得我们关注的见解。

银河基金管理有限公司总经理　熊科金

历史纷繁复杂、循环往复，一本好书有时候就像苍茫岁月中一盏指路的明灯。作为一名基于企业长期竞争力的价值投资和长期投资的实践者，《奥马哈之雾》给了我极大的共鸣和震撼，它厘清了过往、今天乃至未来，影响我们的多重理念、价值观、市场逻辑和哲学思考。我相信，这是一本经得起久远岁月磨砺、承载思想和理性力量的著作，值得我们学习与珍视。

深圳东方港湾投资管理有限责任公司董事长　但　斌

推 荐 序
真理越辩越明

巴菲特在全球各地非常著名,除了因他乃价值投资之泰斗外,还因其投资策略在过去数十年备受考验后仍屹立不摇,更令他跻身世界富豪榜前列。

如今,不少研究他成功投资体系的书籍均非常热卖,皆因全球业余或专业投资者(如基金经理等)争相学习及模仿,也希望能站在这位投资巨人的肩上,令自己的目光更加远大,募集更多的资金,觅得更多的长线投资者。

众所周知,若要在长线投资中取得成功,基金经理与投资者必须保持良好的沟通,拥有同样的观点,犹如同坐一条船,最终达到双赢的局面。但现实情况似乎正好相反,如先锋基金创始人约翰·博格在其著作《伯格投资》中曾写道:"基金已经成为短期投资的一种工具,这种趋势是因为行业把重点放在了市场营销上。"

现在,一般基金经理持有股票的时间约为 400 天,中国的基金经理持有股票的平均时间则更加短暂。过去,国外基金经理持有股票的时间约为 6 年,基金投资人持有基金的时间约为 3 年,但如今人们对持有股票和基金似乎越来越没有耐性,我们也似乎正处于寻找长期投资工具的最差时期。

一般职业基金营销人员的目标为扩大基金的规模,如博格所言：出现了营销的问题！加上基金经理的业绩排名所带来的各种压力，这些几乎彻底地控制了基金经理的投资准则及行为偏好。

中国香港成功的价值投资者为惠理基金的谢清海先生、首域中国基金的刘国杰先生等；赤子之心基金的掌舵人赵丹阳先生、东方港湾投资管理的钟兆民先生等也非常有名；长城基金董事之一的任俊杰先生亦为其中一位佼佼者。

在中国香港或大中华地区进行价值投资特别不容易。惠理基金的谢清海先生在20世纪90年代募集资金时，大部分的资金均源于美国或海外各地，并不是中国香港。惠理基金的规模后来日渐壮大，表现也非常出色，大中华地区的投资者也变得成熟了，所以才从大中华地区募得了较多的资金供基金管理。

将来中国的价值投资基金经理是否需要走同样的模式？即价值投资型基金先在海外募集，然后投资于中国市场，待成名后才在中国本土集资。

任俊杰先生和朱晓芸女士在证券及投资行业拥有丰富的经验。多年来，根据自己在中国的投资体验及参阅非常多的有关巴菲特的资料，他们认为有不少专业与业余人士对巴菲特的投资体系长期存在并还在继续产生着诸多误解。

任俊杰先生及朱晓芸女士根据自己多年来对巴菲特的研究心得以及对市场中各种类型误读的长期观察，一起撰写了这本书，找出一般人对巴菲特的误读。本人认为读者通过阅读本书将能更准确地认识及掌握巴菲特的投资精髓，如巴菲特最大的核心竞争力在于善用保险公司之浮存金以提供一个低成本的资金来源、巴菲特的能力边界、有所为及有所不为、内在价值评估方法的实际运用、绩优及质优企业之分别、如何享受巴菲特的快乐投资等。

牛顿的三个定律举世闻名，但从股票投资的角度而言，牛顿的第四个定律——运动有害投资——却与我们失之交臂！尽管这可能只是巴菲特的一句戏言，但其中包含的思想的确发人深省。

此外，本书认为：巴菲特十分注重投资中的风险管理，其中一个有效的方法就是对自己的投资范围进行严格界定。其实他不是投资于所有的项目，他认为投资必须具有选择性。

本书的作者之一任俊杰先生与本人认识已达十载。本人拜读了他的著作，也十分荣幸地获邀撰写序言。他和朱晓芸女士利用误读为引子，然后道出他们自己的观点，再于每一节利用不同的角度及不同的例子进行叙述，最后在每节末段把重点重新说明，以加深读者的认识及记忆，让"真理越辩越明"。

本人在此试图跟大家分享一下本书指出的第一个误读：人们对巴菲特的投资框架结构一直没能给出一个清晰的描绘。

本书的两位作者认为：这一项欠缺（本书提出的三种类型的误读之一）将导致人们即使已走近巴菲特的投资殿堂，也会不得其门而入！他们认为巴菲特的投资框架，就像一座"七层塔"一样，即

塔层1：将股票视为生意的一部分

塔层2：正确对待股票价格波动

塔层3：安全边际

塔层4：对"超级明星"的集中投资

塔层5：选择性逆向操作

塔层6：有所不为

塔层7：低摩擦成本下的复利追求

其中，"将股票视为生意的一部分"为整个塔（投资框架）的承重点，换句话说，投资者在上塔顶之前，一定要十分扎实地了解

及分析不同股票的生意运作,并将自己的投资操作建立在"购买生意"这一基础之上。

如果各位读者想详尽地、清晰地了解巴菲特,除自己阅读所有有关巴菲特的书籍和报道外,最重要的是要参阅所有巴菲特历年的致股东信。但如果你没有足够时间的话,本人推荐你认真读一读这本书。各位读者可通过此书能更真正地了解巴菲特!

庞宝林
东骥基金管理有限公司董事总经理

新版序

对于《奥马哈之雾（珍藏版）》的出版，我想跟朋友们说以下六点：

一、感谢读者对本书长达近 10 年的厚爱。

二、此次出珍藏版，一是对这份厚爱的回馈，二是对本书内容做一次自我肯定。

三、珍藏版增加了对 33 个新话题的讨论。限于篇幅，已力求简明扼要及通俗易懂。

四、尽管巴菲特的投资理念与操作策略传入我国已有多年，但据我们观察，市场上的误读还是有很多。如果你不方便阅读巴菲特历年致股东的英文原信，建议你买这本书看看——毕竟它已经过了近 10 年的市场检验。

五、已经买过旧版书的朋友也不妨再买一本新版书看看，一为珍藏，二为它毕竟增加了一些新内容。

六、朱晓芸已云游四方，本书新增内容全部是我一人撰写，如有错误，与她无关。

任俊杰
2019 年 4 月 11 日

前　言

不久前，我们参与了一个小范围的关于巴菲特的讨论，并对一个我们认为存在严重误读的观点提出了自己的看法。由于感觉到持有该观点的人似有"众人皆醉我独醒"之意，我们的发言也就略带了一些揶揄的口吻。很快，坐在我们旁边的一位朋友小声说："大家都在盲人摸象，应当允许存在不同的观点。"

他的话让我们的脸红了好一阵子。

那位朋友不经意间道出了一个不争却容易被不少人所忽略的事实。难道不是如此吗？在这个世界上，除了巴菲特本人、他的搭档查理·芒格以及那位和巴菲特有过2 000个小时谈话经历的艾丽斯·施罗德女士外，其他人在谈论起巴菲特时，谁能说自己不是在隔岸观火，不是在盲人摸象？

从11岁买入自己人生的第一只股票，或者从19岁开始读格雷厄姆的投资巨著《聪明的投资者》并从此"茅塞顿开"算起，巴菲特用了至少60年的时间，为我们演绎了一个可以让每个投资人叹为观止的财富神话。今天，当人们怀着无比好奇的心情走入这个财富殿堂并在有限的时间和空间里四处观望时，又有谁能说自己已经发现了这个用了60年时间来打造的殿堂中的所有秘密？

尽管事实确实如此，但却不代表有关巴菲特的讨论就没有任何意义。毕竟，即使是盲人摸象，也会有人距离大象更近一些，也会有人摸的时间更长久一些。如果大家能不断地交流一下触摸的心得和体会，大象的轮廓自然会逐渐变得清晰。只是不要忘记，在这同一个阵营里，没有谁拥有最终评判别人观点的资格与权力。

《奥马哈之雾》正是本着这样的初衷而完成了写作。同时，借用《蓝海战略》前言中的一句话，对于两位作者而言，"本书是友谊、忠诚和相互信赖的产物。正是友谊和信任激发我们探索本书所表述的主要思想，并最终完成了写作。"

记得是在1996年或1997年，本书其中一位作者在香港首次读到介绍巴菲特的书籍。从那以后，他便开始了对巴菲特持续12年的、不间断的学习和研究，并以此指导其投资实践。1999年上半年，他还曾把初步的体会，以《巴菲特投资理念与中国股市实践》《长线是金》《短线的困惑》《客户的游艇在哪里》等为标题，在报纸上发表介绍巴菲特投资思想的系列文章。这或许是中国建立自己的股票市场以来，对巴菲特投资理念最早且最为系统的解读。其中《巴菲特投资理念与中国股市实践》一文至今仍被许多媒体转载，我们也可以在数百个网站和个人博客中看到它。另一位作者尽管研究巴菲特的时间不及前者长久，但也有5年多的时间了，而且是作为一位职业投资人的不间断的研究、实践、总结与提升。

简短回顾一下本书的写作背景，只是想说明我们这两个"摸象人"并不是初来乍到者，并因此希望我们的观点能引起更多人的关注。

与10年前有所不同的是，今天，巴菲特的投资故事在我国股票市场（甚至超出这个领域）几乎已是家喻户晓。人们开始在办公桌旁、会议室里以及茶余饭后的各个场合谈论着巴菲特，转述着他的财富传奇。由于这令人目眩的财富传奇无与伦比的诱惑力，这只"大象"的周围正在聚集着越来越多的"摸象人"……

然而，在摸象者众多且各自在观察距离、触摸时间以及学识和经历上不尽相同的情况下，各种"误读"的出现便会在所难免。由于人们走近巴菲特是为了向巴菲特学习并将其理论运用于自己的创富过程，将这些"误读"（或者说是我们所认为的误读）及时拿出来讨论，辨别一下究竟什么是对的，什么是错的，对每一位投资者来说都无疑是大有裨益的。

根据我们的长期观察，市场上现存的"误读"可以分成三种类型：(1) 错误的看法与结论。(2) 深度的质疑并一直没有答案。(3) 尽管没有明显的错误，但在理解的深度和广度上还有较大的提升空间。

需要——或者说我们斗胆——指出的是，上述误读不仅存在于我国的研究者或投资人中，也存在于不少国外学者当中。我们前面说过，除了巴菲特、芒格、施罗德三人，任何误读的出现都将在所难免、无可厚非。只是由于国外学者或专业人士（他们大多已著书立说并被翻译成中文在我国出版）相对于国内学者更有权威性，他们的哪怕是为数不多的误读，也会给我国的投资人带来较大的影响。

为了避免我们的看法反而导致更深的误读，或者将原本对的说成是错的，我们在现有的研究基础上又再一次研读了我们称之为"第一手资料"的资料。它们包括巴菲特历年的致股东信（非合订本）、官方传记《滚雪球》、过去数十年来巴菲特本人在各种场合的演讲以及他为数不多的密友有关他的一些观察和描述等。

尽管如此，我们的讨论还是可能会由于以下因素的存在而出现错误：(1) 有限的知识水平和阅历。(2) 有限的理解和领悟能力。(3) 有限的第一手资料（例如，介绍巴菲特是如何进行股票估值的原始资料可能根本就不存在)。(4) 某些英文原版资料的缺失(不少译文的水平实在是让我们不敢恭维,它将可能导致一定程度的"以讹传讹")。(5) 对所列出的"误读"本身的含义理解有误。

不管怎样,只要我们的观点有 1/3 正确或接近正确,我们的辛苦便不会毫无意义;如果有一半以上正确,我们的劳动就有了些许的成果;如果有 2/3 以上的正确率,我们将会在睡梦中露出欣慰的笑容。

让我们开始吧!

(本书封面所选用的背景照片系但斌所摄。对他给予本书的无私支持,我们表示衷心的感谢!)

著者

任俊杰　朱晓芸

目　录

赞誉

推荐序

新版序

前言

| 第一部分 | 七层塔 |

　　误读 1　七层塔　003

| 第二部分 | 倾斜的视角 |

　　误读 2　安全边际　013

　　误读 3　暴利　017

　　误读 4　浮存金　025

　　误读 5　龟兔赛跑　029

　　误读 6　今不如昔　033

　　误读 7　每股税前利润　036

　　误读 8　内幕消息　041

　　误读 9　舍近求远　045

| 第三部分 | 残缺的影像 |

　　误读 10　边界　053

误读 11　伯克希尔净值　057

误读 12　递延税负　063

误读 13　地上走、空中飞、水里游　066

误读 14　投资伯克希尔　071

误读 15　光环背后　074

误读 16　关系投资　080

误读 17　护城河　086

误读 18　价值管理　091

误读 19　简单却不容易　098

误读 20　快乐投资　103

误读 21　摩擦成本　107

误读 22　牛顿第四定律　111

误读 23　静止的时钟　116

误读 24　确定性　120

误读 25　推土机前捡硬币　125

误读 26　限高板　129

误读 27　限制性盈余　134

误读 28　透视盈余　139

误读 29　伊索寓言　142

| 第四部分 | "画布"朦胧 |

误读 30　标尺　151

误读 31　称重作业　155

误读 32　储蓄账户　159

误读 33　大众情人　163

误读 34　低级错误　167

误读35　定期体检　172

误读36　高抛低吸　176

误读37　沟槽里的猪　181

误读38　划船　185

误读39　挥杆轴　190

误读40　价值投资　194

误读41　绩优股　198

误读42　卡片打洞　203

误读43　可口可乐　207

误读44　流动性陷阱　213

误读45　落袋为安　218

误读46　尾大不掉　222

误读47　5分钟　227

误读48　影响力　232

误读49　中国石油　236

| 第五部分 | 淮南之橘 |

误读50　低风险操作　243

误读51　发现的艰难　249

误读52　美国蝙蝠　253

误读53　美国梦　257

误读54　湿雪与长坡　262

误读55　铁公鸡　265

| 第六部分 | 双燕飞来烟雨中 |

误读56　大器晚成　273

误读57　股神巴菲特　277

误读58　管理大师　284

误读59　矛盾体　290

误读60　内部记分卡　295

误读61　内在超越　298

误读62　青出于蓝　304

误读63　三面佛　308

误读64　思想者　311

误读65　资本家　317

误读66　查理·芒格　321

|第七部分|关于33个新"雾"的讨论|

误读67　巴菲特难以复制　329

误读68　巴菲特说价值投资很简单似有误导之嫌　329

误读69　巴菲特成功是因为他有着极高的智商　331

误读70　巴菲特其实是85%的费雪　332

误读71　巴菲特成功是因为他生长在美国　334

误读72　巴菲特对宏观经济真的不关心吗　336

误读73　如何正确把握"能力圈"　337

误读74　如何理解巴菲特笔下的"合理价格"　339

误读75　听说巴菲特多次推荐买指数基金　340

误读76　巴菲特计算现金流吗　341

误读77　估值时需要注意什么问题　342

误读78　巴菲特很看重一家公司的历史，但历史可以代表未来吗　343

误读79　高收益必伴随高风险吗　344

误读 80　如何理解市场长期是"称重器"　346

误读 81　巴菲特的持股到底是集中还是分散　347

误读 82　巴菲特的财富都是在很老以后赚到的　348

误读 83　巴菲特抛弃烟蒂投资是否只是因为他的
　　　　资金规模变大了　349

误读 84　巴菲特的投资理念全部来自其前辈，
　　　　没有自己独创的东西　351

误读 85　如何给一家公司做定性研究　352

误读 86　巴菲特也会逃顶吗　354

误读 87　巴菲特对卖出的股票好像从来不会再买回　356

误读 88　既然股价波动频繁，为何不高卖低买呢　357

误读 89　巴菲特的高复利回报是否以抑制消费为代价　359

误读 90　巴菲特进行股债平衡操作吗　360

误读 91　巴菲特如何看一家公司未来 5～10 年的经济前景　361

误读 92　如何把握合适的进场时机　362

误读 93　伯克希尔的净值增长逐渐放缓是投资体系改变的
　　　　结果吗　363

误读 94　安全边际是定量指标还是定性指标　364

误读 95　特许经营权与护城河是一回事吗　365

误读 96　核心竞争力与护城河是一回事吗　366

误读 97　一般散户能通过股票投资实现财务自由吗　367

误读 98　如何按照巴菲特理念进行资产配置　368

误读 99　巴菲特与现代投资理论有交集吗　370

| 后记 |　373

第一部分
七 层 塔

误读1：七层塔

主要误读：市场对什么是巴菲特投资殿堂的框架结构与承重点，一直没能给出清晰的描绘。

我方观点：一座七层塔，位于最底端的那一层——把股票看作许多细小的商业部分——就是这座七层塔的承重点或基石所在。

在读者朋友们开始本书的阅读之前，我们想先将巴菲特的投资体系做一个整体性的总结。为使表述能更加清晰，我们在这里用"七层塔"这一比喻来对其投资殿堂的主体框架、承重点和奠基石等做出解析。随后，我们将指出在我们眼里，支撑这座塔的最重要的那块基石是什么——这可能也是广大读者朋友们最为关注的。

塔层1　将股票视为生意的一部分——思想出处：本杰明·格雷厄姆

这是巴菲特从其老师本杰明·格雷厄姆那里学到的三个基本投资理念中的第一项内容，也是其中最为重要的内容。从格雷厄姆当时表达这一观点时的整体思想来看，他之所以认为把股票看作生意的一部分是一个"最佳视角"（may best be viewed），是因为他相信当人们试图通过股票的短期买卖去赚取超过企业经营性收益的投资回报时，由于股票价值与价格之间的复杂关系，会让自己处在一个相对来说并不有利的冒险之中。于是格雷厄姆向投资者发出呼吁："把有价证券当作一项生意去投资是最聪明的投资（Investment is most intelligent when it is most businesslike）。"

在将格雷厄姆的这一重要投资思想成功实践了数十年后，巴菲特在 2004 年致股东的信中这样写道："看过伯克希尔股票组合的人或许以为这些股票是根据线性图、经纪人的建议或是公司近期的获利预估来进行买和卖的，其实查理跟我本人从来都不曾理会这些，而是以企业所有权人的角度看事情。这是一个非常大的区别。事实上，这正是我几十年来投资行为的精髓所在。自从我 19 岁读到格雷厄姆的《聪明的投资者》这本书之后，我便茅塞顿开。"

塔层 2　正确对待股票价格波动——思想出处：本杰明·格雷厄姆

这是巴菲特从其老师本杰明·格雷厄姆那里学到的三个基本投资理念中的第二项内容，也是最不容易做到的内容。尽管不容易做到，但巴菲特认为它或许是"对于投资获利最有帮助的"。

在《聪明的投资者》一书中，格雷厄姆把市场价格的波动形象地比喻成有一位情绪不定但又很执著的"市场先生"，其每天都走到投资者的身边，不管公司经营情况是否稳定，都会按照自己的情绪好坏报出一个高低不定且起伏颇大的价格。格雷厄姆认为："这些信号给投资者误导的次数不比有用的次数少。从根本上讲，价格波动对投资者只有一个重要的意义：当价格大幅下跌后，提供给投资者买入的机会；当价格大幅上涨后，提供给投资者出售的机会。"

在 1987 年致股东的信中，巴菲特曾经意味深长地指出："'市场先生'是来给你提供服务的，千万不要受他的诱惑反而被他所引导。你要利用的是他饱饱的口袋，而不是草包般的脑袋。如果他有一天突然傻傻地出现在你面前，你可以选择视而不见或好好地加以利用。要是你占不到他的便宜反而被他愚蠢的想法所吸引，则你的下场可能会很凄惨。事实上若是你没有把握能够比'市场先生'更清楚地衡量企业的价值，你最好不要跟他玩这样的游戏。"

塔层3　安全边际——思想出处：本杰明·格雷厄姆

这是巴菲特从其老师本杰明·格雷厄姆那里学到的三个基本投资理念中的最后一项内容，也是我国不少巴菲特迷最为津津乐道的内容。在《聪明的投资者》最后一章的开头，格雷厄姆写道："根据古老的传说，一个聪明的人将世间的事情压缩成一句话：这很快将会过去。面临着相同的挑战，我大胆地将成功投资的秘密提炼成四个字的座右铭：安全边际。"

说到安全边际在自己投资体系中的重要地位，巴菲特曾分别在1992年和1997年致股东的信中明确指出："这是投资成功的关键所在"（巴菲特1992年致股东的信），"这是智能型投资的基石所在"（巴菲特1997年致股东的信）。

格雷厄姆与巴菲特师徒二人之所以把安全边际看得如此重要，是因为安全边际可以在以下三个方面为一个企业价值投资人提供重要帮助：（1）为企业估值时可能出现的高估提供缓冲地带。（2）较低价格的买入将提供更高的投资回报。（3）当企业的实际增长高于预期（安全边际提供了保守的预期数据）时，投资者会同时在经营性回报（指市场价格会随每股收益的增长而等比例提升）和市场性回报（公司超出预期的业绩会提升市场估值）两个方面获得收益。

塔层4　对"超级明星"的集中投资——思想出处：凯恩斯、费雪、芒格

关于凯恩斯和芒格对巴菲特的影响，我们已谈论较多了。但费雪的影响也是不可忽视的,下面我们摘录费雪在其所著畅销书《怎样选择成长股》中的一段话:"投资人被过分地灌输了分散投资的重要性。然而,害怕一个篮子里有太多的鸡蛋,会使得他们买进太少自己比较了解的公司的股票,买进太多自己根本不了解的公司的股票。他们似乎从没想过,买进一家公司的股票时,如果对那家公司没有充分的了解,可能比分散投资做得不够充分还要危险。"

说到巴菲特的"超级明星"策略,那还是最近30多年的事情,在此之前,巴菲特的投资策略主要表现为对"烟蒂"型股票的执著与偏好。但"集中投资"策略已被巴菲特采用了至少50年了,也就是说,巴菲特在投资的早期阶段就已经"背叛"了格雷厄姆关于分散持有的投资哲学。其当时对盖可保险的买入、对伯恩地图的买入、对丹普斯特和伯克希尔的买入以及对美国运通的买入等,实施的都是集中持有策略。

塔层5 选择性逆向操作——思想出处:格雷厄姆和费雪

所谓"选择性",是指在进行逆向投资操作时,只买入自己心仪已久的股票。不同于那种只根据对企业的简单估值(如 PE、PB、PC、PS 等)而采取批量买入的价值型投资策略,巴菲特的逆向投资全部都是选择性逆向操作。

格雷厄姆和费雪分别在《证券分析》和《怎样选择成长股》中提到了逆向操作策略。这些基于长期市场观察所得出的思想,为巴菲特日后的投资操作奠定了坚实的理念基础。下面列举的这些曾经对伯克希尔内在价值产生深远影响的股票,都是通过逆向操作策略买入的。它们包括:美国运通、盖可保险、华盛顿邮报、可口可乐、富国银行以及在金融海啸期间买入的众多著名美国公司的股票等。可以说，没有巴菲特对这些股票的成功操作，就没有今天的伯克希尔公司。

塔层6　有所不为——思想出处：格雷厄姆与芒格

我们认为：投资者的成功不仅在于他做了什么，而且还在于他不去做什么。有时，后者的重要性甚至大过前者。在一次面向某商学院学生的演讲中，巴菲特说道："我经常认为从失败的个案中学到的东西要比从成功的案例中学到的东西更多。商学院习惯于教授学生成功的商业案例，但是我的搭档查理说，他最想知道的就是可能在哪里会遭遇失败，这样他就避免到那儿去。"

许多年来，当人们谈论起巴菲特时，关注较多的都是他曾经做过什么。其实，如果我们能把目光多一些地聚焦在他不去做什么上时，我们所得到的东西可能不会少于只看他都做过什么。"不要到你会遭遇失败的地方去"，就股票投资来说，这一思想背后有很深的哲学含义。

我们下面就简要列举一些巴菲特在其投资中都"避免到那儿去"的领域：（1）基于投机目的买入与卖出（不含经过认真计算其风险收益的套利操作）。（2）基于任何短期预测的所谓"时机选择"性操作。（3）买入自己不易了解的公司的股票。（4）频繁操作。（5）对市场趋之若鹜的旅鼠性跟随。（6）以股票价格的升跌而不是公司经营的好坏评估投资的成败。（7）摇摆不定的投资理念与操作策略。（8）拔掉鲜花而灌溉杂草。（9）以投资的主体部分进行冒险。（10）在高速行驶的推土机面前去捡5分钱的硬币。

塔层7　低摩擦成本下的复利追求——思想出处：综合影响

在2005年致股东的信中，巴菲特算过这样一笔账：道琼斯指数从1899年的65.73点涨到1999年的11 497.12点，其年复合增长率不过是5.3%而已。然而如果在下一个百年继续能保持这个增长率，道琼斯指数就将在2099年达到201.10万点。可见，复利真的很神奇。

指数增长是没有任何摩擦成本的。现在让我们假设一个指数投资者的买和卖产生了大约1.5%的摩擦成本，再来看指数的最终增长结果，见表1-1。

表1-1　不同增长率下的道琼斯指数

年复合增长率（%）	1899年	1999年	2099年
5.3	65.73	11 497.12	2 011 011.23
3.8	65.73	2 738.41	114 086.39

数据显示：仅仅是1.5%的摩擦成本，就使得100年和200年后的指数点位分别少了8 758.71点和近190万点。指数投资如此，主动投资就更是如此了。因此，巴菲特在长期的投资操作中，尽量减少自己的摩擦成本（交易费用、管理费用、红利税、联邦所得税等），这是他取得巨大成功的一个重要基础。

林林总总说了不少，那么在上述的"七层塔"中，究竟哪一层才是其中的精髓、核心、承重点、基石或主线呢？我们认为是第一层塔：把股票当作一项生意去投资。我们的观点除了来自于我们长期的观察与研究外，更来自于巴菲特两次清晰的自我解读："人们买股票，根据第二天早上股票价格的涨跌来决定他们的投资是否正确，这是非常错误的。正如格雷厄姆所说，你要买的是企业的一部分生意。这也是他教给我的最基本、最核心的策略。"⊖ "在价值投资中,你买的不再是股份,而是生意的一部分,你买入公司股票的意义,不是为了在下一个星期、下一个月或者下一年卖掉它们,而是你要成为它们的拥有者,利用这个好的商业模式来帮你挣钱。"⊜

> **本节要点:**
>
> 可以用"七层塔"来概括巴菲特的整体投资框架,它们是:(1)将股票视为生意的一部分。(2)正确对待股票价格波动。(3)安全边际。(4)对"超级明星"的集中投资。(5)选择性逆向操作。(6)有所不为。(7)低摩擦成本下的复利追求。
>
> "七层塔"的主线、承重点或基石就是最下面的一层塔:把股票当作许多细小的商业部分。

⊖ 巴菲特在佛罗里达大学的演讲。
⊜ 巴菲特在2008年股东会上答中央电视台记者问:什么是价值投资的精髓?

第二部分

倾斜的视角

误读2：安全边际

主要误读：安全边际是巴菲特投资体系中最为核心的思想，是其精髓中的精髓。

我方观点：在格雷厄姆给予巴菲特的三个基本投资理念中，安全边际只是其中的一个，而且——特别是对于巴菲特后期的操作而言——并不是最重要的那一个。

自从格雷厄姆在《聪明的投资者》一书中首次提出"安全边际"的理念，70多年的光阴弹指而过。在这70多年里，这一重要思想指引着格雷厄姆的弟子们成功走过了股市的风雨坎坷，最终成为众多投资者中最受瞩目的一群人。

1984年，为庆祝格雷厄姆和多德合著的《证券分析》一书发行50周年，巴菲特应邀在哥伦比亚大学发表了题为《格雷厄姆-多德镇的超级投资者》（后来被巴菲特编辑成文在学校的刊物上发表）的演讲。在这次著名的演讲中，巴菲特驳斥了学术界所谓的市场有效以及在有效市场下任何超额投资回报都是运气使然的观点。在谈到格雷厄姆-多德镇的弟子们为何能长期胜出时，巴菲特指出这是因为他们都有着一个共同的智力结构：探索企业内在价值与市场价格之间的差异，然后坚持用60美分或更低的价格买入价值1美元的东西。

根据我们的记忆，这是巴菲特首次明确且比较系统地将自己及师兄、师弟们汇集在（内在）价值投资（注意，不是价值型投资）以及安全边际的旗帜下。

又过了数年，随着美国股市在20世纪80年代后期逐步迈入牛市，在日渐高涨的欢乐气氛中，"市场先生"（格雷厄姆对股票市场的比喻）给予了上市公司越来越高的定价。出于对这一状况的深度忧虑，巴菲特分别在1992年、1995年和1997年致股东的信中高频率地告诫伯克希尔公司的股东和市场上的其他投资人一个相同的观点：安全边际是"聪明投资"或"成功投资"的关键要素或"基石"所在。

令人印象深刻的还在于，在70多年来许许多多关于股票市场和证券投资的经典论著中，我们也经常能看到或解读到安全边际对于投资回报的重要性：如法玛和法兰奇（Fama and French）对股票的账面价值与市场价值比对股票报酬率的解释力的研究，埃斯瓦斯·达莫达兰（Aswath Damodaran）关于股票投资回报与企业经济附加值并不直接相关联的研究，詹姆斯·奥肖内西（James. O'shaughnessy）关于市场最终将对高PE股票做出惩罚而对低PE股票做出奖赏的研究，杰里米·西格尔（Jeremy Siegel）关于股价变化与企业预期增长率而不是实际增长率有关的研究，德·邦德和塞勒（De Bondt and Thaler）关于市场经常会出现过度反应的研究，兰考尼肖科（Lakonishok）等人对市场热门股与冷门股的股价变化趋势进行分组观察的研究，以及王孝德和彭艳等中国学者关于价值型投资策略在国内A股市场短期与长期回报的实证研究等。

至此我们可以看出，将安全边际视为巴菲特投资体系中的核心要素或精髓所在，似乎并不存在什么误读。然而，事实并非如此简单。

面对股票价格长期位于相对高位（与20世纪50年代和70年代相比而言），巴菲特在1992年致股东的信中指出："我们的投资策略跟15年前的标准一样，并没有多大的变化……我们希望投资的对象，一是我们所了解的，二是具有长期的愿景，三是由德才兼备的人来经营,四是有非常吸引人的价格。但考虑到目前市场的情况与公司的资金规模,我们现在决定将'非常吸引人的价格'改成'吸引人的价格'……"我们认为这一修改值得注意,它除了显示出巴菲特对股价的长期高涨有些无奈之外,还向我们传递了一个重要信息:在一定条件下,安全边际并非完全不可撼动。

如果说上述解读可能有些牵强附会、难以服众的话,那么一年后,巴菲特在哥伦比亚商学院所讲的一段话则对我们的观点提供了进一步的佐证:"介入一家经营状况良好的企业时我会非常慎重,我会从我信得过的人那里购买股份,我要仔细考虑价格。但是,价格是第三位的,必须建立在前两个因素的基础之上。"现在我们不妨想一个问题:一个只能排在第三位以及可以视市场条件、投资标的和资金规模变化而做出适度修订的投资标准真的是价值投资体系中的核心要素或精髓中的精髓吗?

我们绝不是在吹毛求疵、咬文嚼字抑或小题大做。将一座用数十年打造的投资殿堂或将一棵仍在茁壮成长的参天大树放置在一块怎样的基石或土壤上,绝不是一件随随便便的事情。试想一下,如果我们把这座殿堂或大树最终放置在"安全边际"这块基石或土壤上,它是否意味着当投资者买入的公司股票的价格有一天(通常不需要太长时间)超出安全边际所允许的上限时,不论公司股票的质地优劣,都需要尽快售出呢?如果是这样,它是否也意味着当成功买入一只股票后,需要人们必须随时关注其价格变化,从而让这类经常性的"称重作业"(本书另有章节讨论)塞满他们的日常工作呢?

如果上述逻辑存在,为何我们在对巴菲特多年投资历程的深入观察中,从未发现他有这样一种操作习惯?

在研究或探讨究竟什么才是巴菲特投资体系最为核心的要素或

精髓时，我们显然不仅要看巴菲特本人"曾经"说过什么，也要看他"还"说过什么，更要看他"都"说过什么，否则就容易犯以偏概全的错误。

在历年致股东的信中，巴菲特除了多次提到安全边际在其投资体系中的重要位置外，也曾不止一次地指出同属于格雷厄姆的其他两个重要思想对于成功投资的关键作用（这两个重要思想分别是将股票视为细小的商业部分以及投资人需要正确对待股票价格的波动）。而我们可以将巴菲特在1994年12月纽约证券分析师协会的一段演讲内容视为对这些思想的一个高度概括："我认为格雷厄姆有三个基本思想足以作为投资者智力结构的基础。我无法想象，要想在股票市场上做得合乎情理地好，除了这些思想你还能求助于什么。这些思想没有一个是复杂的，也没有一个需要数学才能或者与此类似的东西。这三个基本思想是：(1) 把股票当作许多细小的商业部分。(2) 把价格波动当作朋友而不是敌人。(3) 在买入价格上留有充足的安全边际。我认为这些思想，从现在起直至百年后，都将会被看作正确投资的奠基石。"

从上面的这段话中我们可以看出，支撑巴菲特投资殿堂的基石至少有三块，安全边际不仅不是唯一的一块，甚至不是最重要的一块。事实上，巴菲特本人对什么才是其投资体系中的核心要素（精髓中的精髓）曾有过清晰的表述。关于这个问题，本书已在"七层塔"和其他有关章节中给出了较为全面的解读，这里就不再重复了。

需要重申的是，我们反对的只是将安全边际作为巴菲特的投资精髓的观点，而非针对安全边际本身。不管是在成熟市场还是在新兴市场，理性的投资人在买入股票时均需要充分考虑价格因素。哪怕是对一家非常优秀并且可以预期持续增长的公司的股票，若以过高的价格买入，其长期投资回报也将会大打折扣，同时会让投资人在大概率上承受一定时期内的低回报甚至负回报。此类实证已有太多。最近的一个鲜活实例就是，如果投资者选择在全球股市处于疯狂状态的2007年的下半年进行买入操作，即便你是投资于非常值得称道的优秀公司，也难以避免在随后几年乃至更长的时间内承受"零回报"或"负回报"。

本节要点：

（1）安全边际既不是巴菲特投资体系中唯一的基石，也不是最为基础的那块基石，更不是什么"精髓中的精髓"。

（2）如果把安全边际当作巴菲特投资体系中唯一或最为基础的那块基石，投资操作就会由"企业"投资演变成经常性的基于"称重作业"的短期"股票"买卖。

（3）我们在牢记安全边际准则的同时，也不要忘了格雷厄姆的另外两个投资基本准则：①把股票当作许多细小的商业部分。②把价格波动当作朋友而不是敌人。

重申我们在"七层塔"一节中提出的观点：把股票当作许多细小的商业部分才是巴菲特投资体系中最为基础的那块基石。

误读3：暴利

主要误读：伯克希尔净值分别在1976年、1982年、1985年、1989年、1995年和1998年出现40%以上的年度增幅，而标普500指数则一次都没有，原因就在于安全边际。

我方观点：尽管不能完全排除安全边际的影响，但在这些"暴利"的后面大多另有故事发生。

我们都知道，一个弹簧被挤压得越紧，反弹就会越大。一个弹簧如此，一家公司的股票价格通常也会如此。然而伯克希尔净值不是一个仅被股票市场挤压的弹簧，公司所持有股票的价格变化并不是影响公司净值增减的唯一要素，时间越到后期，情况就越发如此。如果我们仅仅从表面数据的变化去简单解读背后的故事，结论将难免流于草率。表2-1记录了上述相关年度伯克希尔净值与标普500指数的增减变化。

表2-1 年度百分比变化 （单位：%）

年度	1976年	1982年	1985年	1989年	1995年	1998年
伯克希尔净值	59.3	40.0	48.2	44.4	43.1	48.3
标普500指数	23.6	21.4	31.6	31.7	37.6	28.6
年度差点	35.7	18.6	16.6	12.7	5.5	19.7

资料来源：巴菲特2008年致股东的信。

从表2-1中可以看出，除1995年外，伯克希尔在另外五个年度所产生的"暴利"，其含金量（指相对市场整体水平的超额回报）都是不低的。那么，在这五个年度公司净值的巨幅增长，是否都来自于低价或超低价买入股票的"价格反弹"呢？当我们再次回望那段历史，认真考察当年的实际情况时，我们发现在所谓"暴利"的背后，除了不能完全排除有安全边际的影响外，大多还另有故事。

1. 1976年：豪赌盖可（Geico）保险

了解巴菲特早期投资经历的读者，对盖可保险应当不会陌生。尽管那次"著名拜访"让巴菲特最终以自己当时一半以上的身家购买了盖可保险的股票，但不久就获利了结了，从而让巴菲特有了人生第二次对于"称重作业"的痛苦记忆（第一次源自其 11 岁时买入的城市服务公司的股票）。但这已是后话，不在本节讨论内容之列。

我们知道，格雷厄姆提出的安全边际准则是以对公司内在价值的度量为基本前提的，只是后来巴菲特把老师的纯量化（或纯财务）度量改成了以定性为主、定量为辅的评估模式。安全边际的一般性潜台词是：相对于公司较为稳定或没那么悲观的基本资产或基本情况，市场由于出现非理性的过度反应，而给出了过低的估值。从这个层面来看，巴菲特对美国运通和华盛顿邮报的投资属于安全边际理念下的操作：在美国运通受非核心业务损失影响而导致股价下挫时买入，以及在华盛顿邮报因为股票市场的整体性下滑而变得便宜时出手。但盖可保险的情况则并非如此。

说起盖可保险公司当时的状况，我们可以使用以下关键词：分崩离析、今非昔比、伤筋动骨、濒临死亡。公司股价的变化多少反映出当时情况的恶劣程度：从 1972 年最高每股 61 美元跌至 1976 年最低每股 2 美元。无论是依照格雷厄姆旧有的价值评估标准还是巴菲特后来改良过的价值评估标准，买入盖可保险，与其说看中的是其宽广的安全边际，不如说是一场关于公司能否起死回生、乾坤扭转的豪赌。

1976 年，在与盖可保险新任 CEO 约翰·J. 拜恩（John J. Byren）"促膝长谈"（不是询问公司的基本情况有无改变，而是询问这位新任总裁如何让公司起死回生）了几个小时后，巴菲特开始以平均每股 3.18 美元的价格买入盖可保险价值 410 万美元的股票。而在当时，公司的情况并未出现根本性改观。巴菲特的"赌博"能否成功，除了要看约翰·拜恩能否力挽狂澜外，还有赖于地方监管当局的恩典、其他保险公司的相助、投资银行（所罗门）的援手以及巴菲特的继续大量买入等。当然,最后的结局是完美的,盖可保险的股票也像一个被挤压得几乎变形的弹簧,最终出现了大幅增长。⊖

综上所述,我们显然不能把这次"豪赌"事件仅仅归结为一次简单的安全边际式操作。

2. 1982年:盖可保险故事的延续

伯克希尔净值在1982年的"暴利"其实只是1976年故事的延续而已。1976—1980年间,伯克希尔对盖可保险的投资总额共计4 700万美元(其中1976年投资的价值1 940万美元的可转换特别股于两年后全部转换成普通股)。伴随着公司业务的"起死回生""乾坤扭转",其股票价格也一路上扬,从而为伯克希尔净值做出了巨大贡献。见表2-2。

表2-2 年度百分比变化 (单位:%)

年度 类别	1980年	1981年	1982年	1983年	1984年	1985年	1986年
盖可保险	23.7	5.4	45.8	36.0	21.8	45.8	31.6
标普500	32.3	-5.0	21.4	22.4	6.2	38.7	18.6

资料来源:巴菲特1986年致股东的信。

单就1982年而言,盖可保险对伯克希尔净值的增长到底有多大贡献呢?我们从巴菲特当年致股东的信中可以一探究竟:"1982年伯克希尔净值的增长大约是2.08亿美元,相较于期初净

⊖ 巴菲特已经把1979年以前的公司净值按照新会计准则全部做了修正。

值 5.19 亿美元，约有 40% 的成长……在 2.08 亿美元当中，有 0.79 亿美元是由于盖可保险的成长。"其实我们从表 2-2 中也可以看出，1982 年伯克希尔净值的"暴利"，仍有部分来源于盖可保险快速增长的贡献。

3. 1985 年：通用食品收购事件

1979 年巴菲特开始买入通用食品公司的股票，买入的静态和动态 PE 分别为 7.95 倍和 7.33 倍（当时股市仍未脱离熊市状态）。到 1984 年，公司股价升至 54 美元。如果单纯计算其账面赢利的话，年复合增长率仅为 7.8% 左右，远远低于伯克希尔净值同时期的整体增长（年复合增长率为 26.95%）。因此，无论如何，这暂时还不能称为一次漂亮的买进。

然而，1985 年菲利普·莫里斯对通用食品的收购事件改变了一切。也许我们无法知晓隐藏在背后的收购动因，但收购价格却让通用食品公司股价从 1984 年的每股 54 美元，一跃升至 1985 年的每股 120 美元！"仅仅这一只股票就为伯克希尔赚回了 3.32 亿美元的收入"，㊀巴菲特对通用食品的投资年复合回报率也因此从 1984 年的 7.8% 大幅跃升至 21% 左右。

从当年的致股东的信中，我们可以清晰地看出巴菲特如何看待这一收购事件对当年伯克希尔净值的影响："1985 年出售证券的大部分收益（约 3.4 亿美元）是源于我们出售通用食品的股票。我们从 1980 年开始便持有这只股票，而且是以远低于我们认为合理的

㊀ 摘自《滚雪球》。

每股价值的价位买进。年复一年，吉姆与菲尔等管理阶层的优异表现大幅提升了该公司的价值。一直到1984年秋天，菲利普·莫里斯对该公司提出并购的要求，终于使其价值显现出来。我们因四项因素而大大受惠：（1）便宜的买进价格。（2）一家优秀的公司。（3）一群能干且注重股东权益的管理阶层。（4）愿意出高价的买主。而最后一项因素是本次获利能够一举实现的唯一原因。不过，我们仍认为前三项才是能为伯克希尔股东创造最大利益的基本缘由所在。"

4. 1989年：秘密购入可口可乐

巴菲特在1988年6月至1989年3月，分次秘密买入可口可乐公司股票共计9 340万股，投资总额高达10.23亿美元。截至1988年和1989年年底，可口可乐公司的股票市值分别占伯克希尔股票总市值的20.7%和34.8%。买入的静态和动态PE分别为17.4倍和14.5倍。按照当时市场的主流看法，买入这样一家略显疲态的巨无霸公司，价格不算吸引人。

由于巴菲特当时已经闻名全国，其每项投资举动都会对股市产生不小的影响，因此，巴菲特得到美国证券交易委员会特别许可：可以在一年内不披露自己在当年的投资行动。因此，巴菲特对可口可乐的买入行动，除可口可乐公司外，其他人士并不知情。

但是，"当巴菲特手中的可口可乐的股票持有率达到6%时，股票资产累计已经达到了12亿美元。终于在1989年3月，巴菲特的'把戏'被揭穿了，人们纷纷到纽约股票交易所购买可口可乐公司的股票。最终,纽约股票交易所不得不给可口可乐公司的股票挂上了当日涨停的牌子。"⊖由于可口可乐公司的股票价格在巴菲特买入后的持续优异表现,到1989年年底,伯克希尔公司仅在这只股票上的未实现收益就高达7.8亿美元,占其买入总成本的76.16%。

面对这样一个略有些"呼风唤雨"和"点石成金"味道的故事,我们显然不能简单地认为:1989年的净值"暴利"主要源自安全边际。

5. 1998年:溢价收购通用再保险

1998年,伯克希尔净值增长了48.3%,超出市场指数19.7个百分点。只是这一次的"暴利"和"弹簧挤压"几乎没有一点儿关系,净值增长中的"绝大部分系来自于因并购交易所发行的新股溢价"(巴菲特1998年致股东的信)。

这一年,巴菲特完成了两项重要收购:奈特捷公司(NetJets,经营飞机分时业务)和通用再保险公司(General Re Corp.)。后者的收购价格高达220亿美元,是前者收购金额的30倍(关于此次收购的细节与玄机,我们在"可口可乐"一节中有较为详尽的描述)。这两次收购都涉及伯克希尔公司发行新股,而就在"巴菲特宣布用公司20%的股份收购通用再保险公司股票的同一天,伯克希尔的股票价格达到了每股80 900美元的高位"⊜,从而使得溢价发行构成了公司当年259亿美元净值增加额中的

⊖ 摘自《滚雪球》。
⊜ 摘自《滚雪球》。

"绝大部分"。

由此我们可以看出，1998年伯克希尔公司净值的大幅增长（确切地说是超额增长部分）与安全边际几乎没有任何关系。

6. 1995年：乏善可陈的斩获

在1976—1998年伯克希尔净值的六个"暴利"年中，1995年的含金量是最低的，超额收益仅为5.5个百分点。由于公司当年完成的两项收购均涉及数量很小的新股发行，因此我们估计这5.5个百分点的超额收益多少仍与溢价收购有关联。

由于当年的公司净值增长实在没有精彩故事可言，巴菲特在当年致股东的信中做了一段自嘲式的表述："对于1995年能够有这样的成果并没有什么值得好高兴的，因为在1994年那样的股票市场状况下，任何一个笨蛋都可以很轻易地在市场上有所斩获。我们当然也不例外。引用肯尼迪总统曾说过的话，只要一波大浪起来就可以撑起所有的船只。"

本节要点：

（1）发生在1976年、1982年、1985年、1989年、1995年和1998年的伯克希尔净值的巨幅增长，并非主要源自股票投资上的安全边际，而是背后另有故事。

（2）我们观察巴菲特，不仅要知其一，也要知其二，更要防止被一些表面现象所迷惑。

误读4：浮存金

主要误读：市场上有不少投资者长期忽略了保险浮存金对伯克希尔净值增长的巨大影响。

我方观点：不仅不能忽略，而且按照巴菲特自己的看法，这部分"浮存金"甚至构成了伯克希尔公司的"核心竞争优势"。

为便于说明问题，我们先举一个简单的例子。首先，假设公司A每股权益资本为10元，零债务，投资回报率为10%，所有利润均滚存至下一年度。则其每股净值的增长情况见表2-3。

表2-3　年度百分比变化——公司A

投资股本（元）	长期债务（元）	投资回报率（%）	期末净值增加（元）	年增长率（%）
10	0	10	1	10
11	0	10	1.1	10
12.1	0	10	1.21	10
13.31	0	10	1.31	10

其次，假设公司B与公司A情况相同，只是每年在权益资本之外，再持续投入相当于当年权益资本50%的无息债务资金，其每股净值的增长情况见表2-4。

表2-4　年度百分比变化——公司B

权益投资（元）	长期债务（元）	投资回报率（%）	期末净值增加（元）	年增长率（%）
10	5	10	1.5	15
11.5	5.75	10	1.725	15
13.225	6.60	10	1.98	15
15.20	7.60	10	2.28	15

这个例子说明，在投资回报率相同的情况下，当使用债务资金时，公司的净值增长率将高于实际投资回报率。其实，这只是企业经营事务中简单的"财务杠杆"问题，相信大多数的读者对此都已有充分的认识，在这里重提，是因为我们发现很多时候人们常常忽略了巴菲特也在使用财务杠杆这一工具，而这正是伯克希尔公司净值增长长期高于公司许多股票实际投资回报率的一个重要原因。只是与大多数企业情况不同的是，伯克希尔公司债务资金的来源并非是商业银行或是其他部门的信贷，而是旗下保险公司所产生的高额浮存金（客户向保险公司缴纳的保费中可供用于商业投资的流动资金）。

对巴菲特投资生涯有一定了解的读者都知道，其在介入伯克希尔公司经营的早期就已经通过对保险公司的收购而开始拥有保险浮存金。之后，随着巴菲特逐渐将伯克希尔公司打造成一个保险集团，浮存金也逐年增加。这些每年源源不断流入的、具有债务性质的保险浮存金，撬动了公司净值的大幅提升。表 2-5 给出了相关数据。

表 2-5　保险浮存金占比（1967—2007 年）

年度 类别	1967 年	1977 年	1987 年	1997 年	2007 年
保险浮存金（亿美元）	0.20	1.71	15.08	73.86	586.98
公司净值（亿美元）	0.36	1.56	28.43	314.60	1 241.20
浮存金占比（%）	55.56	109.62	53.04	23.48	47.29

我们看到，在过去的 40 年里，保险浮存金在伯克希尔公司资产净值中的占比始终保持在一个较高的数值上。因此，只要其资金成本低于公司的投资回报，保险浮存金就会因"杠杆"效应而提升

公司每股净值的年度增长比率。成本越低、占比越大，提升的幅度就会越高。那么，一直以来伯克希尔公司的保险浮存金有一个怎样的成本结构呢？请看巴菲特为我们做出的解答："自从1967年我们进军保险业以来，我们的浮存金每年以20.7%的复合增长率增加。大部分的年度，我们的资金成本都在零以下。"（巴菲特1995年致股东的信）"真正重要的是取得浮存金的成本。如果成本过高，那么浮存金的成长就可能变成一项'诅咒'而非幸福。在伯克希尔公司，我们的记录算是不错的了，32年来我们的平均成本远低于零。"（巴菲特1998年致股东的信）

需要注意，我们在这里之所以仅关注伯克希尔公司前30多年的浮存金成本，是因为那段时期是巴菲特的"股票投资蜜月期"（这以后则转入"企业收购蜜月期"）。因此，期间浮存金的规模与成本对我们讨论的话题来说相对最为"敏感"，也最能说明问题。

至此我们已不难看出，正是由于每年都有巨额并且是"零成本"的保险浮存金流入，才使得伯克希尔公司的每股净值每年都可以在"增厚"效用下，以高于其股票投资回报率的幅度快速增长。尤其是在对于其创造财富神话来说最为关键的20世纪70年代，其股票投资的资金绝大部分都是由浮存金构成的："20世纪70年代末期，巴菲特的大部分投资资金都来源于一个流动的金库，这就是保险和优惠券。"㊀巴菲特在当时利用这些资金分别买入了华盛顿邮报、盖可保险、大都会/ABC、通用食品、联众集团、奥美国际、联合出版以及喜诗糖果和水牛城晚报等公司的股票，这些公司后来为伯克希尔净值的快速增长都做出了巨大的贡献。

㊀ 摘自《滚雪球》。

通过保险浮存金来增加伯克希尔公司的股东回报的做法，不仅由来已久——巴菲特在20世纪60年代后期收购保险公司以及蓝筹印花公司的其中一个原因，就是因为看上了它们的浮存金（正如1967年收购保险公司那笔交易的经纪人查尔斯·海德所言，巴菲特比全国任何一个人都更早地领悟了浮存金的性质），而且它本身就是巴菲特为自己和伯克希尔公司的股东打造创富神话的一项基本策略。在1995年致股东的信里，巴菲特曾清晰地表述过他的这一指导思想："总的来说，1995年我们规模适中的保险事业交出漂亮的成绩单，而展望1996年，在盖可保险加入之后，在维持保险事业原有的品质之下，规模与成长皆可期。较之以往，保险事业已成为我们的核心竞争优势（More than ever, insurance is our core strength.）。"

国内有不少投资者由于忽略了巴菲特通过浮存金打造伯克希尔公司的传奇事业的这一公司"核心竞争优势"，因此当发现巴菲特长期持有的几只股票的投资回报低于公司的每股净值增长时，便将其解读为可能是"短炒"股票做出了贡献，显然这是不对的。其实，只要我们稍微细心和深入一些，就不难看出其中的奥妙所在。

本节要点：

（1）每年源源不断流入的保险浮存金，为伯克希尔公司的净值的增长提供了巨大的财务杠杆。

（2）巴菲特几只重仓股票的投资回报长期低于公司净值增长，原因就在于保险浮存金对公司资产净值起到了增厚作用。

（3）按照巴菲特自己的说法，持有巨额并且是零成本浮存金的保险事业，已构成伯克希尔公司的"核心竞争优势"。

误读5：龟兔赛跑

主要误读： 即使已经过去了50多年，人们还是经常以短期表现去评估巴菲特所做的一切。

我方观点： 只有到终点，我们才能知道谁是最后的胜者。

2000年11月16日《今日美国》刊登的一篇报道中有这样一段话："八个月之前，很多人都在谈论着富有传奇色彩的投资家沃伦·巴菲特已经不复存在了。在以技术股为主的纳斯达克指数翻了一番的同时，巴菲特的伯克希尔公司却损失了近一半的市值。更有甚者，他在1998年以220亿美元巨资收购再保险巨人——通用再保险公司，也是他有史以来进行的最大收购案，同样也未能逃脱人们的指责。但是现在，巴菲特似乎真正地扮演了伊索寓言中的乌龟。巴菲特取得了最后的胜利，因为他总是能够在纷繁残酷的商场里，寻找到真正有利的投资机会。这只世界上最聪明的乌龟，总是在不停地奔跑，因而总会有新的收获。"

当时间的指针指向2008年时，巴菲特又一次面临了同样的"礼遇"。在波诡云谲、一夜乾坤的金融海啸风浪中，因为巴菲特的几次"抄底失败"，因为巴菲特的"买进美国"没有让可能的跟随者们在短时间内赚钱，也因为巴菲特确实作出了一些被他自己称为"明显失误"的决策，于是又有不少人站出来指出巴菲特这次是真的不行了，甚至就此宣布企业估值已死、价值投资已死。

这些似曾相识的指责、批评、讥笑与嘲讽，不禁让我们又一次想起了龟兔赛跑的故事。尽管类似的事件一次次地重复出现，但人们还是那样快地就给出了结论。问题究竟出在哪里呢？人们为何总是那样容易地失去记忆并总是信誓旦旦地说"这次不一样"呢？我们认为，除了人们用于判断的"标尺"有误之外（请看相关章节），还似乎总是忘了一个基本的逻辑：只有在终点，我们才能知道谁是胜利者。现在不妨让我们一起回到历史，看一看依短期表现进行投资选择的结果，见表2-6至表2-8（相关数据摘自《巴菲特的投资组合》与巴菲特2008年致股东的信）。

表2-6　年度百分比变化——切斯特基金与英国市场

年度	切斯特基金（%）	英国市场（%）
1928年	0.0	0.1
1929年	0.8	6.6
1930年	−32.4	−20.3
1931年	−24.6	−25.0

表2-7　年度百分比变化——红杉基金与美国市场

年度	红杉基金（%）	标普500（%）
1972年	3.7	18.9
1973年	−24.0	−14.8
1974年	−15.7	−26.4

表2-8　年度百分比变化——伯克希尔净值与美国市场

年度	伯克希尔净值（%）	标普500（%）
1967年	11.0	30.9
1975年	21.9	37.2
1980年	19.3	32.3
1999年	0.5	21.0

依据上述表格所展现的投资记录，我们认为绝大多数投资者会

在业绩较差的第一年或第二年选择离开由倒霉的梅纳德·凯恩斯管理的切斯特基金以及由罗纳·卡尼夫公司管理的红杉基金,并在随后的两年时间里一直庆幸自己的选择;如果你不巧在 1967 年、1975 年和 1980 年年初买入伯克希尔公司的股票,你大多会在一年后因其糟糕的业绩拂袖而去。假设投资者从此忘记这三个"失败"的投资管理人,全身心投入右方的指数投资阵营,接下来的情况不仅始料未及,而且对你的财富来说几乎是灾难性的。为什么这么说呢?参见表 2-9 至表 2-11。

表 2-9　年度百分比变化——切斯特基金与英国市场

年度	切斯特基金(%)	英国市场(%)
1932 年	44.8	-5.8
1933 年	35.1	21.5
1934 年	33.1	-0.7
1935 年	44.3	5.3
1936 年	56.0	10.2
过去 18 年平均	13.2	-0.5

表 2-10　年度百分比变化——红杉基金与美国市场

年度	红杉基金(%)	标普 500(%)
1975 年	60.5	37.2
1976 年	72.3	23.6
1977 年	19.9	-7.4
1978 年	23.9	6.4
过去 27 年平均	19.6	14.5

表 2-11　年度百分比变化——伯克希尔净值与美国市场

年度	伯克希尔净值(%)	标普 500(%)
1968 年	19.0	11.0
1969 年	16.2	-8.4

(续)

年度	伯克希尔净值（%）	标普500（%）
1976年	59.3	23.6
1977年	31.9	-7.4
1981年	31.4	-5.0
1982年	40.0	21.4
2000年	6.5	-9.1
2001年	-6.2	-11.9
过去43年平均	20.3	8.9

巴菲特教导我们，一个真正的企业投资人应当忘记股票价格的短期变化，把主要注意力集中于公司的经营层面；即使你的目标是获取资本买入与卖出的差价，也应当以5～10年为一个周期来规划你的投资。巴菲特是这样说的，也是这样做的。因此，如果我们总是习惯性地用短期市场表现来评估巴菲特或其阵营中的其他投资者某项投资或某段时期的好与坏、对与错、行与不行，我们将会一而再地重蹈覆辙。

在中国，以短期回报论成败的情况更为显著。不管是机构投资者还是个人投资者，最为津津乐道的是过去短则一两个月、长则半年的时间内，谁的回报排在前面，并据此来选择下一阶段的资金流向。可想而知，这样下去的结果自然不会太理想。在我们的身边就有这样一些朋友，以短期排名来选择投资基金并不停地进行转换，过了几年才发现回报甚至还低于市场整体水平。当然，不仅仅是在投资领域，在我们生活中的其他方面，看待任何事情时其视角都不应太过短期化。

> **本节要点:**
>
> (1) 巴菲特从来都是以至少5~10年的时间来规划自己的投资。以短期表现去评判他的投资成败,只会再次上演龟兔赛跑的故事。
>
> (2) 股票投资既然是一项长跑运动,我们为何要在100米处宣布谁是胜利者?
>
> (3) 问题还在于,巴菲特原本是一个农场主,而我们却总是习惯于以农场在交易市场中的最新报价来评判他的经营是否成功。

误读6:今不如昔

主要误读:伯克希尔公司的净值增长一直低于巴菲特在合伙公司期间的投资回报,这可能意味着过去的投资方法更加有效。

我方观点:由于存在众多的不可比性,这一看法的本身就不够严谨,而且事实也并非完全如此。

表2-12显示的是巴菲特在1956—1969年经营合伙公司期间的回报统计。

表2-12 年度百分比变化(1956—1969年) (单位:%)

年度	1957年	1958年	1959年	1960年	1961年	1962年	1963年
合伙	10.4	40.9	25.9	22.8	45.9	13.9	38.7
道指	-8.4	38.5	19.9	-6.3	22.2	-7.6	20.6
年度	1964年	1965年	1966年	1967年	1968年	1969年	1956—1969年
合伙	27.8	47.2	20.4	35.9	58.8	6.8	29.54
道指	18.7	14.2	-15.6	19.0	7.7	-11.6	11.53

资料来源:*The Making Of An American Capitalist*。

我们可以看到,在巴菲特经营合伙公司的13年里,年复合投资回报率为 29.54%。而从巴菲特 1965 年开始掌管伯克希尔公司到 2008 年年底,公司净值的长期年复合增长率是 20.3%,远低于合伙公司期间的回报。有投资者对其背后的原因有所不解,并进而思考这是否意味着早期的投资策略更加有效。

实证研究是检验一项投资策略是否正确的有效方法,但前提是它必须是科学和严谨的。我们认为,将伯克希尔公司的长期净值增长与巴菲特在早期阶段经营合伙人公司时的回报做简单对比,这本身就难言严谨和科学,由此产生出的疑问以及结论也将有所偏误。下面从三个方面进行讨论。

1. 评估对象不同

由于伯克希尔净值增长至少由三个部分组成:(1)股票市值变化。(2)经营性利润滚存。(3)新股发行溢价。因此,将资产净值增长与早期单一的股票投资回报进行对比是不合适的,结论也不具有太大的说服力(越是到伯克希尔公司经营的后期,越是如此)。

2. 评估期间不同

将两种类型的投资回报进行相互对比,不仅需要评估的对象相同,考察的时间段也应大体一致。如果我们依此逻辑对评估时期及评估对象做出修正,并提出以下两个限定条件:第一,考察期均为 13 年。第二,该期间市场整体估值水平同样表现出"从低到高"的特征,我们就会得到以下一组数据,见表 2-13。

表 2-13 伯克希尔每股净值增长率

年度	1974—1987 年	1975—1988 年	1976—1989 年	1977—1990 年
年复合增长率（%）	30.47	30.32	29.34	27.31
年度	1978—1991 年	1979—1992 年	1980—1993 年	1981—1994 年
年复合增长率（%）	28.48	27.29	26.87	25.49

资料来源：根据巴菲特历年致股东的信整理。

数据显示：在符合特定条件的统计期间内，伯克希尔净值增长与早期的投资业绩比较其实大致相同，并无太明显的差距。

3. 评估逻辑不同

细心的读者可能会发现，在统计 20 世纪 70 年代以后的数据增长时，我们并未考虑保险浮存金的影响（每股净值和每股投资的增长都会因保险浮存金的存在而受益）。如果剔除了保险浮存金的财务杠杆作用，表 2-13 中的增长数据可能要打一个不小的折扣。这样，我们可能又回到了问题的原点。

当然，除了上述三个方面外，问题还出在两者的增长基数不同上。随着伯克希尔公司经营状况的不断改变，股东的财富也得到了快速而持续的增长。由于投资基数的不断加大，其增长速度逐渐放慢下来是可以理解的。这一规律不会因经营者的不同而有太大的改变。

事实上，巴菲特本人早已想到公司净值增长速度可能会逐步放慢的问题。除了在其每年一度的致股东的信的开头都会提醒投资者过去的辉煌可能不再外，巴菲特还曾清楚地谈到了"今不如昔"的具体原因："现在我们股东权益的资金规模已高达 74 亿美元，所以可以确定的是，我们可能再也无法像过去那样继续维持高成长。而随着伯克希尔公司的不断成长，世上所存的可以大幅影响本公司表现的机会也就越来越少。当我们操作的资金只有2 000万美元的时候，一项获利100万美元的投资就可以使得我们的年报酬率增加5%，但时至今日，我们却要有3.7亿美元的获利（要是以税前利润计算的话，则要5.5亿美元）才能达到相同的效果，而要一口气赚3.7亿美元，比起一次赚100万美元的难度可是高多了。"（巴菲特1991年致股东的信）

只是，巴菲特的预测能力与他的投资能力相比似乎明显稍逊一筹，实际的经营情况比他所担心的还是要好很多。当然，这已是后话。

> **本节要点：**
> 由于存在诸多的不可比性，不宜将伯克希尔净值增长与巴菲特早期经营合伙公司期间的投资回报进行简单的对比，由此产生的巴菲特早期的投资策略是否更加有效的质疑，更是站不住脚的。

误读7：每股税前利润

主要误读：一些投资者似乎搞混了伯克希尔公司的"年度经营回报"与"长期投资回报"。

我方观点：这是两个不同的概念，巴菲特一直重"长期投资回报"，而轻"年度经营回报"。

先来看看来自某位网友的困惑："其实在巴菲特的实践中，比较频繁地换股，收益率更高。然而他的前后言论却出现了明显的不一致。在其1989年致股东的信中谈及递延税负时，他先是比较了两种不同投资方式下的回报差异,即长期持有会因交税的时点不同而比短期投资有更大的复利效应。然后他马上说道:实际上通过更加频繁地从一项投资转向另一项投资,我们可能会获得更大的税后利润。许多年前,查理和我就是这样做的。现在我们宁愿留在原处不动,尽管这意味着较低的回报……因为我们认为这样做将会产生良好的——尽管可能不是最优的——财务成果。"

这位朋友的问题源于没有分清伯克希尔公司的"经营回报"和"投资回报"。为了便于说明问题,我们先重复一段我们在"递延税负"一节中的观点。假设投资者用 10 万美元进行股票投资,年均回报率 15%,资本利得税 34%(美国税收标准),投资期 30 年。当投资者采取以下两种不同的投资模式时,回报结果如下:(1)买入并持有:由于是在 30 年后一次性缴税,因此总回报的计算公式与结果为:10 万美元 × $(1+15\%)^{30}$ $(1-34\%)$ = 436.99 万美元。(2)股票平均每年周转一次:由于每年须缴纳 34% 的资本利得税,因此年均增长率将修正为 10% 左右,而投资总回报就变成:10 万美元 × $(1+10\%)^{30}$ = 174.49 万美元。由于交税的时点不同,买入持有策略实现了更大的复利效应和更大的"投资回报"。

而"通过更加频繁地从一项投资转向另一项投资,我们可能会获得更大的税后利润"讲的则是伯克希尔公司的"经营回报"。按照美国会计准则(我国的会计准则目前已与其基本相同),当一只股票卖出时,其资本利得计入当年损益。因此,在回报率保持不变的前提下,频繁换股就会同时导致"经营回报"的增加和"投资回报"的减少。由于巴菲特的经营目标是伯克希尔公司股东价值的长期最大化,而不是年度账面利润的提升,因此选择了"现在我们宁愿留在原处不动"的投资策略。

其实从巴菲特历年的致股东的信中，我们经常可以看到他舍弃"经营回报"而去追逐"投资回报"的行为轨迹。

早在1980年致股东的信中，巴菲特就已经向其股东表明："我们旗下的保险事业将会持续地把资金投资在一些虽不具控制权但经营良好且保留大部分盈余的公司之上。按照这个策略，可预期的长期投资报酬率将持续大于每年账面盈余的报酬率。"在其两年后的致股东的信中，巴菲特进一步指出："在这个巨大的拍卖市场中，我们的工作就是去挑选那些能将所赚的钱再利用并产生较高资本回报的公司。尽管曾经犯了不少错误，但至今仍算达到了目标。有时某些公司所保留的盈余并未增加其经济效益，但有时却高达2~3倍。到目前为止，表现好的多于表现差的。若我们能继续保持下去，不管对账面盈余有任何影响，将可使伯克希尔公司的内在价值极大化。"

对巴菲特有一定了解的读者可能清楚，就伯克希尔公司的特殊经营模式而言，账面盈余和透视盈余代表了两个不同的概念。由于公司在经营前期大量投资上市公司少数（大多低于25%）股权，按照美国会计准则的要求公司只能将收到的现金分红部分计入当年的"账面盈余"，而由所投资公司保留下来的那部分属于伯克希尔公司的盈余再加上公司当年的账面盈余则表现为"透视盈余"，显然，除非所有投资的上市公司每年都100%分红，伯克希尔公司的透视盈余一定会大于账面盈余。而巴菲特这种重"透视盈余"而轻"账面盈余"的做法，与他偏重长期投资回报的理念可谓是一脉相承。

时隔许多年后，巴菲特在2003年致股东的信中再一次谈到了他在公司短期利润和长期回报之间的取舍："个人一再重申：已实现的资本利得，对于分析伯克希尔公司来说，一点儿用处都没有。

我们账上拥有大量的未实现资本利得,何时该将其实现,其考量点与某些特定日期的财务报表完全没有关联。"

为了进一步加深读者的印象,我们统计了以下两组数据。一组是阶段性的,尽管年代已久且时段不长,但它基本代表了伯克希尔公司在过去数十年中的典型情况,见表2-14;另外一组是贯穿伯克希尔公司整个经营期的(截止日期为2007年12月31日),它将有助于读者对相关问题的全貌有一个概括性了解,见表2-15。

表2-14 伯克希尔公司经营情况表 (单位:亿美元)

年度	税后利润(含实现资本利得)	已实现的资本利得(税前)	未实现的资本利得(税前)
1981年	0.63	0.33	2.87
1982年	0.46	0.22	5.21
1983年	n.a	n.a	7.39
1984年	1.49	1.09	6.84
1985年	n.a	1.09	9.23

数据来源:巴菲特致股东的信。

表2-15 每股税前利润与每股净值变化情况表

年度	1965年	1979年	1993年	2007年
每股税前利润(美元)	4	15	212	4 093
年度	1965—1979年	1979—1993年	1993—2007年	1965—2007年
区间增长(年复合增长率)(%)	11.1	19.1	23.5	17.8
年度	1965年	1979年	1993年	2007年
每股净值(美元)	24.09	335.99	8 848.64	81 549.96
年度	1965—1979年	1979—1993年	1993—2007年	1965—2007年
区间增长(年复合增长率)(%)	20.71	26.32	17.16	21.35

数据来源:巴菲特2007年致股东的信及施得普汇数据库。

从表 2-14 中的数据可以看到，由于公司对上市公司股票奉行的是买入—持有的投资策略，因此其未实现的资本利得的数据远大于公司的税后利润数据。也就是说，如果巴菲特把这些股票中的大部分或者全部卖掉，公司的"账面盈余"或"经营回报"就会大幅度增加。

表 2-15 中的数据显示，除了 1993—2007 年这个周期外，伯克希尔每股税前利润的增长均远低于每股净值的增长，这与巴菲特在 1980 年所做出的关于"长期的投资报酬率将持续大于每年账面盈余的报酬率"的预测基本一致。而数据在 20 世纪 90 年代中期以后发生了变化，主要是因为巴菲特的经营重心开始从对上市公司的少数股权投资向私人企业控股性收购偏移所致。

> **本节要点：**
>
> （1）伯克希尔公司的"经营回报"和"投资回报"是两个不同的概念，前者记录公司商业运行中的"税后利润"情况，后者记录公司股票投资中的"净值增长"情况。
>
> （2）巴菲特的目标是公司长期"股东价值"的最大化，而不是公司当年"税后利润"的最大化。
>
> （3）巴菲特关注"透视盈余"与"未实现的资本利得"，而不关注"账面盈余"与"已实现的资本利得"，这是其始终关注股东长期价值的一个自然结果。

误读8：内幕消息

主要误读：巴菲特的社交圈让他有很多内幕消息，这一点一般投资者无法做到。

我方观点：尽管我们不能完全否认在巴菲特中后期的操作中，社交圈曾给他带来了的一些"信息便利"，但如果说巴菲特主要是靠这些便利而获得了投资上的成功，就有些言过其实了。

身边有些朋友在提起巴菲特的成功时，经常会露出一副不以为然的表情。他们认为巴菲特的成功，很大程度上是因为他本身是多家上市公司的第一大股东，能进入公司董事会，加上身边有一个广泛的社交圈，这些能让巴菲特得到很多内幕消息。

我们在此单设一节讨论有关"内幕消息"的话题，不仅是因为这样的观点对巴菲特本人不公，更重要的是它对那些立志模仿其投资方法的投资者也会造成负面影响，让那些不明就里的投资者可能由此望而却步。

在就事论事之前，我们想先说说认知的本末问题。当我们走进由格雷厄姆、凯恩斯、费雪、芒格以及巴菲特等人用近100年的时间共同搭建的投资殿堂、探索其成功的秘密时，我们重点要关注的理应是支撑这座殿堂数十年不倒的基石或承重点是什么，而不是一些散落在墙角和边缘的零星物件，除非你认为这些物件本身就是基石与承重点的一部分。

尽管我们不能完全否认在巴菲特中后期的操作中，社交圈曾给他带来的一些便利，但如果说巴菲特主要是靠这些便利以及从中获取的内幕消息而获得投资上的成功，则实在有些偏颇。请注意：我们在这里强调"中后期操作",是因为到了这个时期,他的社交圈才有可能形成某种投资上的"便利"。但如果这一观点的逻辑成立,这岂不是表示巴菲特前期的成功靠的是自身能力,而后期却转为主要靠内幕消息?这样的推理不免有些牵强和主观。

判断巴菲特是否主要(或在很多时候)靠内幕消息进行投资其实并不是一个复杂的问题,我们下面就尝试以巴菲特的投资标准及其操作准则的三个基本特质为立足点,来展开对这个问题的讨论。

特质1 优

本书中我们已多次提到巴菲特的"四只脚"投资标准:(1)我们能够了解。(2)良好的经济前景。(3)德才兼备的管理人。(4)吸引人的价格。第一项标准涉及对产业和产品繁简的判断;第二项标准涉及对"城堡"是否美丽、"护城河"是否宽广的判断;第三项标准涉及对经营者道德品质和领导才能的判断;第四项标准涉及对一家企业价值与价格是否匹配的判断。那么,内幕消息应从属于哪一项标准呢?

我们认为——或者说逻辑本应如此——内幕消息大多是与企业是否会有业绩惊喜联系在一起的。而当一个投资人判断一家企业是否"优质"时,内幕消息却往往帮不到什么忙。我们不能根据一家公司的每股收益会在下个季度暴增而得出这是一家优秀公司的结论;我们恐怕也不能根据一项洽谈中的并购,而据此认为"青蛙"会从此变为"王子"。至少巴菲特在确定买入并持有哪家企业时,并不是这样做的。事实上,不少巴菲特重拳出击的投资,在其进入后却面临了较长时期的负回报。如此看来,如果确实有内幕交易,这所谓的内幕交易还真没起到好的作用。

特质2 大

巴菲特曾教导学生："当你们离开学校后,可以做一张印有20个圈的卡片。每次你们做完一个投资决策时,就在其中一个圈上打一个洞。那些打洞较少的人将会变得很富有。原因在于,如果你总能为大的想法而节省的话,你永远不会打光所有的20个洞。"这里的"卡片打洞"思想,与他在数十年里一直致力于为伯克希尔公司寻找"超级明星"、寻找"伟大公司"、寻找"大生意",找到后就"下重注"的投资思想是一脉相承的。

循着这种寻找"大"企业、"大"生意的投资思想,巴菲特先后买入了华盛顿邮报、大都会/ABC、可口可乐、富国银行、吉列刀片、通用再保险、美国运通以及沃尔玛等公司,并长期持有。在这一过程中,内幕消息显然也是帮不上什么忙的。而且,如果仅靠一些内幕消息就将自己及股东的大部分身家长期"压"在其中,这不是我们眼中的那个巴菲特,更不会是被美国媒体评为"世界上伟大投资人"的巴菲特。

特质3 长

如果用一句话来概括巴菲特的投资特质的话,应该是"一个企业投资者"。企业投资与长期投资就是一枚硬币的两面,不可分离。正如我们在前面讲过的,内幕消息大多是为短期投资或"业绩投机"(它甚至称不上是"价值投机")服务的,而一个志在寻找能终身相伴的"妻子"而不是"一夜风流"的企业投资者,应当不会也不大可能关注甚至青睐一些内幕消息。

当巴菲特宣布将华盛顿邮报、大都会/ABC、盖可保险、可口可乐以及吉列刀片列为"永恒持股"时（尽管他并没有完全做到），当巴菲特把其他一些重点公司列为重仓和长期持有对象时，我们认为他靠的是对公司和管理人的认可、对企业商业模式的垂青以及对企业长期经济前景的信心。而所有这些内容，与所谓的内幕消息显然都是不相关联的。

综上所述，一个以"优""大""长"为其主要行动特质的股票投资人，内幕消息不大可能是其成功的主要原因。当然，我们在不认同巴菲特主要是靠内幕消息买入股票的同时，也并不否认在巴菲特成名后，随之而来的社交圈给他带来的一些投资便利。例如，在买入盖可保险前与公司关键人物的"促膝长谈"、买入可口可乐之后与公司董事长兼CEO长达九年的私人书信往来，以及他在与美国最大的汽车租赁公司的总裁打了一场高尔夫球后，改变了对美国运通的看法并决定重仓买入该公司股票。这些对巴菲特的投资决策也确实起到了一定的作用。

> **本节要点：**
>
> （1）巴菲特的"四只脚"投资标准，与所谓的"内幕消息"便利几乎格格不入，更不要说他经常会寻求内幕消息的帮助。
>
> （2）将巴菲特界定为一个主要靠内幕消息取胜的投资人，不仅对巴菲特本人不公，也会让那些立志模仿巴菲特投资操作的人望而却步。
>
> （3）否认巴菲特主要靠内幕消息取胜，不代表他没有类似的投资便利。但如果将其当作他投资成功的前提与基础，则与事实不符。

误读9：舍近求远

主要误读：如果将股票投资等同于企业投资，那么直接搞实业就是了，选择二级市场，似有些舍近求远，多此一举。

我方观点：在"将股票视为生意的一部分"这一理念的指导下，巴菲特选择大量投资二级市场股票，其背后的原因与操作逻辑是多重而复杂的。

本书曾经多次提到，巴菲特投资体系的主线是将股票投资视为企业投资。它对我们的启示是：当我们在持有一家上市公司的股票时，应该要让自己更像一个"股东"而不是"股民"。尽管这样做不过是把股票投资回归到其原本的形态，但由于今天的投资者——在市场各种作用力的影响下——已经习惯于把简单的事情复杂化，原本简单的东西反而变得陌生而难以理解了。

这里列举两位股市资深人士的观点。其一："大多数的股票投资者，都是投资于二级市场，其目的无非是获取一定时间段的资本利得和股利收入。如果纯粹从'企业投资＋安全边际'的角度出发，根本就不应该投资二级市场而只投资私人股权基金或其他一级市场就是了。"其二："费雪这种利用实业眼光投资股票的风格，我常常怀疑是一种得不偿失的选择。第一，这种风格并未跳出正常风险收益相关性的约束，往往在高收益的同时面临高风险；第二，这种风格的投资者如果干脆去从事实业投资，可能会有更好的成绩——因为其核心竞争力主要体现在'战略眼光、寻找合适的人、建立竞争优势'等与股票投资低相关的领域。"

其一所谈的"企业投资+安全边际"是指在格雷厄姆相关思想指导下的巴菲特投资,其二所谈的费雪的理念,所谓"战略眼光、寻找合适的人、建立竞争优势"下的"实业眼光",也正是被巴菲特所借鉴和沿用的操作理念。

上述两人的观点可以归纳为以下两点:(1)巴菲特的"企业投资"理念在二级市场上对大量二手股票的投资操作即便称不上有所矛盾,至少也是有些舍近求远。(2)巴菲特反复强调的"四只脚"选股标准与股票投资其实是"低相关"的,而用"实业眼光"去投资股票还会导致较高的风险。在这样的逻辑之下,我们将会面临两个十分"沮丧"的结论:(1)让巴菲特在19岁时感到"茅塞顿开"并从此开始指导他一生投资实践的那个"格雷厄姆定理"其实是错误的。(2)让巴菲特成功修正其投资标准与操作策略的"芒格定理"和"费雪定理"也都是错误的。我们之所以说这是两个"沮丧"的结果,是因为有些人的观点展现的不仅是"观念"之争,而且还是"历史"之争,它让我们眼中的那个一直清晰的巴菲特形象开始变得有些模糊了。

当然,由于事实并非如此,沮丧也就没有了根基。那么,巴菲特为何会以"企业投资"理念去买入大量的二级市场股票呢?我们总结了三个原因:前两个属于被动原因,也是次要原因;最后一个属于主动原因,也是主要原因。

原因一　保险法规与流动性需要

本书已多次提到,伯克希尔公司首先是一个保险业经营体,资本投资只是它业务链条上的一个环节。由于公司用于投资的资本主要是保险浮存金，因此受保险法规和资本流动性要求所限，投资的对象只能是具有较高流动性的有价证券。

原因二　钱比主意多

即使没有保险法规与资本流动性要求，巴菲特恐怕也需要经常从二级市场买入股票，原因是伯克希尔公司在很多时候处于"钱比主意多"的运营状况中。我们都知道巴菲特其实更倾向于收购私人企业的多数股权，而不是持有代表上市公司少数股权的股票。然而，能够随心所欲这么去做的一个前提，是要能找到足够多的并且符合收购标准的企业。事实上直到1988年年底，伯克希尔公司旗下的非上市公司（不含保险业）还是以"七圣徒"为主。由于经常性的"钱比主意多"，从二级市场买入股票也就变成了一种自然的选择。

需要说明的是，一直到20世纪80年代后期，巴菲特在美国资本市场上的名声还主要是与股票投资有关。人们只知道他投资股票很有一套，而对其经营商业的能力却知之甚少。因此，尽管巴菲特很早就公开了他的私人企业收购标准，但前来主动要求被伯克希尔公司并购且符合标准的公司一直较少。不过到了20世纪90年代后期，随着巴菲特在资本市场上的影响日益增大，主动要求被伯克希尔公司收购的公司开始逐渐多了起来，在选择余地越来越大的情况下，巴菲特这个阶段的投资才更多地表现出向私人企业的倾斜。

原因三　价格便宜

"价格便宜"或许是巴菲特在"企业投资"这一理念框架下选

择从二级市场大量买入股票的最主要原因。由于不论是私人企业的收购还是对上市公司股票的投资，在巴菲特眼中并没有什么本质的区别，因此价低者胜，就是一个自然的选择结果。

巴菲特早在 1977 年就曾经指出："我们过去的经验显示，一家好公司部分所有权的价格，常常要比协议整体买下便宜许多。因此，想要拥有物美价廉的企业所有权，采取直接并购的方式往往不可行。这时，选择通过拥有部分股权的方式去达到目标反而显得更加实际。当价格合理时，我们很愿意在某些特定的公司身上持有大量的股权。这样做显然不是为了要取得企业的控制权，也不是为了将来再转卖出去或是进行并购，而是期望企业本身能有好的表现，进而转化成投资的长期价值以及丰厚的股利收入。"（巴菲特 1977 年致股东的信）

几年后，在 1981 年致股东的信中，巴菲特又一次重申了他的上述观点："整体而言，我们在无控制权的公司上的投资前景反而比具有控制权的公司上的投资前景更佳。其原因在于：在股票市场上我们可以用合理的价格买到优秀企业的部分股权，而如果要通过并购谈判的方式买下整家公司，其平均价格通常要远高于市价。"

而对于为何伯克希尔公司持有股票的规模长期大于持有私人企业的规模这个问题，巴菲特在 2003 年致股东的信中这样解释道："当评估出来的价值差不多时，我们强烈偏爱拥有一整家企业胜于持有部分股票。然而在我们经营的大多数年头里，股票往往是比较便宜的选择，也因此，在我们的资产组合中，股票投资还是占大多数……"

除此之外，巴菲特选择大量买入股票可能还有另外两个原因：（1）一旦发现对企业的经济前景判断有误，"纠正不具有控制权的股权投资要比纠正具有控制权的公司容易得多"（巴菲特 1981 年致股东的信)。(2) 很多时候,有不少上市公司比大多数的私人企业有着更佳的商业模式和经济前景。试想,如果不通过二级市场买入股票,巴菲特如何能享有对华盛顿邮报、大都会/ABC、盖可保险、可口可乐、富国银行、吉列刀片、美国运通、沃尔玛以及后来的通用电气、高盛银行等优秀企业的投资回报呢?

> **本节要点:**
>
> 在格雷厄姆"将股票投资视为企业投资"这一理念的指导下,巴菲特选择买入并持有大量的二级市场股票(而不是将行动主要限于私人企业收购)的原因基本有三:
>
> (1) 保险法规和保险业经营的需要。
>
> (2) 在经营伯克希尔公司期间,大部分时候都是"钱比主意多",因此需要在两条线(一级和二级市场)上同时操作。
>
> (3) 二级市场上有大量素质优良且价格便宜的公司供巴菲特选择。

第三部分
残缺的影像

误读10：边界

主要误读：市场上对巴菲特都做了什么谈论较多，对他不去做什么则谈论较少。

我方观点：了解一个人不去做什么，有时比了解他都做了什么可能更加重要。

谈到边界与走出边界的风险，最令人印象深刻的，恐怕莫过于小说《西游记》中的孙悟空在外出化斋时，为防止妖怪来袭而在唐僧师徒三人周围画的那个圈。可谓一线隔开两重天，圈内安枕无忧，圈外杀机四伏。

当然，那只是一个神话故事，但在我们日常生活中发生的许多事情似乎也有相近之处。记得一位朋友曾提起过一件幼时的事情，由于他小学成绩一直很优秀，一升初中便被指派为年级的学生会主席。尽管这项委派让他在同学们面前显得风光无限，但他当时根本开心不起来，因为他知道自己的缺陷：生性腼腆。后来的工作实践很快就证明了这一点。在被另一位同学替换下来的那一刻，尽管他有些失落，但更多的感觉却是如释重负、脱离苦海。

民间有许多俗语，也多少道出了"边界"问题的重要性：隔行如隔山；量力而行；量体裁衣；业有所长，术有专攻；知人者智，自知者明；没有金刚钻，别揽瓷器活，等等。工作与生活如此，股票投资也是如此。

纵观巴菲特作为职业投资人的经历，我们发觉他之所以能成功，原因之一就在于他对所有可能会涉足的投资领域，都先后为自己划出了有所不为的边界:"告诉我会死在哪里,我就永远不去那儿。"为使话题更为集中,我们在这一节仅就巴菲特在选股问题上为自己所划出的"能力边界"做出讨论。

正如前文中所说的那样,在选股问题上巴菲特有一个坚守了数十年的"四只脚"标准:我们能够了解、良好的经济前景、德才兼备的管理人、吸引人的价格。其中排在首位的就是我们这里要谈的"能力边界"问题。为何巴菲特数十年来一直坚守这个标准而几乎从未改变?这个"边界"真的有那么重要吗?下面,我们就尝试对这些问题做出解答。

首先,"能力边界"将有助于解决股票估值中的"确定性"问题,而高确定性是巴菲特在评估股票投资价值时一直坚持的一个重要准则。其内在的道理是:就一家企业的长期现金流量(内在价值)而言,如果没有前面的"1",后面排列多少个"0"都可能只是水中月、镜中花。当投资者面对一家自己不了解其产品、产业及长期经济前景的上市公司时,如何确定它的内在价值?如果不能确定其内在价值,又将如何评估它的投资价值?尽管其中的道理并不复杂,但由于大多数投资者在进行股票投资时志在博取短期差价而非积累长期回报,便经常对它视而不见。

针对不少学者就所谓"确定性"所提出的质疑,特别是针对不少人就巴菲特所谓"股东盈余"(指企业利润减去限制性资本支出后而真正属于股东的那部分利润)的模糊性所提出的质疑,巴菲特提出了一个"胖子理论":一个人不用称体重也能被一眼看出是不是个胖子。而"能力边界"提出的问题则在于,即使我们能轻易辨别谁是胖子和瘦子,但当面对一个拳击手、一个相扑手、一个孕妇以及一个因工作需要而不断增肥与减肥的电影演员来说,我们就很难辨别出这个人到底是个胖子还是个瘦子。正因为这样,我们的估值就会隐藏着风险,甚至是巨大的风险。将投资目标严格限定在自己熟悉的企业身上,就将大幅减少上述在企业估值中所隐藏的不确定性风险。

其次,"能力边界"有助于解决买入股票后的"定期体检"问题。所谓定期体检,是指对已经买入的股票,按照既定标准(商业模式、护城河、利润边际、资本回报、债务杠杆等)定期或不定期地检查企业的基本情况是否有根本性的改变。如果我们买入的是一家产业环境变化很快的公司的股票,则后续的、对企业的持续追踪或定期体检恐怕就很难被有效实施。对于一些技术类企业,说不定买入其股票后,一觉醒来,一切都已经改变了。被称为基金经理第一人的彼得·林奇对此有段精彩的表述:"如果你对基本业务有一些了解,要追踪一家公司的情况就容易多了,这就是我宁可投资丝袜公司而不碰通信卫星、投资汽车旅馆而舍纤维光学的原因。越简单的东西我越喜欢。如果有人说:任何白痴都能经营这家公司。那么我便给它添上一分,因为恐怕迟早有一天真会有个白痴来经营它。"[○]

再次,"能力边界"构成了巴菲特选股流程中的一道简单而有效的栅栏,提高了选股的效率。我们知道,巴菲特是通过大量阅读去筛选股票的。他最为依赖的资料包括公司年报、穆迪手册、标普手册、价值线调查、商业周刊以及华尔街日报等。其中穆迪手册、标普手册、价值线调查等资料里都有对上市公司基本业务进行"素描"的板块,一经查阅,便可知企业的产品与产业属性是否简单而

○ 引自《选股战略》。

易了解。面对数以千计的上市公司,我们不认为巴菲特会付出相同的时间与精力去阅读它们的年度报告、财务指标以及相关的商业报道。这样做不仅效率低下,也实在无此必要。"我只喜欢我看得懂的生意,这个标准排除了90%的企业。"巴菲特这段在佛罗里达大学的讲话,已经初步揭示出了他的选股流程。

最后,坚守这一边界的另一个重要原因还在于:简单企业的投资回报足以让投资人取得最后的成功。在1987年致股东的信中,巴菲特引用了一项来自《财富》杂志的调查结论:"在1977—1986年间,总计1 000家公司中只有25家公司平均股东权益回报率保持在20%以上(且其中没有一年低于15%)。而在这些优质企业中,除少数几家属于制药企业外,大多数的公司产品都相当平凡而普通,其产品和服务与10年前也大致相同。"

西格尔在其所著的《投资者未来》一书中,也为我们展示了一个类似的研究成果(见表3-1)。

表3-1　1950—2003年给投资者带来最佳收益的股票

收益率排名	1950年时的公司名称(现在名称)	年收益率(%)	初始1 000美元的终值(美元)
1	国家乳品公司(卡夫食品)	15.47	2 042 605
2	雷诺烟草公司	15.16	1 774 384
3	新泽西标准石油(埃克森美孚)	14.42	1 263 065
4	可口可乐公司	14.33	1 211 456
	合计	14.90	6 291 510
	相同的4 000美元投资于1950年时最大的50家公司	11.44	118 936

在西格尔的"胜利者"名单中,我们没有看到任何一家与科技、电子相关的公司,相反,几家产品属性简单、产业情况乏味以

及投资人能够看得懂的食品、饮料和烟草公司却榜上有名。

最后,我们以巴菲特在北卡罗来大学的一段颇有哲学意味的讲话作为本节的结束语:"就你的合格的圈子来说,最为重要的东西不在于圈子的面积有多大,而是你如何定义这一圈子的边界。如果你知道了圈子的边缘所在,你将比那些比你的圈子要大五倍,但对圈子的边界不怎么清楚的人要富有得多。"㊀

本节要点:

(1) 投资者一定要买入自己能够了解的公司的股票,否则,你的估值就会有较高的不确定性。如果估值不确定,你又如何进行价值投资?

(2) 市场上有许多"虚胖"和"虚瘦"的公司,投资者总能透过现象看本质的一个前提就是你要"懂"这家公司。

(3) 如果你只关注和投资自己所能了解的公司,相比于那些不知道自己投资边界在何处的人,你将变得更加富有。

误读11:伯克希尔净值

主要误读: 据我们观察,国内不少投资者对"伯克希尔净值"的真实含义不甚了了。

我方观点: 有必要对"伯克希尔净值"和巴菲特一直使用这一指标的背后原因作出进一步的解读和讨论。

对于任何一家股权可用于交易的公司来说,对其价值的评定都

㊀ 摘自 *Warren Buffett Speaks*。具体讲话地点作者未经进一步核实。

包含三个方面：市场价值、账面价值以及内在价值。关于市场价值与内在价值的对比，最为精辟的描述来自于巴菲特的老师格雷厄姆：价格是你付出的，价值是你得到的。也就是说，当你付钱买入了一件商品时，你所花费的金额就是其市场价值，而这件商品在买入以后为你带来的各种类型收益的总计就是其内在价值。而账面价值与内在价值的差异则可用巴菲特曾列举过的一个生动例子做出解释：在评估一个即将毕业的大学生的价值时，家长和社会之前已经为他付出的是其账面价值，而大学生毕业后为其家庭和社会所作贡献的总计就是其内在价值。换言之，"账面价值是会计名词，系记录资本与累积盈余的财务投入；内在价值则是经济名词，是估计未来现金流入的折现值。账面价值能够告诉你已经投入的，内在价值则是预计你能从中所获得的。"（巴菲特1983年致股东的信）

　　对于伯克希尔公司而言，在20世纪90年代中期以前的致股东的信中，巴菲特通常用公司资产净值（即账面价值）的增减来作为衡量公司内在价值变化的参考标准。之所以如此，原因有二：首先，"虽然账面价值的用处不大，但这总算是一个比较容易计算的数字"（巴菲特1994年致股东的信）；其次，按照巴菲特自己的估算，在大部分时候公司的账面价值与内在价值"两者之间的差距一直维持着稳定的比例"（巴菲特1986年致股东的信）。

　　为照顾会计知识稍差的读者，我们在此再次说明一下伯克希尔净值的构成。它主要由三个部分组成：（1）所投资股票的市值。（2）历年经营性利润的滚存。（3）因收购公司或其他原因而导致的新股发行溢价。在伯克希尔公司经营的前期（20世纪70年代与80年代），其净值主要表现为股票市值；在伯克希尔公司经营的后期（20世纪90年代中期以后），由于巴菲特将经营重心逐渐转向对私人企业控股权的收购，使得这部分的经营性收益在伯克希尔净值中的占比逐年提升，从而让"股票投资，包含可转换特别股在内，占公司净值的比重已经大幅下降，从20世纪80年代早期的114%，到近年的50%不到"（巴菲特2004年致股东的信）。

最近十几年，在每一年致股东的信开头都会列出一张表格，记录着公司净值的年度变化及其与标普500指数的比较。之所以要列出这张表格，除了让股东可以通过它来审视公司内在价值相对于市场指数是否有"超额增长"外，其最主要的动因可能在于："因为股东们现在可以用非常低的手续费买到标普500指数型基金，因此，除非在未来我们能够以高于该指数的速度累积每股内在价值，否则查理跟我就没有存在的价值。"（巴菲特2003年致股东的信）这样的表述令人感动。纵观全球资本市场，有多少上市公司的董事长或CEO能对其股东或投资人每年都给出这样一组数据？又有多少管理者会说：如果我们的长期经营回报不及市场主要指数的增长，我们就没有存在的价值。

从20世纪90年代中后期开始，由于伯克希尔公司经营重心的转移，过去每股净值的变化已不能如实地反映公司非保险业经营的情况，伯克希尔净值与内在价值之间"一直维持着的稳定的差距"也有逐渐加大的趋势。为使股东清楚地了解公司的真实经营情况，便于其评估公司的内在价值，巴菲特从1994年开始在其每年的致股东的信中追加了两个补充性指标：每股投资和每股税前盈余。前者记录公司所投资股票的市场价值变化，后者记录非保险业经营利润的变化。表3-2、表3-3和表3-4记录了1965—2007年公司三项指标的变化情况（数据均摘自巴菲特致股东的信）。

表3-2　年度百分比变化——每股投资

年度	1965年	1979年	1993年	2007年
每股投资/美元	4	577	13 691	90 343
年度	1965—1979年	1965—2007年	1979—1993年	1993—2007年
年复合增长率（%）	42.8	26.96	25.6	14.3

表3-3　年度百分比变化——每股税前盈余

年度	1965年	1979年	1993年	2007年
每股税前盈余（美元）	4	18	212	4 093
年度	1965—1979年	1965—2007年	1979—1993年	1993—2007年
年复合增长率（%）	11.1	17.8	19.1	23.5

表3-4　年度百分比变化——每股净值

年度	1964年	1979年	1993年	2007年
每股净值（美元）	19	336	8 854	78 008
年度	1964—1979年	1964—2007年	1979—1993年	1993—2007年
年复合增长率（%）	21.11	21.35	26.32	16.81

数据显示：尽管公司净值的增长在过去43年中主要由每股投资拉动，但在上述以14年为一个周期的三个统计时段里，每股投资趋于下降而每股税前盈余则趋于上升，这也反映了前面所提到的从20世纪90年代中期开始公司经营重心发生的转变。

谈及此，读者可能会有些疑虑：为何像每股税前收益这样的传统指标被巴菲特束之高阁如此之久？事实上，由于伯克希尔公司独特的经营结构（投资与经营并重），在早期投资占比较大的情况下，如果像一般性公司那样过多关注每股收益指标，将会面临巴菲特多次指出的"透视盈余"的问题（见本书相关章节），并忽略掉公司巨大的资本利得和资本溢价对其内在价值的影响。而到后期，由于非保险事业占比的逐渐提高，对每股税前盈余的考量就很有必要了。但是如果仅考察每股税前盈余，公司对有价证券的投资情况将无法得到反映，必须辅以每股投资指标。这是巴菲特同时追加这两项指标的原因，对于想了解公司整体经营情况的投资者而言，这些数据无疑提供了更全面的视角。

在中国市场，也有一些公司拥有类似伯克希尔公司的经营结构，使得大家对其价值的判定难以统一。对于这类公司，我们建议大家不妨按照巴菲特给出的评估口径对其经营状况进行追踪：以每股复权净值为其中一个考察对象，同时考察每股收益与每股投资情况。这里需要指出，之所以强调"每股复权净值"而非"每股净值"或"公司净值"，是因为当公司存在较多的再融资行为时（这在我国股票市场上极为普遍），单纯考察后两个指标将难以真实记录公司净值的变化情况。

值得注意的是，尽管巴菲特长期使用公司净值与标普500指数增长的对比来描绘伯克希尔公司的经营业绩，但毕竟两者记录的对象不尽相同，因此他在1992年的致股东的信中为我们指出了三点注意事项：（1）伯克希尔旗下的非保险事业经营并不受股票市场的影响。（2）伯克希尔公司投资有价证券所产生的收益与资本利得要负担相当重的税负，而标普500指数则是在免税的基础上计算的。（3）随着伯克希尔公司资产净值的逐渐加大，过去相对于指数的巨大超额收益将很难再延续下去。

我们对此的看法是，尽管在与标普500指数的比较中，伯克希尔净值存在着不利因素，但由于其非保险事业比重的逐年加大，今后在进行相关数据的对比时，有利因素和不利因素相比到底谁更大一些还很难说。假如股票市场进入一个长达3~5年甚至6~8年的熊市，伯克希尔净值可能就将处于有利的位置。以2008年为例，标普500指数跌幅高达37%，而伯克希尔净值仅下跌了9.6%，尽管这已经是巴菲特1965年接手公司以来绝对表现最糟糕的一年，但相对于市场整体情况却是好了许多。从这个层面来看，对于所有同时从事产业经营与资本投资的公司来说，切不可因为资本投资在某个时期的高回报而忽视了主业的经营发展，毕竟主业在整个资产组合中充当了"安全垫"的职能。

本节要点：

（1）一个业余投资者应当首先搞清楚公司的市场价值、账面价值和内在价值之间的区别。

（2）巴菲特在20世纪90年代中期以前一直用公司账面净值反映公司内在价值的变化，是因为账面净值更容易计算并且两者的增减变化比率差距不大。

（3）从20世纪90年代中期开始，由于公司业务重心转向私人企业收购，因此巴菲特在其每年一度的致股东的信中增设了"每股投资"和"每股税前盈余"两项指标，以方便投资者对公司业务发展做出全面考察。

（4）关注伯克希尔公司股票投资情况的投资者应偏重"每股投资"指标，关注伯克希尔公司经营情况的投资者应偏重"每股税前盈余"指标，关注伯克希尔公司整体运行情况的投资者在参照上述两项指标的基础上仍可继续使用"每股资产净值"指标。

误读12：递延税负

主要误读：对巴菲特投资中的递延税负问题，市场要么高估了其作用，要么低估了其影响。

我方观点："递延税负"是巴菲特选择长期投资的一个重要原因，但它并不构成巴菲特做出如此策略选择的基本前提。

记得我们曾与一位在证券监管机构工作的朋友聊起有关"复利"的话题，当时我们提出了这样一道数学题：假如把一块厚度为1厘米的纸板对折20次，最后的高度将会是多少？由于他前两次给出的答案都过于保守，我们便引导他放开胆量猜，随后他咬了咬牙答道：100层楼的高度！这个答案自然是错的。这也很正常，毕竟在对复利缺乏足够认识的情况下，如果不依靠计算器，确实很难想象一块纸板对折20次后的厚度竟然可以达到一架民航客机的正常飞行高度——10 485米。

现在考虑另外一种情况：同一块纸板，假定我们在每次对折后都将新增的部分削薄30%，这样最终的厚度将会仅有406米，连原先的零头都不到。从这个例子中我们可以看出，在一个长期复利的运行轨迹中，持续的折扣将会让结果出现戏剧性的变化。

举这个例子实际上是想说明递延税负对投资的影响。可想而知，如果巴菲特不在乎每次交易需要缴纳的资本利得税，投资的复利终值将会有多大的缩水。当然，目前这个话题还只限于在美国股市才有意义。那里不仅有资本利得税，而且比率还不低。但尽管如此，谁能说在不久的将来我国的投资者不会面临同样的问题？如果到了那个时候，投资者再开始考虑递延税负的问题可能就有些晚了。因此,我们现在用美国的实例来未雨绸缪一下,未必就不是一件有意义的事。

大家知道,巴菲特的基本投资策略主要表现为对"重要投资部位"股票的长期持有。由于是长期持有,从而使得伯克希尔净值的增长在很大程度上绕开了联邦税负对其"复利"效用的影响。相反,如果巴菲特的投资策略主要是短期操作,则每年将会产生大量的资本利得,从而每年要向美国政府缴纳高额的资本利得税。这就好比我们在上述对折纸板中每次都要削去30%的新增厚度,这将令最终的复利效果大打折扣。

为了更为直观地说明问题,我们在这里作两组试算。假设:(1) 资本利得税为30%(由于美国相关的税负标准在1987年之前是28%,后来又改为34%,为了计算方便,我们统一假设为30%)。(2) 投资回报率为年均20%(这正是伯克希尔净值在1965—2008年的实际增长数据)。(3) 投资者初始一次性投资10万美元。

情形A:股票组合平均每个年度周转一次:由于每年须缴纳30%的所得税,投资者在1965年投入的10万美元,在2008年的净值将增至2798.39万美元(10万美元×1.14^{43})。

情形B:买入股票后一直持有:由于无须每年缴纳30%的所得税,而是仅在期末股票出售时一次性缴纳,投资者1965年一次性投入的10万美元,到了2008年净值将为25397.65万美元(10万美元×1.2^{43}),届时出售并一次性缴纳所得税后,还将剩余17778.36万美元。这个数据是情形A的6.35倍!

面对这样的两个结果,如果你是伯克希尔公司的股东,会希望得到哪一种呢?不用说,肯定是情形B。然而显而易见的是,要得到这种结果的一个基本前提,就是你必须期待公司的经营者在股票投资上进行长期投资。这样,先不管他的投资理念与操作策略如何(当然不能太差),在其他条件相同或相似的情况下,长期投资至少能够让你在递延税负这个问题上,相对于其他投资人而言处于一个极为有利的位置(税负水平越高就越如此),从而使你的财富积累最终实现更高的"复利"增长。

另外,我们也注意到,在过去的几年里,国内有为数不少的巴菲特研究者在谈及巴菲特为何选择长期持有策略时,常常放大了递延税负的影响。我们认为这同样是不准确的。在1989年致股东的信中,在讨论完递延税负对投资的有利影响后,巴菲特指出:"必须强调的是我们并不是因为这种简单的算术就倾向于采用长期投资的态度。"几年后,在1993年致股东的信中,巴菲特又进一步阐述了关于他进行长期投资的理由:"就算是我们选择在一个免税机构的平台上运行,查理跟我还是会坚持遵照买进并持有的策略。这是我们认为最好的投资方式,同时也最符合我们的个人特质。当然第三个好处就是因为这样做可以使我们只有在实现资本利得时才需要缴税。"这里所谓"免税机构平台"是指有限合伙公司和S型公司(一种类似于合伙企业的公司形态,可以避免双重纳税,但在公司管制上有诸多的限制)。巴菲特上述的这段话告诉了我们两点内容:(1)1969年放弃合伙公司而最终选择在一家有限公司(收购伯克希尔公司)平台上投资股票,主要考虑的不是税收问题。(2)选择长期投资策略,主要的着眼点也不是税收问题。

因此,市场上一些关于中国没有实施高额资本利得税政策,从而没有必要采用买入持有策略的看法显然是偏颇的。正如巴菲特自己所表达的那样,递延税负不是投资者选择长期投资策略的主要原因。确切地说，递延税负更像是长期投资的副产品或是额外的"bonus"。

至于巴菲特为何选择长期投资策略，以及这个策略本身的核心优势所在，有兴趣的读者可以翻阅本书的相关章节。

本节要点：

（1）由于资本利得税是"摩擦成本"的一个重要组成部分，因此必将对投资的复利效果产生负面影响。成本越高，时间越长，则影响越大。

（2）尽管递延税负可以提高投资回报的复利效应，但这只是巴菲特选择长期投资的"第三个好处"，忽略或者夸大其影响都是不对的。

（3）递延税负给我国投资者的启示在于：应最大限度地降低股票投资中的"摩擦成本"，因为从长期来看，摩擦成本对我们投资总回报的影响将是巨大的，往往出乎我们的意料。

误读13：地上走、空中飞、水里游

主要误读：有不少投资者认为，巴菲特仅仅是在投资方法与操作策略上与大多数人不同。

我方观点：方法与策略上的表面差异源自思想与理念上的本质不同，这种不同带来的一个结果是：巴菲特与股票市场上的主流操作其实并不在同一个空间活动。

2008年北京奥运会，一句"同一个世界同一个梦想"的主题词打动了千千万万个有着不同肤色的"地球村人"。而在另外一个也可被人们称为"同一个世界"的地方——股票市场，这里的人们尽管也都有着"同一个梦想"，但由于各种各样的原因，在实现其目标的行为模式上竟是如此的千差万别，在追求梦想的路径选择上竟是如此的迥然不同。

他们尽管属于"同一个世界"，但由于在投资活动中所表现出的巨大的理念与行为差异，我们完全可以把他们划分成三个完全不同的空间领域及行为模式：地上走、空中飞、水里游。

地上走：这个群体主要以巴菲特等少数"企业投资人"为代表。其行为特质主要包括：将手中的股票首先或主要看作公司的权益凭证而不是交易凭证；在目标选择上有一套严格的基于企业内在价值而非市场价格趋势的投资标准；在投资策略上主要表现为集中持有和长期投资；在对投资效果的检验与评估上更像是一个企业经营者或所有者。由于他们保持了股票投资的原生态模式，因此我们称之为"地上走"。

空中飞：这个群体涵盖了市场上大约90%以上的职业和业余投资人。其行为特质主要表现为：将手中的股票首先或主要看作公司的交易凭证而不是权益凭证；在目标选择上主要是基于股票价格的短期变化趋势而非企业的长期经营成果；在投资策略上主要表现为短期投资和波段操作；在对投资效果的检验与评估上主要看买入后股票价格的短期表现。由于这类行为模式几乎割裂了股票投资与企业经营状态的联系而将其"升华"为一个几乎完全独立的系统，因此我们称之为"空中飞"。

水里游：这个群体以依照现代投资理论进行投资操作的人士为主。在这群人身上，股票投资已经演变为一场在另一个空间里所进行的另外一种游戏。他们有着与传统股票理论完全不同的风险观和收益观，有着完全不同的市场理念和操作哲学。如果打开这些人的投资笔记，我们看到的将不再是什么营业收入、利润边际、权益回报、资本支出、债务杠杆、经营前景，而是有效前沿、贝塔值、标准差、协方差、资本资产定价模型、有效市场等。由于这一投资群体的运行模式使他们看起来既不像在地上走，也不像在空中飞，因此我们称之为"水里游"。

由于运行于上述不同空间的各个群体都有自己完整的理念体系和深厚的理论基础，因此，想去判断谁是谁非，不仅是一个不可能完成的任务，也没有这个必要。大路朝天，各走一边，投资市场的多样化并不是严格意义上的坏事，我们在此只是想指出它们的不同。至于读者最终会选择与哪一个空间的群体为伍，这实在是个人性格或兴趣所致，无可厚非。仅从实证角度上讲，虽然我们可以看到每个阶段、每个群体中都会有一些投资者取得骄人的回报。但若以过去半个世纪作为对比统计期，排在前面的则大多是"地上走"群体。

为了对以巴菲特为代表的"地上走"群体与其他两个群体之间的区别作出更进一步的阐述，下面我们尝试用"四项基本背离"的框架来进行说明。首先让我们来看看"地上走"与"水里游"群体在投资理念上的"四项基本背离"。

1. 关于有效投资组合

有效投资组合理论由马柯维茨在 20 世纪 50 年代创立。简单来说就是如果投资者同时买入雨伞和沙滩公司，就会有效防止因天气变化而给单方向投资造成的损伤。但问题是，当以巴菲特为代表的企业投资人去选择投资可口可乐、喜诗糖果、吉列刀片以及美国运通时，由于不论天气是晴天还是阴天，都不会影响人们喝饮料、吃糖果、刮胡子和使用信用卡消费，因此在这些人身上，有效投资组合不仅失去意义，还会由于它的对冲设计而拉低预期投资回报。

2. 关于风险度量

继马柯维茨提出有效投资组合理论后，为寻找和揭示市场存在超额投资回报的深层次原因，威廉·夏普发现并提出了"系统风险""贝塔"系数以及"资本资产定价模型"，并由此指出所有超额回报必须以承担更多的系统性风险为代价。但在巴菲特看来，喜欢还是畏惧价格波动，正是区分企业投资者和市场交易者的试金石。他以华盛顿邮报为例：当投资者有机会以更低的价格买入其股票时，一定是降低了风险而不是相反。两种观点如此对立的其中一个缘由在于，双方对风险的定义有根本性的差异：夏普认为是股票价格的波动性（未来收益率的波动率或离散度），而巴菲特则认为是本金的永久损伤。

3. 关于有效市场

有效市场假说（Efficient Markets Hypothesis，EMH）是由尤金·法玛于1970年对之前的相关理论予以进一步深化和整理后而提出的。其基本观点是：由于股票市场能快速对所有相关信息作出反应，因此没有人可以仅靠作一些研究而长期战胜市场。巴菲特则以"格雷厄姆-多德镇的超级投资者"的投资实践，指出了有效市场理论的荒诞："市场有效与总是有效，对于投资人来说，它们之

间的区别如同白天与黑夜。"（巴菲特1988年致股东的信）

4. 关于分散投资

按照现代投资理论关于系统与非系统风险的观点，集中投资会因其组合的非有效性以及股票价格波动幅度的提高而加大投资风险。巴菲特则反其道而行之，认为分散投资不仅没有降低反而是提升了投资风险："我们采取的投资策略排除了依靠分散投资而降低风险的教条。许多学者会言之凿凿地说我们这种策略比起一般传统的投资策略具有更高的风险，这点我们不敢苟同。我们相信集中持股的做法同样可以大幅降低风险，只要投资人在买进股份之前，能够加强本身对于企业的认知以及对于企业竞争能力熟悉的程度。在这里我们对风险的定义与一般字典里所解释的一样，是指本金损失或受伤的可能性。"

谈及"地上走"与"空中飞"群体之间的"四项基本背离"，可能相当多的读者会心有戚戚，毕竟属于"空中飞"群体的投资者在现实中占了绝对的多数。在我们看来，这两者之间的"四项基本背离"是：（1）股票交易者在买入和卖出股票时关注的是其"市场价格"，而企业投资人关注的是其"内在价值"。（2）股票交易者为了博取短期差价的最大化，经常表现出追涨杀跌的行为模式，而企业投资人则正好相反，价格越低，买入越多。（3）股票交易者喜欢自上而下地投资，以掌握进出市场的最佳时机，而企业投资人从来都是自下而上地挑选投资对象，不太关注宏观经济与股票市场整体的短期走势。（4）对于一个股票交易者来说，每年50%已是难得的低周转了，而企业投资人通常用5~10年来规划自己的每一个买入行动。

至此我们不难看出：将证券市场的投资者划分成三个不同的空间领域和三种不同的行为模式，不仅事出有因，而且并无任何夸大之嫌。我们认为这种划分将有助于读者进一步了解巴菲特与其他投资者的不同，从而为自己能更好地学习与借鉴这一投资方法找到一个最佳的切入点。

> **本节要点：**
>
> （1）巴菲特与大多数投资者的差异与其说是操作策略上的不同，不如说根本不在一个空间活动。
>
> （2）由于在基本理念和行为特质上存在巨大的差异，我们可以把股票市场上的投资模式划分成三种类型：地上走、空中飞、水里游。
>
> （3）投资者要想成功实践巴菲特的投资方法，必须首先改变自己的活动空间与行为模式：让自己回归为一个原生态的企业投资者、一个行走在地面上的投资者。

误读14：投资伯克希尔

> **主要误读：** 不少人总是在不经意间，将伯克希尔每股净值增长等同于公司股票的实际回报。
>
> **我方观点：** 不可简单替代，不仅因为两者的含义（一个是账面价值，一个是市场价值）不同，而且，由于绝大部分的股东都是在不同时点进入的，了解股票价格的实际变化就显得更加不可或缺。

由于不能方便地看到美国上市公司每日的股票价格变化，对于巴菲特执掌的伯克希尔公司过去几十年来的市场表现，国内投资者大多只能通过公司每年公布的资产净值作为参考。久而久之，人们一提起投资伯克希尔公司的回报，就自然而然地用到公司的每股净值增长数据。

显然，这样的衡量方法是不准确的。除非市场定价系统高度有效，否则，对于伯克希尔股票的持有者来说，公司股票的市场回报不宜用资产净值的增长数据来简单替代。因此我们在此给出伯克希尔股价与标普500指数的对比数据，由于数据的可得性问题，仅能提供自1982年起的情况，如表3-5所示。

表3-5　伯克希尔每股价格（年终收盘价）　　　（单位：美元）

年度	1982年	1983年	1984年	1985年	1986年	1987年	1988年	1989年	1990年
伯克希尔	775	1 310	1 275	2 480	2 820	2 950	4 700	8 675	6 625
标普500	140.64	164.93	166.26	209.61	246.92	252.03	277.87	353.40	328.72
年度	1991年	1992年	1993年	1994年	1995年	1996年	1997年	1998年	1999年
伯克希尔	9 050	11 750	16 325	20 400	32 100	34 400	46 000	67 500	56 100
标普500	406.46	439.77	467.38	459.83	615.93	756.79	936.46	1 226.27	1 458.34
年度	2000年	2001年	2002年	2003年	2004年	2005年	2006年	2007年	2008年
伯克希尔	66 400	73 900	72 500	82 800	87 900	88 620	109 700	134 000	96 540
标普500	1 305.95	1 144.89	874.73	1 108.46	1 210.13	1 267.32	1 409.71	1 478.49	872.80

可以看到，在过去的26年里，尽管公司资产净值的增长幅度为94.6倍（年复合增长率为19.12%），但投资者持有伯克希尔公司的股票带来的回报则接近124倍（年复合增长率为20.4%），而标普500指数回报仅为5.2倍（年复合增长率为7.27%）。如果我们以2007年年底为截止日期，这三个数据将分别是104.8倍、171.9倍以及9.5倍。

鉴于2008年发生了百年一遇的金融海啸，我们认为对于任何一家仍在正常经营的公司来说，其现实股价已无法很好地反映股东的长期投资回报，因此，我们接下来选择以2007年年末作为考察期间的终点，来看一看在两种假设情形下伯克希尔公司股东的投资回报情况。

情形一：选择性逆向操作。我们分别按以下价格和时间作为买入价格和投资基期：（1）巴菲特1962年首次买入的7.5美元。（2）巴菲特1965年入主当天的公司股价18美元。（3）1975年（美股熊市期）可以买到的47美元。（4）1991年股价大幅下滑后的低点5 500美元。（5）2000年因网络热潮而再次下滑的低点40 800美元。经计算后的年复合回报率分别为：24.30%、23.65%、28.22%、22.08%、18.51%。这表明，如果投资者能在公司股票股价的低迷时期，尤其是处于熊市中的20世纪70年代中期大举买入或增仓伯克希尔公司的股票，将会在未来数年里取得最高可达28.22%的年复合回报率！

情形二：一般性操作。假如投资者的持股期平均为10年，并选择在每年年终时开始介入公司股票，表3-6给出了自买入起10年内的复合回报率以及同期标普500指数的回报情况。

表3-6 伯克希尔股票与同期标普500指数的年复合回报率——滚动10年　　　　　　　　　　　　　　　　　　　　（单位:%）

年度	1982—1992年	1983—1993年	1984—1994年	1985—1995年	1986—1996年	1987—1997年	1988—1998年	1989—1999年
伯克希尔	31.24	28.69	31.95	29.18	28.42	31.60	30.53	20.53
标普500	12.08	10.98	10.71	11.38	11.85	14.03	16.00	15.23
年度	1990—2000年	1991—2001年	1992—2002年	1993—2003年	1994—2004年	1995—2005年	1996—2006年	1997—2007年
伯克希尔	25.92	23.37	19.96	17.62	15.73	10.68	12.30	11.27
标普500	14.79	10.91	7.12	9.02	10.16	7.48	6.42	4.67

从表 3-6 中我们可以看到，随着美国股市在 1990 年的牛气冲天以及进入 21 世纪后的持续疲软，投资伯克希尔股票的回报率呈现"每况愈下"的趋势。但尽管如此，其滚动 10 年的投资回报率仍然全部高于同时期的标普 500 指数增长。需要注意的是，标普 500 指数在不考虑生存偏差的情况下，长期以来战胜了 80% 以上的主动投资基金。以此为背景，伯克希尔公司股票的市场回报更加令人记忆深刻。

本节要点：

（1）尽管我们已经习惯于用伯克希尔的每股资产净值增长去替代其每股内在价值的增长（在公司经营后期这一做法已变得越来越不适合），如果再把这一评估模式转移到每股市场价格上来，就真成了一本"混沌"账了。

（2）截至 2008 年年末，尽管伯克希尔净值的长期年复合增长率为 20% 左右，但对于半路"杀入"的绝大部分投资者来说，投资伯克希尔股票的"市场回报"可能远高于或远低于"资产净值回报"。

（3）以 10 年为一个投资考评期，在 20 世纪的最后 20 年里，伯克希尔股票的市场回报（滚动 10 年期）尽管每况愈下，但仍全部超过同期标普 500 指数的增长。

误读 15：光环背后

主要误读：巴菲特对某些经营前景已经变得不够清晰的公司为何仍然不离不弃？

我方观点：巴菲特在作出每一项投资选择时，在严格的操作标准背后，还掺杂了一些较为复杂且不无合理性的个人因素。

在展开本话题的讨论之前，我们不妨回想一下生活中的某些情景：香蕉不一定是最好吃的水果，为何它却是许多人的首选？因为它吃起来最方便。可乐不一定是最健康的饮品，为何许多人对它爱不释手？因为它喝起来爽快而刺激。探险运动经常让人们付出生命的代价，为何还有许多人乐此不疲？因为它可以实现人类挑战自然、战胜自我的梦想……如果我们生活中的许多选择是对诸多要素综合平衡后的结果，其他领域里的事情又何尝不是如此——如股票投资。

据我们观察，巴菲特最早的看似"不合逻辑"的行动出现于1978年。这里摘录一段他在当年致股东的信中针对当时还是一家纺织厂的伯克希尔所说的一番话："我们希望以后不要再介入这类产业面临困境的企业。但就像之前曾经提到的，只要：（1）该公司为当地重要的雇主。（2）管理当局坦诚面对困境并努力解决问题。（3）劳工体谅现状并做出积极配合。（4）相对于投入的资金，尚能产生稳定的现金收入，我们就会继续支持纺织事业的运营，虽然这样做将会使我们被迫放弃其他更有利的资金运用渠道。"

我们知道，巴菲特是最在乎机会成本的人，且奉行"没有好球，绝不挥杆"的原则。因为某一个"坏球"而导致的机会成本，在长期复利作用下，数十年后可能就是一笔巨大的财富损伤。但为何巴菲特在这里却仍宁愿"放弃其他更有利的资金运用渠道"，而去坚守"面临困境"的伯克希尔公司呢？

我们再来看看巴菲特在1990年的一段关于媒体事业的表述："虽然相对于美国其他产业，媒体事业仍然维持着一个不错的经济前景，不过还是远不如我个人、产业界或是借款人几年前的预期。媒体事业过去之所以能有如此优异的表现，并不是因为销售数量上的成长，而主要是靠所有的从业人员运用非比寻常的价格主导力量。不过时至今日，由于逐渐取得商品销售市场占有率的零售商现在已不做媒体广告，再加上印刷与电子广告媒体通道的大幅增加，媒体的广告预算已被大幅度地分散和稀释，广告商的议价能力逐渐丧失殆尽。这种现象已大大降低了我们所持有的几个主要媒体事业的股票的实际价值……"

可以看出，巴菲特早在29年前就已经意识到媒体事业的前景会逐渐黯淡，而这一预期已经使得该行业不再符合他关于"伟大的生意"或"令人垂涎三尺的事业"的投资标准。但为何在当时，特别是在后来媒体事业的发展实际上已经证实了先前预期的情况下，巴菲特对其所持有的媒体类公司仍显得有些难以割舍甚至是不离不弃呢（截至目前，华盛顿邮报是他持有时间最长的股票）？

再来看巴菲特官方传记《滚雪球》中的一段记载："奈特捷公司（一家提供分时服务的行政专机航运公司）一直没有起色，不仅仅是因为经济环境，还因为并购时该公司的独家特色已日见淡去。从来不记得拨打飞行爱好者热线的一些人成立公司与奈特捷竞争，尽管小型航空公司没有多大利润……（但）他永远不会卖掉奈特捷，就是全球另一位超级亿万富翁动手相夺他都不会放弃。"

事实上，自从伯克希尔公司1998年用现金加股份的方式收购奈特捷以后的近十年里，公司的经营状况即使不能说是踌躇不前，也至少是乏善可陈。但巴菲特仍然做出了"永远不会卖掉"的选择。这又是为何呢？

在巴菲特已经延续了60多年的投资生涯里，特别是最近40多年来，基于"选股如选妻"以及"买股票就是买企业"的基本理念，巴菲特在对投资对象的选择上一直有着一套严格的标准。这样做是因为他有一个始终不变的信念：寻找"超级明星"给我们提供了走向成功的唯一机会（巴菲特1991年致股东的信）。然而基于此，我们又该如何理解巴菲特的这些看似不合情理的行为？

对此，我们认为，在巴菲特严格的投资标准以及经典的投资案例背后，其实还有着一些非商业化的要素与诉求。他正是在"综合平衡"了投资标准以及这些诉求后，才有如上文所述的种种表现。这些要素包括以下几个方面。

1. 个人兴致

这一点在巴菲特对待媒体事业上表现得最为充分。无论是早期对布法罗新闻报的收购，还是1973年对华盛顿邮报的大举投资，抑或是后来对大都会/ABC的不离不弃，如果我们按传统的巴菲特的投资标准去衡量，都将难以解释清楚这些行动的合理性。在这些收购与投资的背后，其实还有着另外的原因："他对这一行业的兴趣是毫无杂念的。他和很多高级记者都成了亲密朋友。他曾经说过，如果他没有选择商业的话，他很有可能会成为一名记者。"[一]在悉数买入了这三家媒体公司的股票并打算"永恒持有"后，巴菲特在1988年致股东的信里谈了他对收购布法罗新闻报以来的总体感觉："查理和我在年轻的时候就很热爱新闻事业，而买下布法罗新闻报的12年来，让我们度过了许多快乐时光，我们很幸运能够找

[一] 摘自 *The Story of Warren Buffett*。

到像莫瑞这样杰出的总编辑,让我们一人主布法罗新闻报,便深深引以为傲。"

2. 恋旧情结

这种恋旧情结不仅促成了巴菲特对一些公司的买入,也同时促成了他在这些公司业务前景开始变得有些模糊不清后的"依依不舍"。为什么要买盖可保险?因为"盖可保险曾经占我个人投资组合的70%,同时它也是我第一次卖掉的股票"。为什么要买华盛顿邮报?因为"20世纪40年代,我的第一笔投资资金有一半是来自发送该报的收入"。为什么要买美国运通?因为"我们曾经将合伙企业40%的资金压在这只股票上"。为什么买可口可乐?因为早期它"算得上是我生平从事的第一笔商业交易,当我还是个小孩子的时候,我花了25美分买了半打可乐,然后再以每罐5美分的价格分售出去"。上面列举的四只股票,至今仍在巴菲特的投资组合中。

3. 避免冲突

面对一家几乎每况愈下并难以看到前景的纺织公司,巴菲特为何坚守了整整20年之久?其实背后的原因既简单又复杂:避免冲突。在20世纪50年代末,巴菲特曾经投资了一家叫丹普斯特的公司。在对这个"烟蒂"式公司进行了多番改造后,巴菲特计划在1962年把这家公司卖掉。当出售的广告刊登在《华尔街日报》上时,"全镇的人发起运动反对巴菲特,他们筹集了将近300万美元以保证公司的所有权能留在比阿特立斯。"尽管事件最后得到了妥善解决，但"这段经历把巴菲特吓坏了。面对憎恨，他发誓再也不会让此类事件重演"。1965年4月，当巴菲特最终取得伯克希尔公司的控股权后，面对人们担心他会故技重演的质疑，"巴菲特向媒体发誓，他会让公司的运营一切照旧。他否认收购会导致工厂关闭，并且在公开场合发表了这个承诺"。㊀

4. 关系投资

我们这里所谈的关系投资，是属于巴菲特独有的那种类型，并非一般的灰色利益纽带。它不单纯是一个商业概念，更包含了许多情感因素。它让我们不禁想起了巴菲特关于"选股如选妻"的理论。对这一理论，我们似乎还不能仅从投资策略的角度去诠释它。在这种拟人化的比喻背后，可能还真的融入了人与人之间的那种纯粹的情感因素："我们已经找到了相当难得的商业合作关系，并珍惜我们彼此间所发展出来的情感……我们相信这样的关系一定会让我们有一个满意的投资成果，虽然它可能不是最佳的。我们觉得实在没有意义要舍弃原来我们熟悉而欣赏的人，而把时间浪费在我们不认识且品格可能会在平均水准以下的人身上。那样做，就好比一个已经很有钱的人竟然还只是为了金钱而结婚，未免显得有些神志不清。"（巴菲特1989年致股东的信）

㊀ 以上均摘自《滚雪球》。

> **本节要点：**
>
> （1）对于一些经营前景算不上最佳的公司，巴菲特仍会选择买入并长期持有，其背后的原因是复杂的，有些已经超越了一般性商业和财务准则。
>
> （2）这些背后的原因至少包括个人兴致、恋旧情结、避免冲突以及关系投资四方面内容。
>
> （3）在做出投资决策时，融入一些非商业化的要素，其内涵在于：投资也是一种对生活方式的选择。

误读16：关系投资

主要误读： 什么是关系投资？同为关系投资，巴菲特与机构投资者又有何不同？

我方观点： 关系投资尽管起源于机构投资者行为模式的变化，但这一操作的实际"始作俑者"却非巴菲特莫属，两者的操作也由于启动原因的不同而有着较大的差别。

先来回顾一下"关系投资"这一概念的起源。了解美国企业发展史的读者可能都清楚，美国的公司治理模式在过去100年来经历了三个阶段：（1）家族主导阶段（1930年以前）——人们称之为家族资本主义。（2）经理人主导阶段（20世纪30年代到20世纪90年代）——人们称之为经理人资本主义。（3）机构投资人主导阶段（从20世纪90年代开始）——人们称之为投资人资本主义。至于机构投资者为何从20世纪90年代开始逐步舍弃"用脚投票"而改为"用手投票"并逐渐接受了"关系投资"，主要是因为其资金规模的日益扩充使之已不能像早期那样在股票买卖上可以随意进出、来去自由。

所谓关系投资，说的是机构投资者在遇到不理想的公司或者只是想获利了结时，由于不能再像以前那样来去自由，不如就此留下，与公司及其管理层和平相处，共同谋求企业的长期发展。"关系投资的逻辑是明确的。投资人提供长期资金，以便经营者可以通过这笔资金的运用来追求公司的长期目标。投资者和经营者都不担心短期价格变化的冲突……"（罗伯特·哈格斯特朗）

不过据我们的观察，罗伯特·哈格斯特朗所描绘的情景显然有些过于乐观了。尽管现实迫使机构投资者不得不拉长了其获利的预期时间，但对于公司所有者或者真正致力于公司长期价值提升的经理人来说，他们与机构投资者在平衡企业短期与长期目标上面，还是存在不小的差距。因此，尽管机构投资者表面上接受了关系投资，但其与公司管理层的冲突也就随之而生并且是磕碰不断、此起彼伏。由于不同的视角，人们对这种冲突给出了两种几乎截然不同的评价。乐观一点的人把机构投资者的崛起看成是对经理人资本主义固有缺陷的弥补；悲观一点的人则和大多数企业主或经理人的观点一致：投资人资本主义让企业的行为更加短期化。

从企业管理的角度来看，究竟应当如何看待机构投资者的崛起也许不是一个容易分析清楚的问题。由于机构投资者开始转为用手投票，从而使在经理人资本主义框架下本已失衡的公司金字塔（从上至下：CEO—董事会—投资人）形成了一个90°的旋转（投资人、CEO和董事会处于同样的高位——见图3-1）。然而，这对大多数投资人来说究竟是福还是祸，可能无法在短期内得出结论。但不管怎样，至少有一件事是清晰的：机构投资人接受关系投资在大多数情况下是一种现实下的无奈之举。

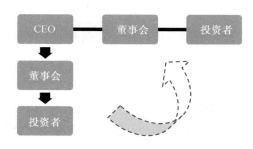

图 3-1　公司金字塔的旋转

言归正传，我们来看看巴菲特的关系投资。尽管巴菲特似乎从未主动称自己实施的是"关系投资"策略，但从其实践情况来看，这实在是一种地地道道的关系投资。所不同的是，机构投资者的关系投资是被动的，而他的关系投资则完全是主动的。前者的关系投资是被迫的，因而是脆弱的；后者的关系投资是主动的，因而是牢固的。

由于伯克希尔公司在经营上的特殊性，巴菲特的关系投资实际上也同时涉及两个领域：对上市公司的股票投资和对私人企业的控股性收购。下面讨论的重点将围绕一个集中的主题：巴菲特为什么要实施关系投资？我们认为其原因共涉及以下六个方面。

1. "企业投资"下的自然选择

本书已多次提到，奠定巴菲特投资思想体系的一个最重要基石就是格雷厄姆的一个理念基础：把股票当作一项生意去投资是最聪明的投资。因此，数十年来，无论是持有上市公司的股票还是私人企业的股权，巴菲特的一个基本行为特质就是对"主要投资部位"

股票和几乎全部私人股权的"长期投资"。也就是说，不同于机构投资者在半途的改弦易辙，巴菲特从投资某只股票或某家公司的一开始，就立志要与其长相厮守。为了成功达到这一目标，寻找"超级明星"然后"以伙伴的关系与他们共同合作"就是一个自然的选择（引号内全部为巴菲特语）。

2. 对生活方式的选择

正如我们在"光环背后"一节中所说的那样，巴菲特在选择投资标的时融入了一些非商业化标准，其中最为重要的一条就是一定要和自己喜欢的人一起共事。这样的话，巴菲特曾在不同场合说过许多次，显示出他非常看中这一点。巴菲特的这种将投资同时视为一种生活方式的理念其实是由来已久的："当我和自己喜欢的人相处时，我发现这对我是一种鼓励，而且能获得相宜的资本回报。为了多那么几个百分点的回报而在各种情况下仓促行动实在是愚蠢的。对我而言，在一个合理回报率下和高品位的人建立愉悦的私人关系，比在更高的回报率下面对可能的愤怒、加倍的恼火，甚至还要糟糕的情况，要明智得多。"（巴菲特1968年致合伙人的信）

3. 离婚是一个痛苦的过程

如果说由于上市公司股票交易的便利性，即使最后发现这是一次错误的"婚姻"，选择离开也会比较容易的话，那么对于伯克希尔公司旗下的私人企业来说，"离婚"就没有那么容易了。因此，入门时的千挑万选，入门后的友好相处就是让一段婚姻可以"白头偕老"的必要前提："在取得控制权或是进行部分股权投资时，我们不但试着去寻找到一家好公司，同时也试着去寻找一位德才兼备并且为我们所喜爱的管理者。如果是看错了人，在具备控制权的情况下，理论上我们还有机会发挥影响力来改变，而事实上这种所谓优势有点不太实际，因为更换管理阶层，就像是结束婚姻关系一样，过程是相当的费时与痛苦……"（巴菲特1987年致股东的信）

4. 可以大幅拓宽管理边界

后文我们将提到，巴菲特不但是投资大师，更是一个管理大师（截至2008年年底，伯克希尔公司旗下的事业体仅非保险类就有67家。除此之外，巴菲特还同时"照看"着数家保险公司和数十家上市公司）。而且，这种管理的"极限边界"还在随着公司资金规模的扩充而不断加宽。试想，如果巴菲特与所有这些公司没有一个良好而牢固的"关系"，那将是一种什么样的局面。不要说"每天跳着舞步去上班"，即使把巴菲特累到趴下，公司的整体经营状况也未见得会怎样。

5. 管理驱动价值

在巴菲特的商业信条中，尽管一直坚持"划一条怎样的船重于怎样划这条船"，但他也从来没有忽略一位德才兼备的管理者对一家企业的重要性。在伯克希尔公司旗下的各类事业体中，尽管有不少是"产业领导品牌",但更多的事业体却都一直是由管理驱动的。从早期的"七圣徒"到后来众多私人企业的加盟,每当巴菲特提起它们时,谈得最多的就是它们的"经理人",并一直坚称没有这些让人"非常喜欢与之共事"的管理人,他一定不会收购这些企业。

6. 珍惜你已经得到的

因为来之不易,所以才需要珍惜。生活如此,股票投资也同样如此。既然美国股市一样存在着"发现的艰难"(参见相关章节),那么找到了就不要轻易放弃。循着这样一条思路,我们认为"因为稀缺而珍惜"正是巴菲特实施"关系投资"策略的另一个基本原因:"既然要找到好的事业和好的经理人是如此的艰难,那么为什么我们要抛弃那些已经被证明过的投资对象呢?我们的座右铭是:如果你第一次就成功了,那就不要费力再去尝试新的了。"(巴菲特,1991年致股东的信)

> **本节要点:**
>
> (1)"关系投资"作为一种投资策略尽管起源于机构投资者,但其实际"始作俑者"应当非巴菲特莫属。
>
> (2)机构投资者的关系投资是被动的,因而是脆弱的;巴菲特的关系投资是主动的,因而是牢固的。
>
> (3)巴菲特选择关系投资的原因尽管是多方面的,但都是其投资哲学下的一种必然选择。

误读17：护城河

主要误读：在谈起巴菲特的投资操作时，人们会经常低估其中的"护城河"偏好。

我方观点：在巴菲特的投资操作中有很深的且不可或缺的"护城河"情结。

罗伯特·哈格斯特朗在其畅销书《巴菲特之道》中有过这样一段表述："特许权经销商的最大缺点是，它们的价值不会永远不变。它们的成功不可避免地会吸引其他从业者进入市场，竞争将会随之发生，替代性产品也会随之出现，商品之间的差异也就会越来越小。在竞争期间，特许权经销商将逐渐地退化成巴菲特所说的'弱势特许权经销商'，然后进一步成为'强势的一般企业'。"

我们没有看到该书的英文原版，不知翻译得是否准确。单从中文译本来看，尽管这段话描述了商品竞争市场的一个真实情况，但由于其措辞不尽严谨，可能较容易引起误导。

先重温一下巴菲特所说的"特许权企业"的三个基本要件：（1）被需要。（2）不可替代。（3）价格自由。表面上看，这里描绘的只是一种企业现状，并未涉及未来如何发展的问题。但所有已获得特许权企业的未来发展，无非是三个方向：走向衰落、维持现状以及变得更加强大。而巴菲特眼中拥有特许权的企业，其实大多拥有较好长远经济前景的预期。而做出这种预期的依据或者说基础就是我们本节要讨论的主题："护城河"评估。

美丽的城堡固然令人向往，但没有护城河保护的城堡又是危险的。将巴菲特经常用到的这些比喻应用到投资中时，就会得出一个简单而重要的结论：没有壁垒保护的特许权企业，不能算是一家真正的特许权企业。"我可不想要对竞争者来说很容易的生意。我想要的生意是其外面有高大的城墙，居中的才是价值不菲的城堡。同时我还要由一个负责任并能干的人来管理这个城堡。"㊀我们对这段话的解读是：城堡的魅力与其难以逾越的护城河应当融为一体，不可分割。

巴菲特为我们展现的价值链条是：美丽的城堡为投资者创造着较高的即时资本回报——城堡下的护城河构建了企业的长久竞争力——长久的竞争力带来了"可预期的经济前景"和"令人垂涎三尺的事业"——投资者的财富因投资这家公司而得到持久并令人满意的增长。我们甚至可以说，在这个价值链条中，最重要的就是护城河环节。没有这个环节，整个链条就是脆弱的、容易断裂的；对于一个长线投资人来说，就是充满风险的、没有意义的。

巴菲特曾经多次指出护城河的重要性："考察企业的持久性，我认为最重要的事情是看一家企业的竞争能力。我喜欢的企业是那种具有持久生存能力和强大竞争优势的企业。就像一个坚固的城堡，四周被宽大的护城河包围，河里还有凶猛的鳄鱼。"㊁ "由于某些特定的行为而导致企业的长期竞争地位得到改善时，我们称这种现象为加宽护城河。这些行为对企业想要打造10年甚至20年的成功至关重要。当短期目标与长期目标冲突时，加宽护城河应当优先考虑。"（巴菲特2005年致股东的信）

正如我们曾在"定期体检"一节中所讨论过的那样，巴菲特对所有买入的上市公司都会进行定期或不定期的"体检"，以观察企业的基本情况是否发生了改变。而在这些"体检"中最重要的一项

㊀ 来自巴菲特在佛罗里达大学的演讲。
㊁ 《美国新闻与世界报道》，1994年6月。

就是对企业护城河的观察与评估:"我必须强调的是:在任何时候,我们不是通过投资对象的市场价格来评估我们投资的进展。我们宁可使用适用于我们旗下私人企业的那些测试标准来衡量它们的成绩:(1)扣除整个行业平均增长后的实际收益增长。(2)护城河在这一年里是否变得更宽。"(巴菲特 2007 年致股东的信)

那么,像我们这样普通的投资人应当如何去观察与评估一家特定公司的护城河呢?在观察与评估一家上市公司的护城河时,又需要注意哪些问题呢?我们的看法主要有以下几个方面。

1. 多样化的护城河

伯克希尔旗下公司的护城河是多样化的。由于产业或公司间的竞争要素是多元的、立体的、复杂的,这需要企业尽量在诸多产业竞争要素上都能建立起属于自己的长期优势。这些要素或护城河的载体包括:(1)成本:如盖可保险的护城河就是低成本。(2)品牌:它让我们想起了可口可乐和美国运通。(3)技术与专利:吉列刀片与艾斯卡切割靠的就是技术取胜。(4)服务:伯克希尔公司旗下的诸多珠宝零售商都在为其客户提供着优质服务。(5)质量:这是喜诗糖果用以维系客户持久关系的基本要素。(6)价格:让"B夫人"缔造全美家具与地毯销售传奇的就是她的客户情结与"低价格"(全部根据巴菲特的原话进行整理)。

2. 清晰可辨的护城河

企业在产业竞争要素上所建立起来的竞争优势必须是容易辨别

的。如同巴菲特提过的企业内在价值与投资价值理论一样,很多情况下你其实不需要知道一个人的确切体重,你只需要能一眼看出他是一个"胖子"还是一个"瘦子"即可。因此,如果我们不能依据简单标准去识别企业的护城河所在,它可能就真的不存在。

3. 可以持久的护城河

尽管产业竞争的复杂性会让所有关于"持久"的预期充满了变数,但投资者还是可能依据不同产业的繁简程度而作出一些即时的评估与判断。巴菲特为何不买甲骨文和微软?就是因为他"无法预料到10年以后甲骨文和微软会发展成什么样"。⊖说到这里,也让我们想起了彼得·林奇的一个类似观点:一家旅馆的竞争者不会在一夜之间不期而至,而对一只技术股来说,一觉醒来可能一切都改变了。

4. 难以逾越的护城河

这是巴菲特评估一家公司市场特许地位的惯用标准:"当我们在判断一家公司的价值时,我常常会问自己一个问题:假设我有足够的资金与人才,我愿不愿意和这家公司竞争?我宁愿和大灰熊摔跤也不愿和B夫人的家族竞争,他们的采购有一套,经营费用低到其竞争对手想都想不到的程度,然后再将所省下的每一分钱回馈给客人。这是一家理想中的企业,成功源自对客户价值的尊重与执著追求。"(巴菲特1983年致股东的信)

⊖ 来自巴菲特在佛罗里达大学的演讲。

5. 并非仰仗某一个人的护城河

"如果一个生意必须依赖一个超级巨星才能产生好的成效,这个生意就不应被看作是个好生意。"(巴菲特 2007 年致股东的信)我们知道,企业的核心竞争力必须符合三个条件:(1)有用。(2)被企业所独占。(3)难以复制。显而易见,如果企业的核心竞争力不是被企业自己,而是被一个"超级巨星"所独占,它就不是真正意义上的核心竞争力,因为它随时会因某个人的离开而发生根本性的改变(巴菲特在这个问题上的表现似乎有自相矛盾的地方)。

6. 一个需要不断挖掘的护城河等于没有护城河

除了技术型企业外,一些竞争要素繁杂以及经营环境总是处于快速变化中的产业,也可能会导致企业的护城河总是处于"不断挖掘"的状态中,投资者对此也应予以充分的注意。

本节要点:

(1)美丽的城堡固然令人向往,但没有护城河保护的城堡又是危险的,投资同样如此。

(2)在企业价值链条上,从某种程度上来说,最重要的环节就是护城河环节,如果这个环节出了问题,所有的梦想就只是个梦想。

(3)企业的"护城河"应符合以下特质:①多样化的。②清晰可辨的。③可以持久的。④难以逾越的。⑤企业而不是个人独占的。⑥不需要不断挖掘的。

误读18：价值管理

主要误读：对巴菲特反复强调的企业经营者应与投资者一样重视企业内在价值管理的观点，市场没有给予足够的关注。

我方观点：判断企业经营者是否是一个"价值管理者"，在巴菲特的投资操作中占有非常重要的位置。

我们先重温一个企业管理界曾经争论不休的话题。在确立企业经营目标时，管理者应当选择以下四项中的哪一项：（1）资产规模最大化。（2）销售收入最大化。（3）税后利润最大化。（4）内在价值最大化。最近这些年，大多数人在这个问题上取得了一致看法：公司经营的终极目标应当是企业内在价值的最大化。这正是我们本节想讨论的话题——价值管理。那么，应如何对企业实施有效的价值管理呢？

我们先来看汤姆·科普兰等人对价值管理的定义："成为价值管理人不是一个只有少数人可以问津的神秘过程。然而，与众多管理不同，它确实需要变换一个角度。它需要强调长远的现金流量回报，而不是逐季度地斤斤计较每股收益的变化。它需要人们树立一种冷静的、以价值为取向的公司活动观，承认商业的本来意义，即商业就是投资于生产能力，赚取高于资本机会成本的收益。而最重要的是，它还需要在整个组织内发展一种管理价值的理念并使之制度化。关注股东的价值不是一件只有面对股东压力或潜在的兼并时才偶尔为之的事情。它是一种持之以恒的主动行动。"⊖

⊖ 摘自《价值评估》，第1版。

我们认同这个定义。它揭示了，相对于资产规模、营业收入、税后利润等指标，企业的长远现金流量才是一个奉行价值管理的经营者最应关注的。哪怕是与人们后来经常提到的权益报酬率、投资资本回报率以及 EVA 等指标相比，由于后者在多数情况下被用于企业的短期化考核，总现金流量及其折现值仍旧是一个最佳指标。

那么在巴菲特的眼中，一个企业经营者应当立足于哪些方面去实施有效的价值管理呢？我们认为可以归纳为以下 10 个方面。

1. 资金配置

无论是投资股票还是收购私人企业控股权，巴菲特都表现出了对公司资金配置能力的高度关注。怎样才称得上优秀的资金配置能力？巴菲特认为一个简易而有效的检验标准就是"企业保留的每一美元应当最终能创造出至少一美元的市场价值"（巴菲特 1983 年致股东的信）。落实到实务工作中的一个反向指标则是：当企业相信保留下来的每一美元的预期回报将低于社会资金平均成本时，就应当选择把钱分给投资者。

2. 股票回购

在价值管理链条中，股票回购与资金配置有着同等重要的位置。说它重要不仅在于企业可以通过回购操作即时提升股东价值，还在于企业在这个问题上常常容易犯错："我们认为一家好公司所能贡献出的现金，一定会超过其本身内部所需，而公司当然可以通过分配股利或买回股份的方式回馈给股东。但是通常企业的 CEO 会要求公司的策略企划部门、顾问或投资银行作出购并 1~2 家公司的可行性报告,这样的做法就好像是问一个室内装饰商,你是否应该增添一条 5 万美元的地毯。"企业应当在什么情况下启动股票回购呢?巴菲特认为"当一家经营绩效良好且财务基础健全的公司发现自家的股价远低于其内在价值时,买回自家股票是保障股东权益最好的方法"(巴菲特 1994 年致股东的信)。

3. 收购兼并

在许多年的致股东的信中,巴菲特都谈到了企业的收购兼并问题。概括起来其思想包括以下几点:(1)大多数的收购兼并由于意在扩大企业版图而不是提升股东价值,因此对收购价格一般不敏感,从而常常因收购价格过高而减损了股东价值。(2)企业领导人在收购活动中往往表现出过度的自信,但实际结果却是"大多数的蟾蜍被吻过后还是蟾蜍"。(3)成功的案例大多出自特许权企业对一般商品企业的收购,但市场上大多数的收购却往往发生在两个一般商品型企业之间。

4. 新股发行

发行新股主要源于两种情况:(1)企业因各种原因需要募集新资金。(2)收购兼并时需要部分或全部采用换股方式。显然,无论是用于募集资金还是用于收购兼并,只有在企业的付出最终(区分最终还是即时非常重要)小于所得的利益时,新股发行才不会减损股东价值。但实际情况是，不少经理人都是在公司股价被低估甚至是被严重低估时（巴菲特认为在企业并购时最易发生这种情况）发行新股的。这样做的结果自然是企业的付出大于其所得，股东价值会因此受到减损。

5. 财务目标

巴菲特曾让人们思考一个问题：如果按企业内在价值的指标范畴重新评选财富500强，目前仍在榜上的企业会有多少留下来？他的言外之意是清楚的。从股东的角度来看，更重要的考察指标应是企业的内在价值而非目前用以评选500强企业的销售或资产规模。"我们长远的经济目标是将每年平均每股内在价值的成长率极大化，我们不以伯克希尔的规模来衡量公司的重要性或表现。"（巴菲特1983年致股东的信）

6. 有质量的成长

当人们已经习惯于把企业划分成"成长型"和"非成长型"时，巴菲特则在每年一度的致股东信中多次提醒投资者："在计算一家公司的价值时，成长当然是一件很重要的因素，这个变量将会使得所计算出来的价值从很小到极大，但其所造成的影响有可能是正面的，也有可能是负面的。"（巴菲特1992年致股东的信）这也许是一个不难理解的财务逻辑：当企业的成长是以较低的资本回报为背景时，这种成长对于股东价值来说就是负面的，甚至可能是灾难性的。

7. 信息披露

在现代企业评估领域，已有不少研究指出信息披露与企业市场价值之间具有一定的关联性。那么巴菲特是如何从价值管理的角度来看待信息披露的呢？先来看看出自某国外研究者的一个有趣观点："巴菲特坚信企业应该停止为投资者提供每季度的赢利指导。这就是说，在这个监管当局试图鼓励企业增加透明度，并且提供更多资讯的时代里，巴菲特却鼓励企业提供更少的信息给投资人。"[一]显然这位研究人员对巴菲特有一定的误解，但同时他的话也引出了一个价值管理的重要命题：企业经营者向股东重点披露的应当是什么？在1988年致股东的信中，巴菲特为这个问题作出了回答：（1）这家公司的大概价值有多大？（2）它达到未来目标的可能性有多大？（3）在现有条件下，经理人的工作表现如何？我们认为，对一个价值投资人来说，了解这三项内容比了解季度盈余数字要重要得多。

8. 市值管理

在国内，我们经常听到不少企业管理者说对公司的股票价格无能为力，只要做好本职工作就可以了。其实就价值管理工作来说，此话只说对了一半。由于股票价格与市场对公司的经营预期密切相关，而市值管理的一项重要内容就是要求上市公司及时、准确、深

[一] 摘自《巴菲特也会错》。

入、全面地将企业的管理信息向市场进行披露,因此经理人在这个层面并非就是无能为力。巴菲特的做法就值得我们效仿:"虽然我们主要的目标是希望让伯克希尔公司的股东经由持有公司的所有权所获得的利益极大化,但与此同时我们也期望让一些股东从其他股东身上所占到的便宜能够极小化。我想这是一般人在经营家族企业时相当重视的,不过我们相信这也适用于上市公司的经营。对于合伙企业来说,合伙权益在合伙人加入或退出时必须能够以合理的方式评估,这样才能维持公平。同样,对于上市公司来说,唯有让公司的股价与其实质价值一致,公司股东的公平性才能得以维持,尽管这样理想的情况很难一直维持,不过身为公司经理人,可以通过其政策与沟通来大力维持这样的公平性。"(巴菲特 1996 年致股东的信)

9. 股东角度

无论是美国还是中国的资本市场,让管理层完全站在股东的角度去经营企业,恐怕都有些过于理想化,但这不代表人们在此事上就一定无所作为。通过某些机制性安排以及企业对其经理人事先的道德检测,使股东价值得到最大限度的保护也并非遥不可及。巴菲特在这方面为我们树立了学习的榜样。尽管他本人是公司的大股东,但他自始至终都能以一个合伙人的心态去处理公司各种事务,并因此受到了公司股东的高度尊敬。当被问及为何每年都有成千上万的股东长途跋涉到奥马哈参加伯克希尔年度会议时,巴菲特的回答是:"他们来是因为我们一直使他们有主人的感觉。"⊖

⊖ 摘自《商业周刊》1993 年 5 月。

10. 音乐会广告

音乐会广告是一个企业经理人较少关注的问题，而对于那些希望看到公司股东能快速流动的经理人而言（具体表现为对活跃的股票交易量的期盼甚至渴望），这类问题甚至完全不会被意识到。但这却是以价值管理为指导原则的经理人们所必须重视的："我们今晚可以在这座大厅外面张贴一张'摇滚音乐会'的广告，之后就会有一群喜欢摇滚乐的人进来；同样我们可以贴出'芭蕾舞会'的广告，之后就自然会有另一群喜欢芭蕾舞的人进来。由于我们张贴了内容清晰的广告，这两种人都不会弄错。但是，如果我们在外面贴出摇滚乐的广告却在里面跳芭蕾或者举办其他一些活动，那才是一个可怕的错误。"[一]对于此番表述背后的确切含义，一个真正的企业价值管理者应能心领神会。

除了上述 10 个方面外，巴菲特也极具建设性地提出了其他价值管理的要点：对资本回报而不是每股收益的关注、对限制性盈余和股东利润（扣除被动性资本支出后真正归属于股东的利润）的关注、对资本模式（最好是小资本而大商誉）和通胀敞口的关注、对长期目标而不是短期表现的关注、对商业模式和护城河的关注等。限于篇幅，这里就不再详述了。

总体来说，无论是对于美国的企业还是对于中国的企业，价值管理都可以说是一项高难度的工作挑战。尤其是在中国，由于股东文化整体性的欠缺，目前拥有这种管理思想的企业家还是凤毛麟

[一] 摘自 *Warren Buffett Speaks*。

角，因而使得这一工作显得更为任重而道远。

> **本节要点：**
> （1）在巴菲特看来，不仅投资者要关注企业的内在价值，公司管理者更应当关注企业的内在价值。唯此，才能有效实施旨在提高股东价值的"价值管理"。
> （2）价值管理的一项基本内容就是将企业所有的管理行动指向同一个目标：最大限度地提升企业的长期现金流量。
> （3）无论是对于美国的企业还是对于中国的企业，价值管理都还是一项高难度的工作挑战，都还有很长的路要走。投资者对此必须有清醒的认识。

误读19：简单却不容易

> **主要误读：** 对于巴菲特的成功，人们要么高估了其操作的复杂性，要么低估了其坚守的不易性。
>
> **我方观点：** 我们自己长期的操作体会印证了巴菲特的一个基本观点：进行企业内在价值投资，简单却不容易。

几年前，我们曾经按照投资方法的繁简程度以及投资过程中对智商与精力的要求，把股票投资操作划分成五种类型。由简到繁的排列依次是：（1）企业投资（权益型股票投资）。（2）股票投资（交易型股票投资）。（3）指数投资（指数投资开始是简单的，后来由于指数种类的逐渐增多以及投资方法的日趋复杂而变得不那么简单了）。（4）衍生工具投资。（5）对冲操作。

可以看出，这五种类型的投资有着明显的时间轨迹。在漫长的

第三部分 残缺的影像

历史进程中，人类的聪明才智不仅在自然科学领域得到了充分挖掘，在股票投资领域也同样如此。在不到100年的时间里，原本旨在获取企业权益的股票投资已被演绎成今天可以与企业本身没有任何关系的投资操作。在追"波"逐"浪"、头肩曲线、主力追踪、庄家解析、有效组合、标准差、贝塔值、资本资产定价模型、ETF、股指期货、期权交易以及花样不断翻新的各类对冲操作中，原本承载股票投资价值的载体——企业，离我们渐行渐远，剩下的几乎就是一些数字、图表、曲线、符号、模型了。

人类对投资科学的探索本无可厚非，但也要注意不要在探索中迷失了自己。当以巴菲特为代表的企业投资人，用简单而朴实的操作创造了令人瞠目结舌的财富神话时，人们在受到巨大震撼后的沉思中不妨先问自己一个问题：投资的成功是否与方法的复杂程度成正比？

答案很简单：当然不是。

这让我们想起了著名的"奥卡姆剃刀"（Ockham's Razor）法则。该法则由一位14世纪的英格兰修道士和逻辑学家奥卡姆的威廉提出。它制定了所谓的"节俭原则"（Entities should not be multiplied unnecessarily），现在被称为"奥卡姆剃刀"。许多世纪以来，它一直是科学的指导原则之一。其基本含义是：能以简单的方式做好的事情，用复杂的方式去做不一定能做得更好。

就股票投资而言，我们一直观察到的现象是：以复杂的方式去操作，不仅不会比用简单方式去操作带来更高的回报，甚至经常适得其反。读者不妨回想一下，被美国主流媒体评出的20世纪的10个最伟大的投资人中，有谁是靠复杂操作而取得最后的成功的？让我们感到十分有趣的另外一个现象是：一边是发明了现代投资理论以及市场有效假说的人获得了诺贝尔经济学奖；一边是对该理论嗤之以鼻的人在投资领域获得了令全球瞩目的巨大成功。

巴菲特为何能笑到最后？如果你不认为他只是一个"幸运猩猩"的话，那么答案就只有一个：他是一个"简单投资"的执行者与倡导者。"价值投资的思想看起来如此简单与平常。它好比一个智力平平的人走进大学课堂并轻易地拿到了一个博士学位；它也有点儿像你在神学院苦读了八年后，突然有人告诉你：你需要了解的其实只是'十诫'那点儿东西。"㊀

发现一家好企业，就把它部分或全部买下来，然后长期持有，还有比这更简单的投资方法吗？正是靠着这种原始的操作模式，巴菲特在充满怀疑和不屑的目光中，让一直追随自己的合伙人的财富在数十年里增加了数万倍。

在1997年伯克希尔公司的年会上，巴菲特的合伙人查理·芒格说过一句意味深长的话："人们低估了一些简单却有效的想法的重要性。假设伯克希尔是一个讲授正确思考方法的教育机构，它所开设的主要课程就是少数几个简单但有效的重要思想。"

讨论至此，有读者可能会问：既然巴菲特的投资思想是如此的简单，为何这么多年来没有成为股票市场操作的主流呢？这是一个让巴菲特也困惑不已的问题："使我们困惑的是，知道格雷厄姆的人那么多，但追随他的人却那么少。我们自由地谈论我们的原理，并把它们大量地写入我们的年度报告中。它们很容易学，也不难运用。但每一个人都只是想知道：你们今天买了什么？像格雷厄姆一样，我们被广泛地认可，但绝少有人追随我们。"（巴菲特在1995年伯克希尔年会上的讲话）

㊀ 来自巴菲特在纽约证券分析家协会的演讲，1996年12月。

这个问题同时也引出了我们在本节要讨论的另外一项内容：巴菲特的投资操作简单却不容易。

其不容易主要体现在两个层面。我们先来看第一个，也就是专业层面。下面引述的是巴菲特在 1996 年致股东的信中的一段重要表述："投资者也可以选择建立自己的股票组合，但有几点大家必须特别注意：智能型投资尽管并不复杂，但也绝不容易。投资人真正需要具备的是给予所选择的企业正确评价的能力。能力范围的大小并不重要，要紧的是你要很清楚自己的能力范围。投资要成功，你不需要研究什么是贝塔值、效率市场、现代投资组合理论、选择权定价或新兴市场等，事实上大家最好不要懂得这些理论。当然我的这种看法与目前以这些课程为主流的学术界有明显不同，就我个人认为，有志从事投资的学生只需要修好两门课程：（1）如何给予企业正确的评价。（2）如何正确对待股票价格的波动。"

尽管只有两门课程，但对一个业余投资人来说，真正能学到并掌握这两门课程其实并不容易。例如，第一门课程就至少包含了对企业的商业评估、财务评估、内在价值评估、市场价值以及投资价值评估等。尽管不容易，但也并非不可为。投资者只要做足功课（不少投资者其实做了不少功课，只是内容与智能型投资无关），在投资上的持久成功就不是一件遥不可及的事情。

巴菲特式投资操作的不易，其实可能更多地来自另外一个层面：非专业层面。说起来也许并不复杂：所有投资都是由人来操作的，而人的任何行动都会受到其心理的影响。尽管我们不能完全割裂两个层面之间的联系，但就心理因素对人的单独影响而言，应当是实实在在的。巴菲特和他的合伙人芒格经常挂在嘴边的一句话就是：是性情而不是智商或者技能影响着人们的投资。

我们在股票市场上看到的许多失意其实都是源自非专业因素。下面就列举出10项会影响到投资者实施"智能型"投资的较为普遍的心理因素：（1）一夜暴富的梦想。（2）不切实际的年度获利目标。（3）总想不劳而获的搭便车偏好。（4）在短期"成"与"败"前的大喜与大悲。（5）在重大挫折面前的惶恐与举止失措。（6）在投资操作上表现出的不自信或过度自信。（7）在错误面前的顽固与执著。（8）以赌徒而不是投资者的心态去做每一项投资决策。（9）对自己曾经相信的投资方法总是那样轻易地放弃。（10）在精神上总是显得分散与游离而不是集中与专注。

对巴菲特的成功以及投资者自己在投资实践中的借鉴与模仿，都需要事先明白一个道理：它简单而不容易。就非专业层面来说，投资者显然要尽量减少我们在前面所描述的那10项非理性行为；就专业层面来说，大家可以参照巴菲特说过的一句话：在未读完《证券分析》（对于我们来说则是巴菲特历年致股东的信）12遍之前，我不会买任何一只股票。

本节要点：

（1）投资成功与否不仅不会与投资方法的复杂程度成正比，大多数情况下反而正好相反。

（2）如果把股票投资方法按其复杂程度分成多个等级的话，巴菲特的投资方法当属最简单的那一个。

（3）由于在"企业投资"或"长期投资"中需要投资人具备一定的商业素养和心理素质，巴菲特的投资方法其实是简单而不容易。

误读20：快乐投资

主要误读：巴菲特不仅有一个辉煌的投资战果，其过程也是快乐的。对后者，人们似乎关注较少。

我方观点：投资不仅是对预期回报的选择，也是对生活方式的选择。而且投资回报的"高"度并不与投资过程的"疲惫"深度成正比。

几年前，我们曾经按回报的满意度和过程的轻松度将股票投资分为四种状态：(1) 沮丧投资：差劲的投资回报，疲惫的投资过程。(2) 无效投资：差劲的投资回报，轻松的投资过程。(3) 缺陷投资：满意的投资回报，疲惫的投资过程。(4) 快乐投资：满意的投资回报，轻松的投资过程。并做出二维象限图，如图3-2所示。

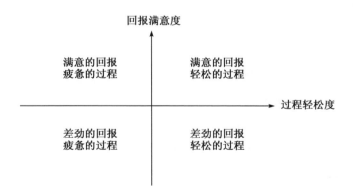

图 3-2　股票投资的二维象限图

根据我们的观察，无论是在美国的股票市场还是在我国的股票市场，绝大部分的业余投资者处于本图的左下区，不但投资结果不佳,过程中也没少受累;部分聪明而幸运的机构投资者能够进入左上区,尽管已经操心得可能年纪不大却早生华发,但至少投资的回报还能够慰藉他们的辛劳;小部分懵懂的投资人则处于右下区,既无劳累之虞,也无赚钱之喜。

上述三类投资方法听起来就没那么美好,不值得我们多花费篇幅。剩下的右上区,才是我们本节要谈的重点。我们一直把这个区域称为"快乐的右上区",如果能在轻松的过程中实现满意的回报,谁会不觉得投资是快乐的呢?当然,能够跻身这个区域的投资者即使不是凤毛麟角,也是股市中的极少数群体。巴菲特就是这个群体中最为光彩夺目的一员。

在我们看来,快乐投资在思想层面包含了期望回报、七层塔、快乐测试、幸福要素四个部分。下面,我们将对它们逐一做出说明。

首先是期望回报。当我国股市到处充斥着"翻番""每年轻松赚50%""年回报低于30%就没脸见人"的承诺与希冀时,巴菲特很早就把自己的预期回报界定为"让合伙人或股东的财富净值每年增加15%"。正是这一理性而现实的目标回报以及与之相匹配的投资方法与操作准则,最终让巴菲特取得了那些梦想着迅速致富的投资者们连想都未曾想过的辉煌业绩。

谈及此,我们当然希望读者也能建立一个理性而现实的获利目标。在设置目标时,不妨可以考虑建立这样的三条基准线:(1)生死线:长期投资回报是否高于无风险收益率(长期国债或定期存款收益率)。(2)健康线:长期回报是否不低于基准指数的长期回报。(3)财富线:长期回报高于基准指数3~5个点。现在假设基准指数的长期回报为10%(根据发达与新兴市场的数据进行综合测算),在表3-7中我们可以看到不同回报下的投资结果。

表 3-7　不同回报下的投资结果（期初一次性投资 30 万美元）

（单位：万美元）

时间段	10 年	20 年	30 年	40 年	50 年
理性财富线：15%	121	491	1 986	8 037	32 510
伯克希尔线：20%	186	1 150	7 121	44 093	273 013
"有脸见人"线：30%	414	5 701	78 560	1 080 000	14 940 000

显然，在具备一定投资素养的前提下，理性财富线上的投资者是快乐的；伯克希尔线上的投资者是幸运的；"有脸见人"线上的投资者是梦幻的。即使"有脸见人"线上的投资者把获利目标设定为先高后低，恐怕还是存在两个问题：(1) 放弃前期成功的策略不是一件容易的事。(2) 回报的压力往往会带来疲于奔命的操作过程。

下面谈"七层塔"。正如本书的第一部分中所说的，我们将巴菲特投资思想体系中的几个重要部分总结为"七层塔"，而这七层塔中的每一层都是与"快乐投资"相关联的。请参见表 3-8。

表 3-8　七层塔（上栏）与快乐投资（下栏）

将股票视为生意的一部分	在买入价格上留有安全边际	将股价波动视为朋友而不是敌人	集中投资有长久竞争力的公司	逆向操作并在机会到来时加大赌注	有一个有所不为的清晰边界	低摩擦成本+递延税负
长期投资+定期体检	降低了本金损失风险并提高了回报	盯住比赛而不是记分牌	不用同时照看 40 个或更多的"妻子"	"静"的时候多于"动"的时候	降低了犯错特别是大错的概率	将复利效果发挥到极致

如果读者觉得表中的逻辑不够清晰的话，不妨重新打造一个相反的七层塔：(1) 将股票视为一种交易便利并频繁进出。(2) 追涨杀跌。(3) 让自己的情绪每天都与 K 线图共同起舞。(4) 买数

量众多且种类繁杂的股票。(5)一年 365 天每天都是买股票的好日子。(6)不设任何行为禁区。(7)总相信自己的短期利润可以将交易成本完全覆盖。如此对比之下,这两种投资模式中哪一个更能实现快乐投资应该是无须多言的。

再说说"快乐测试"。下面我们设计了一个可以供投资者进行自我"快乐测试"的路径,如图 3-3 所示。

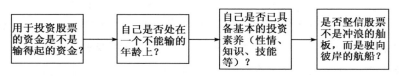

图 3-3 "快乐测试"路径图

如果对上述任何一个问题给出了否定答案,则你的境况已经出现了些许问题,快乐投资将与你暂时无缘。如果对两条以上都给出了否定答案,你恐怕与快乐投资就彻底绝缘了。

最后我们将 20 项"幸福要素"列出来,供读者们借鉴和参考。如果你能大部分或全部认同并能将其运用到你的投资操作中,快乐投资应该已经离你不远了,如表 3-9 所示。

表 3-9 20 项幸福要素(前后顺序随机排列)

股价下跌是好事而不是坏事	离市场越远,离财富越近	远离新上市公司特别是 IPO 股票	遇上"铁公鸡"不一定是坏事	"天"道酬勤,"股"道有时正好相反
不想持有十年,就不要持有十分钟	选股如选妻	"股价在上涨"是最蠢的买入动机	篮子越多,鸡蛋的风险越大	风险与回报并不成正比
市场经常犯错	逆向行动,而不是顺势而为	一定条件下,股票不是高风险游戏	简单最美。生活如此,投资也如此	正确投资是知难行不易
买入不是为了尽快卖出	回报的确定性重于回报的高度	从不做也从不相信短期预测	有所不为比有所更重要	投资回报不与你的专业能力成正比

祝天下的投资者都能快乐地达成所愿！

> **本节要点：**
> （1）只有在"回报满意、过程轻松"的前提下，投资才会是快乐的。
> （2）过去100年来，只有极小部分的投资者能进入快乐投资者的行列。
> （3）坚持按照巴菲特的投资方法去操作，你就有可能成为一个快乐的投资者。

误读21：摩擦成本

> **主要误读：** 关于摩擦成本对长期回报的影响，不少投资者的认识还不足够。
>
> **我方观点：** 关注复利，关注你的长期财富增长，就一定要关注摩擦成本。

我们在"递延税负"一节中曾经举过这样一个例子：把一块厚度为1厘米的纸板对折20次，最后的高度就是10 485米。但是，如果我们在每次将纸板对折时，都把被对折起来的纸板削薄30%，纸板对折20次后的高度就变成了406米，比原来的高度低了10 079米。当时谈的是递延税负效应，但如果我们把这每次被削薄的30%当作摩擦成本时，道理其实是一样的。

这里的"道理一样"，包含着两层含义：（1）无论是税负成本还是摩擦成本，都会对长期投资的最终结果产生影响甚至是重大影响。（2）这些影响都可以通过操作策略的修正而减至最低限度。

我们都知道，产品开发有研究成本，生产有制造成本，销售有渠道成本。这些成本都实属必然且难以避免。然而股票投资中的税负成本或摩擦成本却并非如此，人们完全可以通过科学的安排，将其尽量规避。

究竟如何去看待摩擦成本对投资的影响，我们可以参照巴菲特在2005年致股东的信中提出的一个比喻：假设全部上市公司为一家企业，市场投资者为一个家庭投资单位。这样，我们将面临以下三种情况：（1）投资总收益等于企业经营总收益。（2）尽管通过"聪明的买卖"，家庭A成员可能赚得比家庭B成员多，但总体收益不会超过企业总收益，A只是赚了B的钱。（3）因为摩擦成本的存在，家庭总收益实际上还会小于企业总收益。摩擦成本越高，收益递减越大。

那么摩擦成本是怎样产生的呢？按照巴菲特的总结，它们主要是由四类人带来的：（1）股票经纪商——投资者需要为其所提供的交易便利支付通道费用。（2）投资管理人——投资者需要为其专业服务支付管理佣金。（3）财务策划师——投资者需要为其支付理财服务费。（4）更"高级"的投资管理人（如投资专户、对冲基金和PE基金等）——投资者需要为这些更高级的服务同时支付资金管理费和业绩分成。

在我国，股票投资的摩擦成本来源可以用图3-4来表示（内容或有重叠）。

可以看到，我国投资者面临的摩擦成本主要有：（1）交易佣金。（2）投资顾问费。（3）基金管理费（含银行托管费）。（4）信托费。（5）证券集合管理费。（6）投资连接保险费。当然，图中显示的服务通道并不是一个串联系统，投资者具体需要承担的摩擦成本由其所选择的某项或多项投资服务决定。

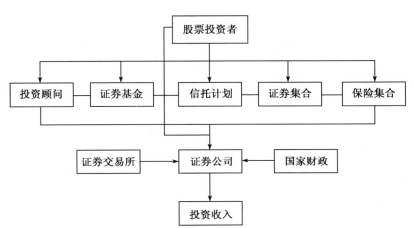

图 3-4　我国股票投资的摩擦成本来源

对于长期投资而言，摩擦成本的具体量化影响会是怎样？我们接下来将考虑几种设定的情况来具体做出分析。情形 A、投资者自行操作：股票周转平均每年四次，年度总交易成本为 1.5%；情形 B、投资者使用专业服务：各种费用（资金管理费、托管费、申购与赎回费、交易佣金等）加总后的年度总成本为 3%；情形 C、使用更高级的专业服务：各项费用加业绩分成后的年度总成本为 5%。假设投资年均回报为 20%（为了便于比较，我们以伯克希尔公司的长期净值增长率为业绩基准），投资期为 10～50 年，投资本金为 10 万美元。具体分析结果见表 3-10。

数据显示，在假设投资者自行操作以及专业机构的投资回报均能保持在 20% 左右水平的情形下（大部分的实际回报应当低于这个水平），仅仅由于频繁交易或支付较高的管理费，投资者就将为此付出高昂的摩擦成本。时间越长，数目就越触目惊心。

表3-10 不同摩擦成本下的投资回报（初始一次性投资10万美元）

（单位：万美元）

	巴菲特	情形A	情形B	情形C
10年后净值	61.92	54.60	48.07	40.46
摩擦成本	（略）	7.32	13.85	21.46
20年后净值	383.37	298.10	231.06	163.66
摩擦成本	（略）	85.27	152.31	219.71
30年后净值	2 373.76	1 627.61	1 110.65	662.12
摩擦成本	（略）	746.15	1 263.11	1 711.64
40年后净值	14 697.71	8 886.56	5 338.69	2 678.63
摩擦成本	（略）	5 811.15	9 395.02	12 019.08
50年后净值	91 000	48 500	25 700	10 800
摩擦成本	（略）	42 500	65 300	80 200

注：1. 表中的摩擦成本是指因摩擦费用而造成的投资收益损失。

2. 略掉巴菲特的摩擦成本不代表他没有，只是因为比例相对较小而暂时忽略不计。

巴菲特在2004年致股东的信中曾经指出："过去35年来，美国企业创造出优异的成绩单。按理说投资人也应该获得丰厚的回报，只要大家以分散且低成本的方式搭顺风车即可。事实上指数型基金同样可以达到这样的目的。但为什么大多数投资人的业绩惨不忍睹呢？我认为这其中主要有三个原因：首先是交易成本太高，投资人的进出往往过于频繁，或者是在投资管理上花了太多的钱；其次是投资决策往往基于小道消息而非理性、量化的企业评价；最后是浅尝辄止的方法加上错误的介入时点。投资人必须谨记，过度兴奋与过高的交易成本是其大敌。如果大家一定要投资股票，我认为正确的心态应该是当别人贪婪时恐惧，当别人恐惧时贪婪。"

巴菲特把摩擦成本列为投资失败的首选原因，是有意还是无意，我们无从得知。但从我们的上述讨论中已经可以看出，摩擦成本对长期投资回报的影响不仅实实在在，而且数额巨大。不论你对自己的短期操作如何有信心，交易次数越多，对投资回报的要求就会越高，走向最后成功的难度也就会越大。

> **本节要点：**
>
> （1）摩擦成本对投资回报的影响，无论怎样强调都不会过分。
>
> （2）关注长期投资，就一定要关注复利；关注复利，就一定要关注摩擦成本。
>
> （3）投资者完全可以通过科学的安排，将摩擦成本降到最低。

误读22：牛顿第四定律

> **主要误读：** 巴菲特把"运动有害投资"比喻成"牛顿第四定律"，对此人们没有给予足够的关注。
>
> **我方观点：** "牛顿第四定律"对投资运行的影响，不亚于"牛顿三大定律"对物体运行的影响。

巴菲特曾经说过这样一段话："很早以前，牛顿发现了三大运动定律。这的确是天才的伟大发现。但牛顿的天才却没有延伸到投资中，他在'南海泡沫'中损失惨重。后来他对此解释说：我能够计算星球的运动，却无法计算人类的疯狂。如果不是这次投资失误造成的巨大损失，也许牛顿就会发现第四大运动定律：对于投资者而言，运动的增加导致了收益的减少。"（巴菲特2005年致股东的信）

关于巴菲特投资体系的核心是企业投资，企业投资必然表现为投资的长期化，我们已经谈得很多了。但对于短期化操作的弊端，以及巴菲特为何坚持认为"运动"有害投资并进而将其比喻为"牛顿第四定律"，我们则言之甚少。本节的讨论就将围绕这个话题展开。

在任何一个股票市场上，试图说服投资者放弃短期操作而转为长期投资，都不是一件容易的事情。特别是在经历了这次百年一遇的金融海啸后，情况就变得更加不乐观。当然，投资是自己的事，人们采用何种投资方法，是在各种要素共同作用下的结果。如果偏要指出哪一种投资方法好，哪一种投资方法不好，不仅费力不讨好，似乎也没有太大的意义。但即便如此，我们还是有必要将短期投资不利的一面予以说明，给读者朋友们在确定自己的投资策略时提供一些参考。

我们认为：相对于长期投资而言，短期操作至少在以下六个方面处于劣势。

1. 较高的交易成本

相关话题我们在"摩擦成本"一节进行了一些讨论。为了进一步加深读者对这个问题的认识，我们这里再补充一个巴菲特早在36年前就提出的观点："过去每天交易量约一亿股的年代，对所有权人来说绝对是祸而不是福。假设每买卖一股的交易成本为15美分，则一年累积下来约要花费75亿美元的代价。这相当于埃克森石油、美孚石油、通用汽车与德士古公司这四家全美最大企业年度盈余的总和。这些公司在1982年年底合计有750亿美元的资产净值，约占《财富》杂志 500 强企业净值的 12%。换句话说,投资人只因为手痒而将手中股票换来换去的代价就等于是耗去了这些大企业辛苦一年的所得。"(巴菲特 1983 年致股东的信)

我们反复引用巴菲特的话,是因为目前中国股市正在上演着相同的情景。需要引起人们深思的是,当每个投资人都幻想着可以通过聪明的买与聪明的卖去获取超额收益时,我们看到的关于投资者长期赢利状况的多项调查,其结果几乎都是七亏二平一赢利……

2. 较不确定的投资成果

菲利普·费雪曾经说过:"研究我自己和别人的投资记录之后,两件重要的事促成本书完成。其中之一我在其他地方提过几次:投资想赚大钱,必须有耐性。换句话说,预测股价会达到什么水准,往往比预测多久才会达到那种水准容易。另一件事是股票市场本质上具有欺骗投资人的特性。跟随其他每个人当时在做的事去做,或者跟随自己内心不可抗拒的呐喊去做,事后往往证明是错的。"㊀ 在费雪做出这一表述的 38 年后,巴菲特也发表了如出一辙的看法:"我们不知道事情发生的时间,也不会去猜想。我们考虑的是事情会不会发生。"㊁

其实,对于上述观点背后的逻辑,巴菲特早在 1969 年就已经给出了答案,这就是被本书多次提到的一个基本理念:"短期看,股票市场是投票机;长期看,股票市场是称重器。我一直认为,由

㊀ 摘自《怎样选择成长股》。
㊁ 摘自《财富》,1994 年 10 月。

基本原理决定的重量容易测出；由心理因素决定的投票很难评估。"（巴菲特 1969 年致合伙人的信）我们认为，巴菲特重长期回报而轻短期表现的一个重要思想基础，应该就在这里。其行动背后的逻辑是：长期投资回报较短期操作有着更高的确定性。

3. 不利的"比赛"条件

任何一个股票市场，如果上市公司的长期平均业绩表现为正增长，股票指数也就一定会在长期内表现为正增长。如果画一张指数图，将是一条在大部分时间内都显示出向上增长的曲线。这也正是过去 100 年来绝大多数股票市场的实际情况。一个市场如此，一家公司同样如此，而一家符合巴菲特投资标准的公司就更是如此。如果说它们之间会有什么不同，那就是优秀公司股票的价格曲线会随着其更高的业绩增长而变得更加陡峭。

面对一个主体表现为向上增长的曲线，短期操作的弊端在于：策略使用者必须在大多数判断都正确时才有可能战胜买入－持有者。而这样做，短期投资者已经把自己放在了一个相对不利的位置上。因为对短期股价表现的预测与抛硬币并无二致，对与错的概率分布长期来看也就是 50∶50。因此，仅从概率把握的难度上来说，短期投资就已经输了。

4. 较高的出错机会

事实上，无论是在中国的资本市场还是在美国的资本市场，找到可以持续增长的企业都不是一件容易的事情（见后文章节"发现的艰难")。在这一背景下,那些只寻求做大决策机会的人就会比那些做无数个小决策的投资者占有优势。巴菲特劝告投资者手中应持有一张仅可以打20个洞的卡片,其背后的逻辑就在于此。

假设一个短线投资者的股票组合中有6只股票,每年平均周转4次,40年下来,他就需要作960次投资决策;假设一个长线投资者股票组合中也有6只股票,平均每5年周转一次,40年下来,他只需要作48次投资决策。想一想,在"发现的艰难"这一背景下,谁犯错的机会更高呢?更何况,对于不少投资者来说,其投资组合中的股票数目可能还远不止6只!

5. 脆弱的卖出理由

我们认为短期操作的策略依据大多是脆弱的,是不容易站得住脚的。这些依据主要有:(1)基于时机选择。(2)基于获利了结。(3)基于市场热点切换。(4)基于"称重作业"。那么,巴菲特又是怎么看待这些依据的呢?

关于时机选择:在巴菲特的投资思想中,认为最不可信赖的操作策略就是基于短期市场与价格预测下的时机选择。这又让我们重新回到了关于"投票机"与"称重器"的市场命题,由于投票是随机的,时机选择的结果就是不能确定的。关于获利了结:在巴菲特看来,获利了结的投资策略就如同让当初的芝加哥公牛队卖掉乔丹一样愚蠢。关于热点切换:如果"选股如选妻"的逻辑成立,那么"一夜情人"式的投资逻辑就不能成立。关于称重作业:基于企业估值的卖出是多么的不牢靠,请参见本书"称重作业"一节。

6. 高风险操作

这一观点背后的逻辑是简单的：由于买入—持有策略可以最大限度地回避股市三大风险中的系统风险（系统风险是持股时间的函数，见相关章节）和非理性操作风险（由于大部分的非理性操作都产生于股市不断的波动中，因此买入—持有策略可以最大限度地回避这一风险），因此，相对于长期投资，短期操作同时要面对股市的三大风险，它的风险自然要更高一些。

本节要点：

（1）在巴菲特看来，"运动有害投资"几乎可以称为"牛顿第四定律"。

（2）相对于长期投资策略，短期投资至少在六个操作要素上处于劣势。

（3）"牛顿第四定律"对投资财富运行的影响，可能不亚于"牛顿三大定律"对物体运行的影响。巴菲特的成功以及千千万万个投资者的失败，对此提供了充分证明。

误读23：静止的时钟

主要误读： 巴菲特最关注企业哪一项财务指标？为什么？许多业余投资者对此至今仍不甚了了。

我方观点： 巴菲特最关注的财务指标是净资产收益率。它揭示了企业在所赚得的每一美元利润的背后，使用了多少股东资金。没有对后者的评估，就无法对前者给出科学的判断。

这是一个不无玄机的话题。我们计划先从巴菲特的两段表述切入，再结合我国股市中的实际情况展开讨论。

第一段表述摘自巴菲特1979年致股东的信："我们不认为应该对每股盈余过于关注，虽然这一年我们可运用的资金又增加了不少，但运用的绩效却反而不如前一个年度。即便是利率固定的定期存款账户，只要摆着不动，将分得的利息滚入本金，每年的盈余还是能达到稳定成长的效果。一个静止不动的时钟，只要不注意，看起来也像是运作正常的时钟。所以我们判断一家公司经营好坏的主要依据，取决于其股东权益报酬率（排除不当的财务杠杆或会计做账），而非每股盈余的成长与否。"

第二段表述摘自巴菲特1985年致股东的信："当资本报酬率平平时，这种累加式的赚钱方式实在是没什么了不起，你坐在摇椅上也能轻松达到这样的成绩。只要把你存在银行户头里的钱放着不动，一样可以赚到加倍的利息。没有人会对这样的成果报以掌声。但通常我们在某位资深主管的退休仪式上歌颂他在任内将公司的盈余数字提高数倍时，却一点儿也不会去看看这些事实是否只是因为公司每年所累积的盈余及其复利所产生的效果。"

对于有一定财务分析功底的投资者来说，上述观点中的逻辑是简单的：由于每股收益是资本回报与每股资产净值的乘积，因此，当资本回报率较低时，企业仍然可以通过每股资产净值的不断甚至是快速累加（频频发新股以及少分或从不分红）使得每股收益照样可以持续增长。作为像巴菲特那样的企业投资者，聚焦企业的资本回报而不是每股收益的增长，才是取得长久成功的基本要件。

不过需要注意的是，由于资本回报与资本增长共同决定了公司价值，在资本回报高于社会资金平均成本的前提下，资本的快速增长反而能导致企业经济利润（扣除资金成本后的利润）的更快速增长。在这一前提下，以发新股或不分红为途径的资本增长反而会对企业价值的提升起到正面作用。正如我们在"三类储蓄账户"一节中所讨论的，像喜诗糖果那样的公司，尽管被巴菲特津津乐道，但它可能并不是一个业余投资者的最佳选择。

为了让有需要的读者能够更加清楚地知晓企业资本回报与利润增长背后的玄机，我们这里将结合我国股市的实际情况，把上市公司划分为五种类型进行讨论：（1）高资本回报下的高增长。（2）高资本回报下的低增长。（3）适度资本回报下的高增长。（4）较低资本回报下的高增长。（5）极低资本回报下的低增长。相关个案如表 3-11、表 3-12、表 3-13、表 3-14 和表 3-15 所示（我们略去了公司名称）。

表 3-11　高资本回报下的高增长——G 公司　　（单位:%）

年度	2001 年	2002 年	2003 年	2004 年	2005 年	2006 年	2007 年	2008 年
加权 ROE	26.79	13.86	18.65	21.53	23.99	27.67	39.30	39.01
BPS 增长	n.a	12.75	22.35	21.15	22.19	15.81	39.55	36.57
EPS 增长	n.a	15.27	55.63	28.94	47.52	34.23	88.83	34.24

数据来源：施得普汇数据库，下同。

G 公司的数据清晰地显示出这是一家高资本回报下的高增长公司。由于资本回报较高、资本回报逐年提升、每股净值（BPS）呈快速增长，从而导致公司每股收益得以持续、稳定、快速地增长。这是一个有着较高内在价值的公司。

表 3-12　高资本回报下的低增长——S 公司　　（单位:%）

年度	2001 年	2002 年	2003 年	2004 年	2005 年	2006 年	2007 年	2008 年
加权 ROE	22.45	15.53	16.43	17.86	21.88	24.78	26.73	31.71
BPS 增长	18.10	51.09	18.60	3.46	3.94	10.98	8.36	10.08
EPS 增长	9.43	1.72	30.51	12.99	24.14	23.15	24.06	23.03

S公司的资本回报尽管一直处于较高水平（而且从2002年开始其资本回报水平逐年提升），但由于每年较高的分红率拉低了每股净值的增长，从而导致公司的每股收益相对于其较高的资本回报而表现得并不尽如人意。这个公司有点儿像巴菲特笔下的喜诗糖果，尽管投入少，产出多，却不一定是投资者的最佳选择。

表3-13 适度资本回报下的高增长——W公司 （单位:%）

年度	2001年	2002年	2003年	2004年	2005年	2006年	2007年	2008年
加权ROE	12.21	11.54	12.98	15.39	19.54	21.90	23.75	13.24
BPS增长	7.37	8.28	25.75	21.51	22.47	52.94	87.42	8.94
EPS增长	22.92	3.39	27.87	50.00	38.46	36.42	114.03	-15.43

W公司为我们提供了一个如何理解经济利润最大化的案例：在资本回报尚算满意的前提下，每股净值的快速提升（公司主要是通过扩股集资完成）大大提升了公司的价值。

表3-14 较低资本回报下的高增长——Z公司 （单位:%）

年度	2001年	2002年	2003年	2004年	2005年	2006年	2007年	2008年
加权ROE	7.89	10.20	12.42	10.96	11.72	14.00	21.77	13.70
BPS增长	4.66	8.69	17.93	10.74	9.25	47.89	33.41	38.77
EPS增长	-15.91	37.84	25.49	9.38	17.14	34.15	49.09	-21.95

Z公司每股收益的快速增长（相对于其资本回报）主要依赖于其每股净值的快速提升。同W公司不同的是，其资本回报除了2007年度较高外，其他年份并不是太理想。在这种情况下，如果公司主要通过募股集资来提升其每股净值，对股东来说可不能算是好消息。

表3-15 低资本回报下的低增长——X公司 （单位:%）

年度	2001年	2002年	2003年	2004年	2005年	2006年	2007年	2008年
加权ROE	11.85	9.90	10.05	8.04	6.20	6.52	5.58	1.78
BPS增长	2.96	7.57	10.44	6.15	3.93	6.77	5.04	0.00
EPS增长	-15.19	-11.11	12.50	-15.56	-18.43	9.68	-8.83	-68.75

显而易见，如果你想做一个巴菲特式的企业内在价值投资人，对这类公司还是躲远一点儿为好。

幸运的是，由于我国市场监管对企业再融资有较为严格的资本回报要求，我们暂时没有发现极低资本回报下的极高每股净值增长的公司。这类可以称得上"资本杀手"的公司，投资者躲得越远越好。

本节要点：

（1）在考察一家上市公司是否具有较高的内在价值时，排除不当财务杠杆和会计做账下的净资产收益率是巴菲特最为关注的财务指标。

（2）尽管资本回报（净资产收益率）和资本增长（每股资产净值增长率）共同决定了企业的内在价值，缺一不可，但资本回报是更为基础的指标。在资本回报不理想的情况下，较快的资本增长反而会带来股东价值的递减。

（3）同理，在资本回报高于资本成本的前提下，较快的资本增长会加速提升公司的内在价值。

误读24：确定性

主要误读：确定性是巴菲特投资操作中的一项基本要件，市场对此没有给予足够的重视。

我方观点：操作的低风险不仅与回报的确定性相关联，很多情况下，与回报的多少也紧密相连。

我们在"快乐投资"一节的开头，曾用一幅二维坐标图来描述股票投资中的四种"投入与产出"模式。在本节中，我们也想用一幅同样的坐标图来说明投资中的四种"风险与收益"模式，如图3-5所示。

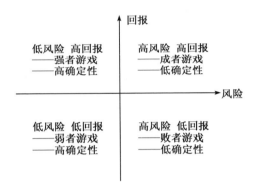

图 3-5　投资中的"风险与收益"模式图

图3-5中的右上区和右下区是市场主流或者说是大多数人的操作模式，左下区是少数风险厌恶者或保守投资者的操作模式，左上区则是数量更少的"聪明的投资者"们所采用的操作模式。在较低的风险水平上得到较高的回报，这种理想状态恐怕是所有投资者的追求目标。但事实上，只有少数人能够实现这一目标，这些人有别于其他投资者的一个基本特质就是对"回报确定性"的偏好与坚持。当然，低风险与低回报也具有较高的确定性，但那是另一个层面的事情。

正如我们在"低风险操作"一节中所说的：巴菲特的投资模式处于图3-5中的左上区。

在我们的视野中，市场里大多数人在进行投资时，不管最终的结果是赚是赔，其在最初作出投资决策时对回报的预期在很多时候都是缺乏足够确定性的。因此，"风险与收益成正比"这一约定俗成的价值观，几乎变成了不可动摇的铁律。由于股票市场上的投资者追求的大多是"快速"回报和"高额"回报，那么他们所运用的投资方法及其运行轨迹会通常表现出高风险的特质也就不足为奇了。

看到这里，可能有些读者会说："没错，我也希望能让投资更有确定性，可具体该怎么去做呢？"我们对这个问题的回答是，巴菲特的投资方法就是比较可行的一种方法。为什么说运用巴菲特的方法，投资回报就会有较高的确定性呢？我们认为至少有两条理由：

其一，从投资目标上看，当大多数的投资者把目标定位于"高回报"和"快回报"时，巴菲特却一直把投资回报是否具有较高的"确定性"放在首位。他的许多投资理念与操作策略一直围绕着一个不变的主线：取得目标回报的确定性。当确定性要求和高回报以及快速回报发生冲突时，巴菲特会毫不犹豫地选择确定性，即使付出一些时间与空间上的代价也在所不惜。目标模式决定了行为模式，而行为模式则决定了投资方法的风险收益特质。

其二，我们曾将巴菲特投资体系的框架比喻成"七层塔"。事实上，这七层塔中的每一层都与确定性目标紧密相连。甚至可以这样说：正是由于巴菲特对投资回报确定性的追求与坚守，才最终构建了这七层塔。下面我们用表3-16来显示"七层塔"与"确定性"的关联：

表3-16　七层塔与确定性的内在关联

七层塔	确定性
低摩擦成本	其他条件相同时，成本越低，回报越具确定性
有所为，有所不为	"告诉我会在哪里失败，我就不去那里"
选择性逆向操作	市场短期是投票机，长期是称重器

(续)

七层塔	确定性
集中投资	把鸡蛋放入自己不了解的篮子里反而提升了风险
安全边际	安全边际为可能的估值过高提供了必要的缓冲
正确对待股价波动	跟随"市场先生"操作,具有更高的回报不确定性
把股票当作一项生意去投资	由于要素简单,企业投资具有更高的回报确定性

那么,风险与确定性之间有必然的联系吗?为了进一步说明两者之间的关系,下面我们列举出人们对投资风险的八种不同定义或者说是不同表述,看一看它们之间是否有着直接或必然的逻辑关系:(1)可能的危险。(2)收益的波动程度。(3)损失的不确定性。(4)未来结果的变动性。(5)不利事件和事件集发生的机会。(6)可测定的不确定性。(7)本金损失的可能性。(8)可能损失的程度。可以看出,在上述这些对投资风险的定义或表述中,除了第二项和第四项外,其他六项都使用了"可能"、"机会"以及"不确定"字眼,它足以说明风险与不确定之间有着直接的内在联系。可以这样说,正是不确定性导致了风险。

纵观巴菲特的投资史,他先后为自己划定了众多不可轻易跨越的边界。它们包括:价格边界、商业边界、能力边界、方法边界、策略边界以及行为边界等。之所以划定如此多的边界,其目的或者说其哲学思想只有一个:"告诉我将死于何处,这样,我就不去那儿。"(查理·芒格)试问,在这样一种思维模式与行动轨迹下,其投资操作怎么可能不是低风险的?其投资回报怎么可能不是高确定性的?

巴菲特在1993年致股东的信中,集中讨论了现代投资理论的风险观与一个企业投资人的风险观之间存在的基本差异,我们从中可以看出他对"确定性"的具体要求:"在评估风险时,贝塔理论的学者根本就不屑于了解这家公司与它的竞争对手都在干什么,它的负债情况如何,他们甚至不愿意知道公司的名字叫什么,他们在乎的只是这家公司的历史股价。相对地,我们从来不理会这家公司过去的股价,我们期待的是尽量能够得到更多的有助于我们了解这家公司的其他资讯。我们认为投资人应该评估的风险是他们在其预计持有的期间内从一项投资中所收到的所有税后收入,是否能够让他保有原来投资时所拥有的购买力再加上合理的利率。虽然这样的风险度量无法做到像一项工程般精确,但至少可以做到足以作出有效判断的程度。在作评估时,主要的因素有下面几点:(1)公司的长期经营特质可以被衡量的确定程度。(2)公司管理阶层有能力发挥公司的潜质并有效运用现金的确定程度。(3)公司管理阶层将企业获得的利益回报给股东而非中饱私囊的确定程度……"

一言以蔽之,巴菲特的投资方法给予我们的启示是:一个"聪明的投资者"在进行投资时,首先要考虑的不应是回报的速度和幅度,而是回报的确定性。

本节要点:

(1)股票投资的风险与收益往往并不成正比。

(2)以正确的方法进行股票投资,往往会有一个相关联的结果:低风险、高确定性、高回报。

(3)巴菲特投资体系中的七项基本内容(七层塔)构成了一种正确的投资方法,因此,它的一个必然结果就是:低风险、高确定性、高回报。

(4)投资者在进行股票投资时,首先要考虑的不应是回报的速度和幅度,而是回报的低风险或是其确定性程度。

误读25：推土机前捡硬币

主要误读：永远不要以资本的主要投资部位冒险。对格雷厄姆和巴菲特这一思想的领会，不少投资者还有较大的提升空间。

我方观点：长期资本管理公司、贝尔斯登、雷曼兄弟的先后垮台，都是犯了一个同样的错误：推土机前捡硬币。

《滚雪球》一书中曾经谈到过长期资本管理公司陨落一事："1998年的俄罗斯金融风暴最终摧毁了长期资本管理公司的所有设想。1998年8月17日，俄罗斯政府宣布卢布贬值，这场金融风暴引发了全球性的金融动荡，长期资本管理公司受到重创。早些时候已经有投资经理预感到了长期资本管理公司几近崩盘的局面，他认为公司在金额巨大的套利交易中谋利的做法无异于在重型推土机前去捡五美分的硬币，危机随时都有可能发生。这一幕现在已经发生了，而且捡钱的人面对的还是一部安装了法拉利引擎的推土机，它正以每小时80公里的时速开过来，捡钱的人已经大难临头了。"

长期资本管理公司组建于1994年，其创办合伙人包括被誉为"华尔街债券套利之父"的梅里韦瑟与两个诺贝尔经济学奖得主罗伯特·莫顿和迈伦·斯科尔斯，他们与已故的费歇尔·布莱克一起发现了期权定价理论，这一理论是现代金融学的奠基之一。除此之外，曾任美国前财政部副部长和联储副主席的莫里斯以及所罗门兄弟债券交易部的主管罗森杰尔德也被收归麾下。如此梦幻的团队在其创建后的前三年，实现了辉煌的投资业绩。在顶峰时期，其管理的基金及虚拟本金价值高达1 300亿美元，相当于美国政府全年预算的衍生物组合。然而,这支投资"梦之队"在1998年却遭遇了滑铁卢,从5月到9月的150多天里,资产净值下降了90%,濒临破产。之后在美联储的出面安排下,才得以逃脱倒闭的命运。导致长期资本管理公司陨落的原因尽管错综复杂,但最主要的应该是以下三项:(1)投资操作的杠杆比例过高:公司用不到50亿美元的资本金去做1300亿美元的投资,杠杆比例约为1:25。(2)在套利机制仍未发挥作用前,需要不断追加资金以维持合约,这要求公司能有源源不断的新增资金以应对,然而其所管理的资金却不是"长期"且有"耐心"的。(3)以主要投资部位冒险,尽管危机发生的概率很低,可一旦出现就足以致命。

关于长期资本管理公司的事件,《滚雪球》中引述了巴菲特的一段讲话,为"推土机前捡硬币"这一形象比喻做出了补充:"无论基数多大,它与零相乘的结果依然是零!对于我来说,零的概念就是没有任何结余的损失。在任何一项投资中,只要存在完全亏损的可能,那么不管这种可能变为现实的概率有多小,如果无视这种可能而继续投资的话,那么资金归零的可能性就会不断攀升,早晚有一天,风险无限扩大,再多的资金也可能化为泡影!"

在给佛罗里达大学商学院学生进行的一次演讲中,巴菲特再次提到长期资本管理公司的问题。在他的讲话中有一些思想很值得我们去深思与借鉴。如:"他们为了挣那些不属于他们、他们也不需要的钱,竟用属于他们、他们也需要的钱来冒险。"再如:"如果你给我一把枪,弹膛里有一千个甚至一百万个位置,里面只有一发子弹,然后你问我,要花多少钱,才能让我扣动扳机。我是不会去做的。你可以下任何赌注,但即使我赢了,那些钱对我来说也不值一提。而如果我输了,后果则是显而易见的。我对这样的游戏没有一点儿兴趣。"

其实，巴菲特的这番话并不是事后诸葛亮。在长期资本管理公司组建的早期，他和合伙人查理·芒格就已经发现了问题："1994年2月前的某一天，梅里维瑟和一位伙伴亲自飞往奥马哈，希望能说服巴菲特在自己的公司注资……但是梅里维瑟的这种想法却被巴菲特和芒格看穿了，他们根本不屑成为梅里维瑟利用的工具——自己投入巨额的资金，填补根本不可能填平的损失——扮演这样的角色让巴菲特和芒格很难接受。"[一]

当然，一个人的风险意识不是与生俱来的。就巴菲特而言，在长期资本管理公司这个问题上，他的风险观来自于其导师格雷厄姆的一个观点："远离有很少收益和很大风险的冒险。对于有进取心的投资者而言，这意味着他为获得收益所进行的操作不应基于信心而应基于风险评估。对于每一个投资者而言，这意味着当他将收益局限于一个小数字时，就像普通债券或优先股那样，那么他必须确信没有以其资本的主要投资部分冒险。"[二]还记得那个著名的巴菲特投资定理吗？——"规则第一条：永远不要损失本金；规则第二条：永远不要忘记第一条。"可见在格雷厄姆的影响之下，巴菲特对风险的厌恶是如此的强烈与坚定！

因工作需要，本书作者曾多次拜访过一些投资银行、资产管理公司和基金管理公司，其中也包括一些长期以来运转颇为良好的对冲基金公司。这些公司中几乎每家都有一套繁杂而庞大的风险管理系统，每当其用幻灯片向我们演示时，我们的感觉经常可以用目不暇接却又晦涩难懂来形容。然而，与这些繁杂的风险管理系统形成

[一] 摘自《滚雪球》。
[二] 摘自《聪明的投资者》。

有趣对比的是,巴菲特的"风险管理圈"却非常简单,如图3-6所示。

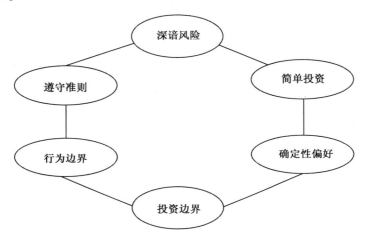

图3-6 巴菲特的"风险管理圈"

就是靠着这一简单的"风险管理圈",巴菲特成功走到今天并创造了无比辉煌的财富成果。

最后我们想引用一组数据,它记录了在1994—1998年期间,奉行简单风险管理的巴菲特与投资"梦之队"两者的风险收益情况,如表3-17所示。

表3-17 年度百分比变化 (单位:%)

年度	1994年	1995年	1996年	1997年	1998年
长期资本管理公司	28.5	42.8	40.8	17	破产
伯克希尔净值	13.9	43.1	31.8	34.1	48.3
标普500指数	1.3	37.6	23.0	33.4	28.6

以五年为一个周期来看,在推土机前捡硬币是多么的不值当!

> **本节要点：**
>
> （1）不要以资本的主要投资部位冒险，即使是概率很低，可问题一旦发生，就会让自己陷入万劫不复的境地；以这样的风险去谋利，即使是能赚很多的钱，也相当于在推土机面前捡五美分硬币。
>
> （2）强调一遍：无论基数多大，它与零相乘的结果依然是零。
>
> （3）再强调一遍：规则第一条：永远不要损失本金；规则第二条：永远不要忘记第一条。

误读26：限高板

> **主要误读**：人们谈论巴菲特投资方法的"地域限高板"较多，谈论"投资者限高板"较少。
>
> **我方观点**：即使"地域限高板"真的存在，后者的重要性也一点儿都不比前者小。

尽管巴菲特用简单的投资方法在大洋彼岸创造了资本投资的神奇，但当人们谈起这个话题时，经常会担忧这种投资方法如果离开了美国是否还有其用武之地。关于这个"地域限高板"的话题，我们已在本书中的多个章节进行了讨论，这里就不再重复了。本节讨论的重点是巴菲特投资的另一个限高板：投资者限高板。

当我们开车驶入一些特定场所——如酒店、住宅小区、桥梁、隧道以及某段市政道路时，通常会看到一个用于防止一些过高车辆通过的"限高板"。其实，在股票投资领域也有许多限高板，只是交通道路上的限高板是有形的、容易被看见的，而投资领域的许多限高板是无形的、不易见的。在能否成功运用巴菲特的投资方法这一问题上，也有着极为严格的"投资者限高板"。

让我们先来看查理·芒格的一段讲话："每一个参加投资比赛的人，都必须慎重考虑自己的边际效用，也必须对自己的心理加以重视。如果遭受损失会给你带来痛苦——更何况损失是无法避免的——你可能会很明智地选择一种相当保守的投资方法。因此，你必须根据你的性格和才能来调整自己的策略。我觉得没有哪一种投资策略能适合所有的人。我的投资策略很适合我自己，其中的部分原因是我非常善于面对损失，我具备在心理上承受它们的能力。"㊀

芒格谈的观点与我国股票市场上的流行说法——适合你的投资方法就是最好的方法并不相同，事实上我们一直认为后者具有较强的误导性。以芒格的上述观点为基础，我们认为无论哪里的股票市场，在成功学习与运用巴菲特的投资方法上——就投资者类型而言——其实有着严格的内在要求或前提条件，我们把这些要求或条件称之为投资者限高板。下面，我们就尝试列出应当被这块"限高板"挡在巴菲特的投资殿堂之外的八类投资者。

1. 基金经理

约翰·伯格（先锋基金创始人）在其所著的书中写道："基金行业已经成为短期投机的一个工具，这种趋势就是因为行业把重点放在了市场营销上。今天，一般的基金持有普通股票的时间大约是

㊀ 摘自《投资圣经——巴菲特的真实故事》。

400天（我国股市远低于这个数字——作者注），而在我写毕业论文的那个年代一般是持有六年的时间。一般的基金持有人目前持有共同基金权益大约三年，半个世纪前是15年。我们似乎正处于寻找长期投资工具的最差历史时期。"

同是职业投资人，为何基金经理的行为模式与巴菲特相比有着如此巨大的差异？这其中有主观因素，也有客观因素。主观因素涉及个人投资素养以及对股票市场理解上的差异，而客观因素至少有两条：（1）赢利模式不同，如基金经营的目标之一是其规模的最大化，这就出现了伯格在上面所讲的营销问题。（2）游戏规则不同，如基金业绩排名所带来的各种压力几乎彻底控制了基金经理的投资准则与行为偏好。

2. 希望快速致富的人

巴菲特很早就把自己的投资预期回报设定在年均15%左右，在后来长达数十年的投资生涯中也从未改变（要说有改变的话，那就是到了伯克希尔的经营后期，由于公司资金规模日渐加大，巴菲特降低了预期回报值）。而我国的不少投资者一直将股票市场当作一个应当也能够快速赚钱的场所，年度获利目标动辄在30%甚至更高的水平上。这些投资人显然不适合使用巴菲特的投资方法。

3. 用不可以输的钱去投资的人

股市中有不少人，其已经或准备投入股市的资金是不能亏的钱，例如两三年内有特定用途的资金（购置大件商品、结婚、购房、子女读书等)、个人与家庭的日常生活资金、承载了个人与家庭乃至整个家族致富希望的资金以及在商业经营领域暂时不用的资金等。由于这些资金都是不能输的钱,将它们投入股市,投资人就不可能有一个淡泊、平和的心态,而心态的淡泊与平和正是我们在股票市场取得持久成功的一个基本前提。

4. 性情急躁的人

格雷厄姆、费雪、芒格和巴菲特都曾不止一次地指出,在股票市场取得最后的成功,靠的往往不是智商和技能,而是意志与性情。因此,那些感情脆弱、意志不坚定、性情急躁、守不住寂寞、缺乏耐力和遇事就容易恐慌的人,是不适合使用巴菲特的投资方法的。正如我们在"美国梦"一节中所指出的,无法承受大事件冲击和股市暴跌的人,即使生活在美国,即使投资者本人就是巴菲特的合伙人或股东,数万倍的财富增长也会与他们失之交臂。

5. 自以为可以通过聪明的买卖取得超额回报的人

一句"短线是银,长线是金,波段是钻石"道出了这一群体的典型心态。尽管格雷厄姆在 60 多年前就告诫投资人:试图通过聪明的买和聪明的卖去赚取超额收益,将使自己陷入较大的风险中。但股市中总有一些人不信邪,坚信自己聪明过人,完全可以在股海中劈波斩浪,通过频繁操作获取最大化的收益。这些人显然不适合巴菲特的投资方法,他们骨子里也看不起巴菲特的投资方法。

6. 临近退休或年事已高的人

我们这里讲的主要是那些刚进入股市不久的新投资人。巴菲特投资体系的特质之一是从不讲求"时机"（timing），而是讲求"时间"（time）。持股时间越久（当然是有选择的持有），使用这种投资方法的风险就越小，投资回报的确定性就越高，财富积累的功效就越大。而对于一个临近退休特别是年事已高的人来说，如果在这个年龄上刚刚进入股市，则显然已经失去了使用巴菲特投资方法的优势。股市波诡云谲、难以预测，一个大浪下来可能需要几年才能翻身，这个年龄段的人还是投资一些较为保守的金融工具为好。

7. 借钱买股票的人

不管向谁借钱，资金使用的时间都不可能是无限期的。因此，对于任何一个借钱投资的人来说，就有了一个无法回避的职责：必须在有限的时间内赚取超过资金成本的回报。我们都知道，巴菲特投资方法的一个重要特质就是只关注事情是否发生，不关注事情何时发生。而一个借钱买股票的人，怎么可能不理会"事情何时发生"呢？

8. 有大量内幕消息的人

尽管法律不允许任何人利用内幕消息投资股票，但市场上总会有一些人能够得到一些不对称的信息（包括宏观的和微观的）。尽管巴菲特的投资方法不以有无内幕消息为前提,但你让这些人去学巴菲特,恐怕是过于"委屈"他们了。

> **本节要点:**
>
> (1) 交通道路上的限高板是有形的、容易被看见的,而投资领域的许多限高板则是无形的、不易被看见的。
>
> (2) 在能否成功运用巴菲特的投资方法这一问题上,有着极为严格的"投资者限高板"。
>
> (3) 有八类投资者不宜或不大会使用巴菲特的投资方法:基金经理、希望快速致富的人、用不可以输的钱去投资的人、性情急躁的人、自以为可以通过聪明的买卖取得超额回报的人、临近退休或年事已高的人、借钱买股票的人、有大量内幕消息的人。

误读27:限制性盈余

> **主要误读**:人们已了解何为"经营利润"和"资本利润",但对什么是"股东利润"——对不少业余投资者来说——恐怕就了解得不多了。
>
> **我方观点**:股东利润或限制性盈余思想在巴菲特的投资标准中占有非常重要的位置。

我们认为,自埃德加·史密斯首次提出红利转投资能使股票相对于债券更具有投资价值以来,格雷厄姆对企业限制性盈余的强调可以说是对证券分析的又一重要贡献。尽管其背后的财务逻辑并不复杂,但这一思想至今仍未引起人们的足够重视。

格雷厄姆在《证券分析》一书中指出:"在更经常的情况下,

股东从股息支付中所得到的利益远远高于从盈余增长中得到的好处。导致这种结果的原因：一是用于再投资的利润未能同比例地提高赢利能力；二是它们根本就不是什么真正的利润，而只是一种为了保证企业的正常运作所必须保留的储备。在这种情况下，市场偏好股息而蔑视盈余增长的价值取向可以说是合情合理的。"

在格雷厄姆发表上述观点后不久，费雪也发现了企业在经营中所存在的这一现象："保留利润为何有可能无法提高股东的持股价值？原因有二：一是因为顾客或公共需求的改变，迫使每一家竞争公司非得花钱在某些资产上不可，但是这些资产没办法提高业务量，可是不花这些钱，生意却可能流失；二是由于成本节节上升，总累计折旧额很少足以置换过时的资产。因此，如果公司希望继续拥有以前拥有的东西，就必须从盈余中多保留一些资金，补足其间的差额。"⊖

这些发现对巴菲特投资思想的确立起到了重要的启蒙作用。在1980年致股东的信中，巴菲特写道："我们本身对投资盈余如何处理的看法与一般公认的会计原则不太相同，尤其是在目前通胀肆虐之际更是如此。我们有些100%持股的公司，其账面上所赚到的钱，实际金额可能要少很多。即使依照会计原则我们可以完全地控制它，但实际上我们却必须被迫把所赚到的每一分钱，继续投在更新资产设备上面，用以维持原有的生产力和赚取微薄的利润。"

四年后，在1984年致股东的信中，巴菲特对上述观点做出了进一步的阐述："并非所有的盈余都会产生同样的成果，通货膨胀往往使得许多企业尤其是那些资本密集型企业的账面盈余变成

⊖ 摘自《怎样选择成长股》。

人为的假象。这种受限制的盈余往往无法被当作真正的股利来发放，它们必须被企业保留下来用于设备再投资以维持原有的经济实力。如果硬要勉强发放，将会削弱公司在以下三个方面的原有能力：（1）维持原有的销售数量。（2）维持其长期的竞争优势。（3）维持其原有的财务实力。所以，无论企业的股利发放比率是如何保守，长此以往必将会被市场淘汰，除非你能再注入更多的资金。"

总结以上三位投资大师的观点，我们至少可以得到这样三点启示：（1）会计利润并不一定就是股东能够自由享用的利润。（2）由于限制性盈余的存在，企业对利润的再投资不一定都能增加企业价值。（3）这种现象在通胀时期尤其如此，通胀越严重，情况越糟糕。下面，我们通过一个例子来做出说明，如表3-18所示。

表3-18　不同企业在通胀下的资本支出　　（单位：万美元）

类别	固定资产	折旧期	年均通胀率	年均利润	10年后设备更新投入	资本支出/利润总额
A公司	100	10年	6%	20	179.08	0.81
B公司	120	10年	6%	20	214.90	1.07

数据显示，尽管B公司同样每年可以赚取20万美元的利润，但由于比A公司使用了更多的固定资产，当设备折旧期满后，企业需要支付更多的资金用于设备再投资。经通胀调整后，股东在过去10年赚取的200万美元总利润，到最后即使全部再投入还是会有资金缺口。与B公司相比，A公司由于有较小的通胀敞口，从而最终保留了大约20万美元的股东利润。可以看出，B公司在过去10年中赚取的200万美元的经营利润经通胀调整后全部属于限制性利润。

罗伯特·哈格斯特朗在其所著的《巴菲特之道》一书中较早地向人们解释了巴菲特的"股东盈余"概念,但我们认为其诠释的似乎有欠严谨。这是他在书中的相关表述:"巴菲特比较喜欢采用的是他所谓的股东盈余(owner earnings)——公司的净所得加上折旧、耗损、分期偿还的费用,减去资本支出以及其他额外所需的营运资本,来代替现金流量。巴菲特承认,股东盈余并没有提供许多证券分析师所要求的精确计算结果。如果要计算未来的资本支出,最常使用的是粗估法。尽管如此,他用凯恩斯的话说:我宁愿对得迷迷糊糊,也不愿错得清清楚楚。"

不难看出,罗伯特·哈格斯特朗在这里谈的实际上是一个"自由现金流量"的概念,而巴菲特所说的"股东盈余"是与"限制性盈余"有关的,是经营利润减去限制性资本支出后的终值。由于企业资本支出既包含了限制性支出,也包含了非限制性支出,所以简单地从经营利润中减去资本支出,得出的股东利润恐怕与巴菲特的原意不符。

在巴菲特眼中,普通商品型企业(与消费独占或市场特许企业所区分)通常有着较高的限制性盈余。也因此,对这些限制性利润的再投入通常不会带来好的投资回报。在1985年致股东的信中,巴菲特提出了"抬脚跟"理论:"长年以来,我们一再面临投入大量的资本支出以降低变动成本的抉择。每次提出的企划案看起来都稳赚不赔,以标准的投资报酬率来看,甚至比起我们高获利的糖果与新闻事业还好许多。但这预期的报酬最后都证明只是一种幻象,因为我们的许多竞争者,不管是来自国内或者是来自国外,全都勇于投入相同的资本支出。在个别公司看来,每家公司的资本支出计划看起来都再合理不过,但如果整体观之,由于其效益最终会相互抵消而又变得很不合理，就好比每个去看游行队伍的观众，以为自己只要抬一抬脚跟就可以看得更清楚一样。"

对企业限制性盈余与通胀敞口的关注，使巴菲特对市场流行的所谓"EBITDA"（息、税、折旧、摊销前利润）指标提出了质疑。由于 EBITDA 指标从企业经营利润中减去了折旧与摊销，因此，如果拿它检测企业的还款能力（该项指标最初的宗旨）问题还不大，但如果要进一步以此考察企业的赢利能力，就会带来较大的误导。对此，巴菲特和芒格两人曾多次向投资者提出告诫。

那么，普通投资者如何才能在企业价值评估中正确使用"限制性盈余"的思想呢？由于现行会计准则不要求企业提供任何"限制性盈余"或是"限制性资本支出"的数据，投资者除了考察固定资产与营业收入或税前利润的比率之外（这需要投资者具备一定的财务基础），一个更为简单、有效的方法就是只投资那些非资本密集型的消费独占、寡头垄断、领导品牌和产业领军企业。

本节要点：

（1）红利转投资有可能不会导致企业价值的增加，原因就在于转投资的那部分利润可能属于企业的"限制性利润"。

（2）只有"非限制性利润"才是真正属于股票持有者的"股东利润"，无论是用于分红还是转投资，这部分利润都有望增加企业或股东的价值。

（3）为避开拥有大量"限制性利润"的企业，投资者应当尽量只投资那些非资本密集型的优秀企业。

误读28：透视盈余

主要误读：巴菲特在展现公司业绩时为何不用每股收益而是用每股净值？他更喜欢资产净值吗？

我方观点：这是由伯克希尔的特殊经营模式造成的，由于"透视盈余"的存在，"每股收益"数据不能对公司的经营情况做出真实的反映，在伯克希尔经营的前期和中期尤其如此。

正如我们在本书相关章节中所讨论过的，巴菲特偏好用每股资产净值来反映公司的经营情况，究其原因，是由于伯克希尔公司独特的经营模式使得每股收益并不能如实地反映公司的经营情况。按照美国当时实施的会计准则，投资公司按持有其他公司股票的三种不同比例记录其投资回报：（1）并表记录——持有股权达50%以上。（2）按所占权益记录——持有股权在20%～50%。（3）按已分得的股利记录——持有股权在20%以下。由于伯克希尔持有的上市公司股票大多在20%以下，因此如果公司像其他美国公司一样用每股收益记录其经营业绩，则不仅不能如实地反映公司的真实情况，还会出现误导。巴菲特在其历年致股东的信中，曾多次提到这个问题：

1977年："我们投资了1 090万美元在资本城公司上，依照持股比例可分得的盈余约为130万美元，但实际记录在我们财务报表上的却只有区区4万美元的现金股利。"1981年："我们在股票上应分得的盈余已经大到可以超越公司整体的账面盈余，且我们预期这种情况将会持续下去。1981年只是其中四家（盖可保险、通用食品、R. J. Reynolds及华盛顿邮报）的可分配盈余就超过3 500万美元。"

（当年公司账面赢利为3 942万美元——作者注）1989年："除了账面盈余之外，实际上我们还受惠于依会计准则不能认列的盈余，后面我列出的五家被投资公司在1989年的税后股利合计为4 500万美元，然而若依照投资比例，我们可以分得的税后盈余却高达2.12亿美元。"

这些无法在利润表中反映的赢利与已经记录的利润合计便是被巴菲特称之为"透视盈余"的部分："我个人相信最好的方式是利用透视方法来衡量伯克希尔公司的盈余：2.5亿美元是我们在1990年从被投资公司应当分配到的利润，扣除3 000万美元的股利所得税，再将剩下的2.2亿美元加上公司本来的账面盈余3.71亿美元，所得出的5.91亿美元就是我们经过透视的真正盈余所在。"（1990年致股东的信）在1991年致股东的信中，巴菲特进一步为"透视盈余"作出了完整定义："我们曾经讨论过的透视盈余，其主要的组成部分是：（1）公司的账面盈余。（2）被投资公司按一般公认会计原则未记录在我们公司账上的保留盈余。（3）扣除项：当这些保留盈余分配给我们时需要缴纳的所得税。"

可以看出，正是因为这些并未在公认会计准则中被关注的"透视盈余"，让巴菲特选择用每股净值（主要表现为公司所持股票的市场价值）而不是人们所熟悉的每股收益去记录公司的经营业绩。由于每股净值也并非尽如人意，为了能更清晰地把握公司的实际经营情况，我们认为巴菲特很有可能给自己设立了一个年度透视盈余账，并以此来考察公司内在价值的实际增长情况。我们作出这一推测的依据来自1991年致股东的信："我曾经告诉各位，长期而言，如果我们的实质价值也期望以这个幅度来成长的话，透视盈余每年也必须增加15%。实际情况则是：自从现有经营阶层于1965年接手后，公司的透视盈余几乎与账面价值一样,以23%的年复合比率增长。"

尽管最终的实际结果是"公司的透视盈余几乎与账面价值一样"按相近的比例增长,但在哪一项指标更贴近公司内在价值这个问题上,巴菲特的选择无疑是每股透视盈余而不是每股资产净值:"所有投资人的目标,应该是要建立起一项投资组合,可以让其透视盈余在从现在开始的10年内极大化。这样的方式将会迫使投资人思考企业的远景而不是短期的股价表现,从而以此改善其投资绩效。当然不可否认,就长期而言,投资决策的绩效还是要建立在股价表现之上。"(巴菲特1991年致股东的信)

对于普通投资者来说,"透视盈余"这一评估方法值得借鉴。我国某些上市公司也面临相似的情况,同时持有着上市或非上市资产,但由于持股比例的问题,其利润表同样无法反映那些资产的真实价值。对于这些公司,投资者们需要睁大眼睛、谨慎分析,给它们作出合理的估值,说不准你还能挖掘一两匹"黑马"出来!

本节要点:

(1) 由于巴菲特持有大量上市公司的少数股权,按照会计制度的规定,"账面盈余"数据已不能如实记录公司的经营成果。由于会计制度没有建立任何与"透视盈余"相关联的指标,因此巴菲特被迫选用"每股资产净值"来记录公司价值的变化。

(2) 尽管如此,巴菲特告诫投资者,真正重要的是"每股透视盈余"的变化,而不是"每股资产净值"的变化。

(3) 由于我国不少上市公司不同程度地持有上市公司或非上市公司的少数股权,"透视盈余"对我国投资者同样具有借鉴意义。

误读29：伊索寓言

主要误读：对伊索寓言的引用再一次彰显了巴菲特的价值评估理念。

我方观点：伊索寓言所隐含的价值评估"公式"2600年来其实没有发生任何改变，但在如何正确使用这一"公式"上面，巴菲特为我们带来了许多创造性的思想。

在2000年致股东的信中，巴菲特借用伊索寓言对企业价值评估理论再次做出了说明："我们用来评估股票与企业价值的公式并无差别。事实上这个用来评估所有金融资产的公式从来就未曾改变过，自从公元前600年由某位智者首次提出后就一直是如此。奇迹之一就隐藏在伊索寓言里那个历久弥新但却不太完整的投资观念中：二鸟在林不如一鸟在手。而要使这一观念更加完整，你需要再回答三个问题：你如何确定树丛里有鸟儿？它们何时会出现以及数量有多少？无风险的资金成本是多少？如果你能回答出以上三个问题，那么你将知道这个树丛的最高价值是多少，以及小鸟的最大数量是多少。"

在这之前，巴菲特曾多次在其历年的致股东的信中明确指出：企业的内在价值就是其现金流折现值。这似乎表明巴菲特评估股票与企业价值的方法与这个领域延续下来的经典思想并无差别。另外，以伊索寓言来比喻投资也并非巴菲特的专利，在很多关于股权投资的书籍中我们都能看到类似的比喻。这就给人一个印象：巴菲特的价值评估思想只是对前辈思想的传承而没有什么自己的建树。情况果真如此吗？我们的回答是：当然不是。表面看，好像了无新意；背后看，其实另有乾坤。

我们认为，企业价值评估理论发展到格雷厄姆和巴菲特这里，绝不再是简单的重复和机械式的继承，师徒二人在长达近百年的投资研究与实践中，对价值评估理论的完善做出了卓越的贡献。公式及其背后的基本理念尽管没有变，但在如何使用这个公式上面，却已经发生了重大的改变。下面列出我们认为的较为重要的五项内容。

1. 要懂企业

我们在本书中已多次指出，连接巴菲特投资思想的主线，或者说其投资殿堂的基石，就是格雷厄姆在60多年前确立的一项基本理念：把股票当作一项生意去投资是最聪明的投资。因此，当巴菲特说"因为我是经营者，所有我成为成功的投资人"这句话时，显示出他不但深谙老师的这一重要思想，更在身体力行地实践着它。一个企业所有者、企业投资人或企业经营者，取得成功的前提是什么呢？显然是要懂企业。没有这个前提，一切都无从谈起。

2007年巴菲特到访中国，在回答中央电视台记者关于什么是价值投资精髓的提问时，他这样说道："投资的精髓在于：不管你是看企业还是看股票，都要看企业本身，看这个企业未来 5~10 年的发展，看你对企业的业务了解多少，看管理层是否被你喜欢和信任。如果股票价格合适你就持有。"我们认为，这段话折射出的正是格雷厄姆的投资思想，只是加上了巴菲特自己的观点：你要懂企业。

2. 确定性

价值评估的公式并不复杂，填入几个关键数据后，谁都可以计算出一个结果来。至于最后的结果究竟是"一鸟在手"值钱还是"二鸟在林"值钱，如果不事先设置一些必要的前提，任何结论恐怕都不免带有较大的主观性。正是为了不至于让计算结果偏离事实太远，巴菲特很早就为自己提出了"确定性"的要求："我把确定性看得很重……只要这样做了，关于风险因素的全部想法对我来说就无关紧要了。人们之所以会冒重大风险，是因为事先没有考虑确定性。"⊖

在我们看来，"确定性"是巴菲特对企业价值评估理论的又一个重要贡献。以我国资本市场上的上市公司为例，人们在对其进行价值评估时，尽管理论上都可以使用现金流贴现公式以及运用"伊索寓言"所包含的思想，但就计算结果的整体可信度而言，恐怕不容乐观，原因就在于许多公司乃至大多数的上市公司在经营和财务的长期前景上都缺少"确定性"。

为了使自己对企业的价值评估具有较高的可信度，巴菲特至少采取了四项措施：(1) **坚持企业投资思维**：这一定位让巴菲特基本回避了隐藏在诸如宏观分析、市场预测、心理判别以及称重作业上的所有不确定性。(2) **有所不为**："如果说我们有什么能力，那就是我们深知要在自己具有竞争优势的范围内，把事情尽量做好，以及清楚可能的极限在哪里。预测快速变化产业中的公司的经营前

⊖ 摘自 *Warren Buffett Speaks*。

景，明显超出了我们的能力范围。"① (3) 只买"超级明星"："在伯克希尔公司，我们从来没有妄想要从一堆不成气候的公司中挑出幸运儿，我们自认没有这种超能力。"（巴菲特1990年致股东的信）(4) 注重时间而不是时机："我们不知道事情发生的时间，也不会去猜想。我们考虑的是事情会不会发生。"②

3. 安全边际

在进行企业投资价值评估时要留有安全边际的思想同样来源于格雷厄姆，对这一点相信绝大多数的读者都已经比较清楚了。巴菲特的贡献在于修正了对企业内在价值和投资价值进行评估的模式。格雷厄姆看重的是企业的即时资产价值与股票市场价格之间差距，而巴菲特看重的是企业未来现金流折现值与企业市场价值的差距。

在1992年致股东的信中，巴菲特清晰地谈到资本投资上的安全边际准则："虽然评估股权投资的数学计算式并不难，但即使是一个经验老到、聪明过人的分析师，在估计未来年度票息时也很容易出现错误。在伯克希尔，我们试图以两种方法来解决这个问题：首先我们试着坚守在我们自认为了解的产业之上……第二点一样很重要，那就是我们在买入股票时坚持价格安全边际的原则。若是我们所计算出来的价值只比其价格高一点，我们就不会考虑买进。我们相信格雷厄姆十分强调的安全边际原则是投资成功的基石所在。"

---

① 摘自巴菲特在佛罗里达大学的演讲。
② 摘自《财富》，1994年10月。

4. 股东利润

正如我们在"限制性盈余"一节中所指出的那样，企业的经营利润不一定就等于股东利润。因为对不少企业来说，经营利润中的部分甚至全部可能只是企业的"限制性盈余"，如果人们在传统的会计核算基础上对企业的经营利润进行简单而直接的贴现，最后的计算结果可能会像"海市蜃楼"般的虚幻。

巴菲特的解决办法是尽量寻找资本密集程度较小的企业。由于这些企业在发展过程中通常对资本支出的要求较低，从而使人们在对这些企业进行价值评估时，可以将企业的经营利润大致等同于"股东利润"，将企业的（限制性）资本支出大致等同于其累计折旧，在此基础上对"股东利润"进行简单的折现计算。尽管计算结果会有些粗糙，但在"懂企业"、"确定性"以及"安全边际"的基础上，这一计算结果与实际情况不至于发生大的偏离。

5. 区间性

所谓区间性是说企业内在价值不会是一个精确值。巴菲特的这一思想同样来自格雷厄姆："分析的含义是指通过对现有可掌握的事实的认真研究，根据经确认的规律和正确的逻辑作出结论，这是一种科学的方法。但是在证券领域中使用分析方法时，人们遇到了严重的障碍，因为归根结底，投资不是一门精确的科学。"[一]

[一] 摘自《证券分析》。

在 2000 年致股东的信中，巴菲特重申了老师的这一思想："虽然伊索寓言的公式与第三个变量，也就是资金成本相当简单易懂，但要弄清楚另外两个变量（如何确定树丛里有鸟儿，它们何时会出现和数量有多少）却有相当的困难。想要精确算出这两个变量根本就不可能，求出两者可能的范围倒是一个可行的办法。"

本节要点：

（1）"伊索寓言"所揭示的价值评估思想 2600 年来并未发生任何改变。

（2）巴菲特引用"伊索寓言"来揭示价值评估的"公式"，只是为了让相关思想表达得更加生动而已。

（3）尽管"思想"和"公式"没有变，但如何使用这一"思想"和"公式"却在巴菲特这里发生了重要改变，其中基本的五项改变内容是：企业角度偏好、确定性偏好、安全边际偏好、股东利润偏好和价值区间性偏好。

第四部分
"画布"朦胧

误读30：标尺

主要误读：心里一直想着要向巴菲特学习，行为上却以短期股价的变化来衡量投资的成败。

我方观点：用错了行为标尺。很多时候，怎样去评估一件事，如何去做这件事更加重要。

法国电影《佐罗》在接近结尾处有这样一个场景：修道士为帮助佐罗逃脱官兵的追捕，让一群小孩分别穿上佐罗式的黑斗篷，相继出现在各路官兵的视野中。最后的结局不言而喻，因为士兵用错了追杀的标尺。一个类似的有趣情节还出现在另一部法国电影《虎口脱险》中：一位驾驶摩托车紧追英国飞行员的德国士兵，竟用山路上的分道线作为自己疾驰的指引，由于游击队事先做了手脚，他最终"飞"下了山谷。

我们每每在电影院里看到这些情节时，都会忍俊不禁。可是，一旦人们从旁观者的位置转换为当局者，在做自己实际生活中的事情如股票投资时，却大多会犯上述电影中同样的错误：因用错行为标尺而迷失了方向。

关于选错标尺，我们先举一个证券投资基金的例子。由于绝大多数的投资者在挑选基金时，都希望能找到下一个年度表现最佳的基金产品，从而导致过去数十年来证券市场始终延续着的有关基金的"选美竞赛"最终演变成一场竞猜谁是下一个"年度基金"的游戏。不管人们使用什么方法，量化指标或质化指标，长期指标或短期指标，目标只有一个：找出明年的胜利者。他们认为，如果能找到每一年的明星基金，那么自然就能取得最大化的投资回报。然而美好的期待代替不了残酷的现实,过去几年中,我们曾数次在不同场合与国际基金评级权威机构的中高层人员聊起过这个话题,尽管他们都是从业至少 10 年以上的专业人士,但至今对于如何预测下一年的优胜基金仍然一筹莫展。"寻找明年的胜利者"这一标尺,让基金投资者和基金评级机构都陷入了困境。

选择基金如此,选择其他投资工具同样如此。如果总是使用错误的标尺,将有可能使得投资者失去本该属于自己的巨额赢利。我们先来看看表 4-1 中所列的数据。

表 4-1　查理·芒格管理的合伙公司特定年度回报情况　（单位:%）

年度	1965 年	1970 年	1972 年	1973 年	1974 年	平均回报率	年复合投资回报率
合伙公司	8.4	-0.1	8.3	-31.9	-31.5	24.3	19.24
道琼斯	14.2	8.7	18.2	-13.1	-23.1	6.4	3.99

注:合伙公司存续期为 1962—1975 年,平均回报率是指 1962—1975 年的算数平均回报,年复合投资回报率是指 1961—1975 年的几何平均回报。
资料来源:《沃伦·巴菲特的投资组合》与施得普汇数据库。

数据显示的是查理·芒格管理的合伙公司在几个特定年度及整个投资期的回报情况。如果按照投资者追逐年度明星的习惯与偏好,我们中的绝大多数人就会分别在表中所列的 1965 年、1970 年、1972 年、1973 年和 1974 年的年末离开由查理·芒格管理的合伙公司,我们由此也就不能享受到 1961—1975 年间高达 19.24% 的年复合投资回报率,这一回报率比市场主要指数每年的平均回报率高了 15 个百分点! 而我们选择离开的原因倒是很简单:查理·芒格在那六个年度里披上了黑斗篷。

深入研究巴菲特长达 60 多年的操作实践,我们的一个深切体会是:很多时候,以什么样的标尺去指导和评价投资,比怎样去投资还要重要。当你希望自己能像巴菲特一样去投资,而在实际操作中却几乎每天都盯着股票 K 线图时,你是不可能取得最后的成功的。你的所作所为恰恰是巴菲特曾经多次描绘的一幅场景:你买了一个原本计划用来经营的农场,但你的注意力却每天都在专门从事农场买卖的经纪人那里。罗伯特·哈格斯特朗在其所著的《巴菲特之道》一书中也曾就这个问题发表过类似的观点:"你必须愿意去深入研究你的公司,对于市场上的短期波动,你的情绪必须保持处变不惊,这样才能成功。若是常常需要来自股票市场的印证,你从本书获利的可能性必然减少。"

那么,我们如果能做到像巴菲特等人所做到的那样,在投资操作中始终去"关注比赛,而不是记分牌"时,是否就有了一个完美的行为标尺了呢?恐怕我们给出的答案还是否定的。由于"毕竟没有什么道理要把企业反映盈余的时间与地球绕行太阳公转的周期画上等号"(巴菲特 1983 年致股东的信),所以仅关注"短期比赛"的成绩,即企业年度甚至季度的经营状况,并据此做出决策,我们可能还是不能成功走到最后。正确的做法应当是"以五年为一个周期来评断企业整体的表现。若五年平均利得要比美国企业平均来得差时,便要开始注意了。"(巴菲特 1983 年致股东的信)

除此之外,对于一些投资者来说,哪怕已经将关注目光从"记分牌"移到了"比赛场",但赛场上所发生的一切仍然可能会产生误导。为避免出现新的错误,我们希望读者能牢牢记住格雷厄姆在《证券分析》中的一段话:"公司当期收益对普通股市场价位的影响程度要大于长期平均收益。这个事实是普通股价格剧烈波动的主要原因。这些价格往往(虽然不是一定)随着年景的不同而涨落不定。显然,根据公司报告利润的暂时性变化而等幅地改变对企业的估计,这一点对于股票市场而言是极不理性的。一家私营企业在繁荣的年景下,可以轻而易举地赚取两倍于不景气年份的利润,而企业的所有者绝不会想到要相应地增计或减计他的资本投资价值。这正是华尔街的行事方法和普通商业原则之间最重要的分野之一。"

综合以上几种情况,股票投资还真不是一件简单的事,一不小心就会出错。没有标尺不行,标尺拿错了也不行,即使拿对了标尺,如果使用方法不对还是不行。

我们还是借用巴菲特的一段讲话来结束本节的讨论:"出于某些原因,人们总是通过价格效应而非通过价值来确定他们的行为准则。这样做而导致的结果是,当你开始做一些你并不理解的事,或者只是因为上周这件事对其他人有效时,你所依据的准则就无法发挥作用了。世界上购买股票最愚蠢的动机是:股价在上升。"⊖

> 本节要点:
>
> (1) 正确的投资行为必须伴有正确的行为标尺。很多时候,如何评估自己的投资业绩比投资本身更重要。
>
> (2) 想成为一个成功的价值投资人,就应当学会把自己关注的目光从"记分牌"转移到"比赛场"上。
>
> (3) 评估一家公司的经营业绩,应当以五年为一个评估周期(除非你确认公司的基本情形已经发生了改变)。

⊖ 摘自 *Warren Buffett Speaks*。

误读31：称重作业

主要误读：长期持有一只股票的信心来自于其股价一直没有被高估。

我方观点：不断进行"称重作业"的投资操作，尽管听起来很美，实际上却陷阱重重。

让我们先假设一个投资案例：如果我们预期某只市价10元的股票未来五年的年复合增长率为15%（即五年后预期市价大约为20元左右），然而股价在两年后就迅速升至20元的五年目标价位，我们是否需要把它卖掉？相信绝大多数的投资人会因为以下两个原因而选择将股票售出：（1）如果最初对公司价值的判断是合理的，那么两年后20元的定价便有高估之嫌。（2）既然预期收益已经实现，理应获利了结。

我们再把问题设计得稍微复杂一些：假设你是一位基于企业内在价值进行投资的专业人士，如果你认为某只你持有的股票的每股内在价值大约为15元，当它很快被叫卖到20元、25元抑或更高的价格时，是否也需要将其尽快出手？对于这个问题，恐怕大部分的投资者都会给出肯定的回答。

下面我们先把以上两个问题放在一边，一起来重温格雷厄姆和费雪的两段重要表述："不要试图从有价证券的交易中获取高过其商业价值的超级回报，除非你充分了解其商业价值。"（格雷厄姆《聪明的投资者》）"没有任何时间适宜将最优秀的企业脱手。"（费雪《怎样选择成长股》）这两段话表达了同样的观点：一般情况下，投资者不要基于估值而卖掉你最信任公司的股票。

一边是显而易见的市场逻辑,一边是大师们的谆谆教诲,我们到底该如何选择?老实讲,这不是一个容易作出的结论。既然如此,我们不妨先去看看被称为世界上最伟大的投资人的巴菲特,在其60多年的投资生涯中所进行过的几次"称重作业"及其最终的效果究竟如何。

(1) 1942年春季,将近12岁那年,巴菲特为自己和姐姐多莉丝分别买入3股被父亲看好的股票——城市服务公司的优先股。不久,由于市场低迷,公司股价由每股38.25美元跌至每股27美元。由于"觉得责任压力大得可怕"⊖,当股票价格开始回升时,巴菲特以每股40美元的价格将其售出。然而售出后没过多久,股票价格便升至每股202美元。

(2) 1951年,以总成本10 282美元买入盖可保险的股票,第二年以15 259美元的价格出售(年回报率为48.40%)。20年后,其沽出部分的公司股票市值升至130万美元,也就是说,巴菲特在那20年间的年复合损失率为24.89%!

(3) 1966年,以平均大约每股0.31美元的价格买入迪士尼公司的股票。一年后,当公司股票价格升至0.48美元后卖出,年回报率为54.84%。1995年迪士尼股票升至每股66美元,巴菲特1967年的出售行为让其付出了137倍的机会成本,年复合损失率为19.22%!

(4) 1978—1980年间,以平均每股4.3美元的价格卖出手中的大都会公司(大都会/ABC的前身)股票,在1987年又以平均每股17.25美元的价格重新买回,这中间七年的机会成本为每

⊖ 摘自《滚雪球》。

年21.90%。

（5）1993年年底，以每股大约63美元的价格卖出大约1/3的大都会/ABC股票，并确信"在资本买卖差价上实现的收益将大于以后获取的企业经营性收益"。然而到了1994年年底，公司与迪士尼合并，合并时每股股票价格折合85.25美元。一来一去，巴菲特第二次沽出大都会/ABC的行为导致了总额为2.23亿美元的损失，损失率为35.32%。1995年，大都会股票价格因为与迪士尼合并而继续上升，使得巴菲特因沽出股票而遭受的年复合损失率达到41.42%。

认真总结了历史经验后，巴菲特在1995年致股东的信中写道："这样的统计结果让我得到一个教训：不要轻易卖掉一家优秀（identifiably wonderful）公司的股票。"令人不无感慨的是，巴菲特发出的这一句呼吁距离其两位老师作出的几乎是同样内容的忠告，已经分别过去了50年和60年！

至此，有些读者可能会提出这样一个问题：难道巴菲特通过"称重作业"卖出的股票全是错误的吗？答案当然是否定的，我们甚至可以说，大多数的"称重作业"可能都不是错误的。只是我们今后在进行自己的"称重作业"时需要注意两个前提：一是由格雷厄姆提出的，要"充分了解"（这并不容易）你手中股票的商业价值；二是由费雪和巴菲特提出的，不要轻易卖出的股票只限于那些"最优秀的公司"。也就是说，当你持有的是一家——至少你认为是——最优秀的公司的股票从而具有极高的商业价值时，你最好拿着它不要轻易脱手。

即便上述准则背后的道理显而易见，但实际操作起来远没有这样容易。对公司商业价值的把握可能出现的主观偏差，将使我们难以始终能正确遵循这一准则,这个问题甚至连巴菲特也难以全然规避。我们就以他在1993年卖出大都会/ABC的股票为例,看看他当时是如何进行分析的:"在支付了35%的资本利得税后,我们实现了2.97亿美元的税后盈余。相对地,在我们持有这些股份的八年期间,经由这些股份,该公司分配给我们的透视盈余在扣除估计14%的所得税之后,只有1.52亿美元,换句话说,通过出售这些股份所获取的利益,即便在扣除较高的所得税负之后,比原先通过持股所分配到的盈余还要高出许多。"从这段话中我们可以看出,巴菲特作为20世纪最杰出的投资人,当时以一个"企业投资人"的心态评估了该股票的商业价值后,做出了他认为是正确的卖出决定,但事态的发展却证明他还是错了。

股票市场的发展史告诉我们,对一家真正的优秀公司来说,市场给出的价格往往是低估而不是相反。我们就以伯克希尔公司本身为例,想必没有谁能比巴菲特自己更了解它,如果巴菲特本人对伯克希尔给出一个价值判断,应当具有很高的可信度。但事实却并非如此。我们来看巴菲特在1983年致股东的信里的一段表述:"在现有经营阶层过去19年的任期内,每股账面价值由19美元增长到975美元,约以22.6%的年复合增长率成长。考虑到我们现有的规模,未来可能无法支持这么高的增长率。不信的人今后只能去当一个普通业务员而非数学家。"而随后的实际情况是:自1983年始的10年中,伯克希尔公司的每股净值依然实现了24.67%的高速增长,增长速率还高于过去的19年。如果当年有投资者看到公司董事长的这段评论,并在1984年以一个吸引人的价格将伯克希尔的股票出售,那么将错失10年最高可达12.46倍(年复合增长率28.7%)的投资回报!

在与朋友的交流中，还有不少人提出以下质疑：如果"称重作业"不可为，为何巴菲特对于买入的股票，大部分的持有时间短于三年？如果对一家优秀上市公司最好采用长期持有的投资策略，为何统计显示其绝大部分的长期回报低于伯克希尔每股净值的增长？

这些问题问得都很好，只是在问题中又出现了新的误读。例如，巴菲特在较短时间（就国内标准来说已经算是长期投资了）卖出股票，大部分并不是基于价格因素；而长期持股的回报低于伯克希尔每股净值的增长则是因为"保险浮存金"的杠杆作用。关于这些问题，我们将另有章节讨论，这里不再赘述了。

> **本节要点：**
>
> （1）就一家优秀上市公司的内在价值而言，市场予以低估的可能性往往大于高估。
>
> （2）对于一家投资者极具信心的上市公司而言，最好的投资策略就是在其价格不是很高时买入并长期持有（不要忘了定期"体检"）。
>
> （3）对于一家具有"令人垂涎三尺的事业"（巴菲特语）的上市公司而言，频繁进行"称重作业"带给你的损失可能要远大于收益。

误读32：储蓄账户

主要误读：投入少而产出多为最佳"储蓄账户"，投入多而产出也多为次佳"储蓄账户"。

我方观点：对于缺乏二次投资能力的业余投资者而言，上面给出的排位可能要调整一下。

巴菲特在2007年致股东的信中详细说明了被他称为"三类储蓄账户"的投资模式：（1）出色的账户：产出多而投入少，如喜诗糖果公司。（2）良好的账户：产出多但投入也多，如国际飞安公司。（3）糟糕的账户：产出少而投入多，如美国航空公司。

显而易见，第一类账户是巴菲特最为欣赏的。这很容易理解，毕竟，谁会不喜欢投入少而产出多的生意呢？在我们的印象中，每每提起作为第一类账户经典案例的喜诗糖果，巴菲特的满意之情便会溢于言表。下面让我们先看看喜诗糖果的有关数据，如表4-2所示。

表4-2　喜诗糖果经营情况简表　　　　　　　（单位：万美元）

类别 年度	单年税前 利润	单年营业 收入	单年资产 净值	截至该年的 总资本投入	总利润/ 总投入
1972年	400	3 000	700	n.a	n.a
1991年	4 240	19 600	2 500	1 800	22.8倍
2007年	8 200	38 300	4 000	3 200	42.2倍

注：总利润/总投入是指截至统计年度已分配给伯克希尔公司的税前利润总额与同时期资本投入总额的比值。

资料来源：巴菲特1991年和2007年致股东的信。

从表4-2中我们可以看出：（1）不论是营业收入还是税前利润，其增速均超过了资产净值的增速。（2）整个统计期内税前利润总额远远高于同期资本的投入。吸引我们眼球的是最后一栏中的第二个数据，在1991—2007年间，与作为追加资本投入的未分配利润相比，已分配的利润竟然是其42.2倍！这样的"现金牛"公司，怎能叫人不喜爱？如果再考虑到其与表4-3中第二类储蓄账户的对比数据，恐怕所有的投资者都会像巴菲特一样发出喜诗糖果是如此"丰腴膏沃且养生众多"的赞美。

表 4-3　两家公司投入产出情况对照简表　　（单位：亿美元）

类别	初始投入	追加投入	税前利润增加额
国际飞安公司（1996—2007年）	n. a	5.09	1.59
喜诗糖果公司（1972—2007年）	0.25	0.32	0.78

资料来源：根据巴菲特2007年致股东的信整理。

基于表4-3中显示的情况，巴菲特给予国际飞安公司的评价是："相对于我们增加投入的资金来说，这个收入带给我们的回报还算是不错，但和喜诗糖果带给我们的回报则根本没法比。"而作为糟糕账户案例的美国航空公司，由于其长期经营情况恶劣，一度导致无法支付优先股息，使得巴菲特不无调侃地表示："假如当时有某个富有远见的资本家在基蒂霍克（莱特兄弟试飞的地方）的话，他应当把奥利佛·莱特打下来，给他的后辈们帮上一个大忙。"（以上引号内的话均出自巴菲特2007年致股东的信）

然而，倘若让我们换一个角度，从公司商业经营的层面来评价喜诗糖果，可能会得出不尽相同的结论。表4-4是公司的营业收入与利润情况的统计。

表 4-4　年度百分比变化——喜诗糖果　　（单位:%）

年度	1972—1991年（年复合增长率）	1972—2007年（年复合增长率）	1991—2007年（年复合增长率）
营业收入	10.38	7.55	4.26
税前利润	13.23	9.01	4.21

资料来源：根据巴菲特1991年和2007年致股东的信整理。

我们可以看到，无论参照怎样的评估标准，喜诗糖果的整体经营业绩都不算出众。特别是在截至2007年的前16年，尽管美国资本市场风生水起、牛气冲天，但公司税前利润的年复合增长率仅仅为4.21%，甚至还低于其营业收入的增长。

至此我们可以看出，巴菲特在评价自己对一项经营性事业的投资绩效时，重点是看投入与产出的比率，至于这家公司本身的增长水平，他似乎并没有给予太多的关注。我们认为，这样一种评估模式并不一定适用于所有投资者。下面我们做一个情景模拟：假设从1972年开始喜诗糖果每年平均向巴菲特支付3 857万美元——过去35年所支付总金额13.5亿美元的年平均数——的利润（由于是全资公司，我们没有考虑税收问题），而巴菲特用这笔钱又取得了平均20%的年复合投资回报率，那么这些利润到2007年的投资终值将为1 137亿美元！与巴菲特最初的投资相比增长了2 067倍，不考虑时间因素，相当于24.37%的年复合投资回报率。

尽管这只是一个模拟的计算结果，但从中我们可以看出，在评估喜诗糖果的真正价值时，对于公司上缴利润的再投资收益是一定不能忽略掉的，因为这正是巴菲特如此推崇喜诗糖果这类"储蓄账户"的关键所在。

讨论至此，本节一开始时的提要已经有了一个充实的注脚：除非你有一个类似伯克希尔公司这样的经营平台，或者有强大的二次投资能力，否则喜诗糖果能否成为你自己的"出色的账户"，还不能就这样简单地给出结论。特别是对于没有多少投资技能的业余投资者而言，如果遇上像喜诗糖果这样的低增长、高分红的企业，不一定就是件好事情。

事实上，在目前的中国资本市场，一些拥有"良好的账户"特征的公司，也未尝不是好的投资标的。这类公司多数存在于房地产、银行、连锁商业等行业中。尽管它们存在巨大的资本需求，但其赢利能力能够快速复制、生产和销售规模可以迅速同步扩大，同时净资产收益率水平也能维持在一个较高的水平上，投资者对这类企业的每一次追加投入将会带来较高且稳定的资本利得。由于中国市场具有"出色的账户"特征的企业少之又少,且投资者的整体投资技能还有很高的提升空间,对于期待获得长期复利回报的投资者来说,这些"良好的账户"可能是在现实的情况下一种较为可行的选择。

本节要点:

(1)被巴菲特评为"出色的账户"(投入少而产出多)的上市公司,如果公司收益大多用于现金分红,则对于一个业余投资者来说,由于其缺乏一定的二次投资能力,这种"出色的账户"就不一定真的最"出色"。

(2)在资本回报高于资本成本的前提下,由于"良好的账户(投入多而产出也多)"也同样为股东创造了价值,对于缺乏二次投资能力的中小投资者来说,这类上市公司可能是更好、更现实的选择。

误读33:大众情人

主要误读:巴菲特似乎从不买属于"大众情人"的股票。

我方观点:这要看我们如何定义"大众情人"。其实就"佳人"的品质而言,巴菲特选中的大多是如假包换的"大众情人"。

记得几年前的某一天,当时我们正在筹划为某家证券报编制一个策略型股票指数,一位报社领导向我们提出了一个据他说已思考了很久的问题:市场上有那么多的专业机构每天都在深入研究和挖掘值得投资的股票,你们还能有多大的价值发现空间?对于这个让他想了很久的问题,我们倒是很快给出了回答:买入和持有的时间不同。

这个小片段引出了我们本节要讨论的话题:如何去定义"大众情人"?为何通过买入"大众情人"也能积累财富?

先来看第一个问题。毋庸置疑,一个有着闭月羞花、沉鱼落雁之貌的女人一定是人们理想中的大众情人。接下来的问题是:(1)如果她因偶患小疾或偶遇坎坷而一时显得蓬头垢面、面带憔悴,还算不算大众情人?(2)如果她因生活中的一个小小不慎而导致暂时性毁容,还算不算大众情人?(3)如果仅仅是因为人们观赏的角度不同而被一时看走眼,她还算不算大众情人?(4)如果人们只是因为另有所忙而暂时失去了观赏所有美人的兴致,她又算不算大众情人?

我们用上面的比喻道出了人们在股票市场中几乎每天都会面对的问题:当一家质地原本优良的公司因为遇到了暂时性困难,或者只是因为人们看问题的角度不同而被错误地估值,抑或是因为股票市场的又一个熊市降临而使人们暂时离开了股市,公司的质地会因此而发生任何根本性的改变吗?如果你是一个企业价值投资人,答案就应当很简单:不是。

在讨论巴菲特是否从来不买"大众情人"式股票之前,我们先来看一看他已经坚守了数十年的四项投资标准:(1)能被我们所了解。(2)清晰而良好的经济前景。(3)德才兼备的管理人。(4)吸引人的价格。对于第二项和第三项标准,巴菲特都相继给出过较为明确的定义。每当读到这四项投资标准时,我们就仿佛见到一位优雅的男士正在深情款款地向人们描述着自己的择偶标准:纯洁、美丽、贤惠、简朴……那么请问，这些是否符合"大众情人"的标准？

以下是我们从巴菲特历年致股东的信以及在不同场合的讲话中挑选出来的有关他在选择投资对象时所使用过的关键词：特许权、过桥收费、消费独占、光彩的历史、美丽的城堡、宽广的护城河、超级明星、令人垂涎三尺的事业、高资本回报、高利润边界、低财务杠杆、小资本、大商誉、低投入、高产出……如果将这一串让人眼花缭乱、心痒难耐的"品质"放在任何一位"佳人"身上，是否能令她符合"大众情人"的标准？

显然，答案应当是不言自明的。那么为何巴菲特会让许多人觉得他从不买"大众情人"式股票呢？我们认为问题就出在人们在"大众情人"定义上的混沌不清和莫衷一是上面。今天，当我们再次面对巴菲特曾经买过的和仍在持有的股票时，除了那些被巴菲特称为"看走眼"的以及1~2家曾濒临死亡、需要起死回生的公司股票外，我们很难找出不符合"大众情人"标准的股票。特别是曾经或仍在被巴菲特长期重仓持有的华盛顿邮报、大都会/ABC、盖可保险、可口可乐、美国运通、吉列刀片、富国银行等，按照我们上面给出的定义，它们都理应是如假包换的"大众情人"！

再来看第二个问题：既然买入的大多是"大众情人"，巴菲特又靠什么取得高额回报呢？我们对此的解读是：（1）在这些股票因各种原因而暂时"失宠"或者尽管没有失宠，但是被市场因各种原因而给出错误定价时买入。（2）买入后就长期持有，而不是像大多数人一样：买就是为了能尽快卖。我们不妨试想一下：即使在市场监管和投资理念较为成熟的美国股市，又有多少人能对自己心仪并且曾有过充足信心的股票动辄就持有10年、20年、30年呢？而正是这些被巴菲特长期持有的股票，为他创造了一个又一个被人们容易忽略却又无比神奇的"复利"神话，使他的"财富雪球"越滚越大。

按照不少人的看法，"大众情人"应当是那些正在被大众追逐和热捧的股票。像巴菲特这样聪明的投资人应当尽量避开这些股票，去寻找和挖掘那些已被市场遗弃或者还没被市场发现价值的"冷门"股票。而我们的看法是，这种观点尽管立意不错，但却充满了风险，更不是巴菲特的操作风格。在20世纪70年代以后，巴菲特几乎从不去碰那些长期以来相貌普通的股票，更不要说是"形迹丑陋"的。对那些看似不错但还未有足够的数据证明其确为"绝代佳人"的股票，巴菲特也是鲜有染指的（短期套利除外）。当然不可否认的是，在他的早期投资阶段，遵循其导师格雷厄姆的指引，他也曾经买入了不少被市场遗弃的"烟蒂"型股票，但正是由于这样的一段经历，让他很快明白了一个道理："所谓有'转机'的公司，最后鲜有成功的案例。所以与其把时间与精力花在购买廉价的烂公司上，还不如以合理的价格投资一些体质好的企业。"（巴菲特1979年致股东的信）

人们也许可以把暂时失宠的股票统称为"冷门"股票，但为了避免出现误导，我们认为需要强调一点：它们至少过去曾经是"大众情人"，或者至少其身上已经具备了能被识别的"大众情人"潜质，只是暂时由于某种特殊的原因而被市场冷落或遗弃而已。也就是说，对一个立足于企业内在价值的投资者来讲，当我们决定去买入一只"冷门"股票时，必须注意的是，除了价格已被大幅向下修正之外，其"质地"必须仍然是优秀或良好的，至少没有出现根本性的改变。

还有一点需要说明的是，即使我们用一生的时间去挑选市场上各式各样的"大众情人"，其数量能构成"三宫六院七十二妃"就已经足矣（巴菲特一生曾经买过的股票不过也就数十只，同时持有的重仓股更从未超过八只），千万不要因为太过"花心"或为了所谓的"分散风险"再弄出个"粉黛三千"来。那样的话，不仅你的选择标准会大幅度降低，而且当你有如此多的"佳人"时，你将"永远不清楚她们每一个人都正在干什么"（巴菲特语）。

> 本节要点：
>
> （1）巴菲特从不买"大众情人"式股票的观点只在"价格"层面上有可能成立，在"品质"层面上则恐怕不能成立。
>
> （2）投资取得成功，不仅在于你是否买入了"大众情人"，还在于你是否能与其"长相厮守"，如果是"一夜情"式的拥有，即使是绝代佳人，你最终也不会赚到大钱。
>
> （3）投资切不可太过"花心"，拥有过多的"情人"，这样做即使没有加大你的投资风险，也会拉低你的投资回报。

误读34：低级错误

> **主要误读**：巴菲特的精髓是"价值投资"，而不是"长期投资"，这是一个简单的概念。
>
> **我方观点**：这个简单的概念其实一点儿都不简单。在我们看来：巴菲特的精髓既是"价值投资"，同时也是"长期投资"。

许多年来，在我国的股票市场上，有些投资者对任何所谓"长期"的东西，更多地会表现出一种疑惑、抵制甚至嘲讽的情绪与心态。"炒股"而不是投资股票、"股民"而不是股东、"高抛低吸""获利了结"而不是买入持有，一直是一些投资者的投资理念。

尽管事出有因，尽管无可厚非，但这并不意味着被我们情绪所影响或左右而提出乃至发泄出来的观点就一定都是准确的、符合我国股票市场实际的。

大约20年前，当我们在我国市场介绍与推广以巴菲特为代表人的企业内在价值投资理念时，当时的市场给我们的反馈是，谁在中国提巴菲特，谁就是低能、天真、幼稚的代表与化身。那几年，令我们印象深刻且至今记忆犹新的是，在美国被誉为最伟大的投资者的巴菲特，在我国股票市场却几乎如同过街老鼠，人人喊打。

把巴菲特视为一个长期投资者真的是犯了一个低级错误吗？或者说"价值投资"不等于"长期投资"真的只是一个"简单概念"吗？我们恐怕难以认同。不过，既然这不是一个简单问题，我们也就不指望能够通过简短的讨论来完全说服别人。但我们还是愿意做出尝试，就只当是真理能越辩越明吧。

读过巴菲特历年致股东的信的人都应当清楚，巴菲特曾不止一次地表明自己是一个长期投资人，伯克希尔也始终奉行着长期持股策略。例如，巴菲特在多次谈到旗下保险公司的"五种投资对象"时，对第一个对象的表述就是"长期股票投资"（巴菲特1988年致股东的信）。然而，尽管我们的耳朵和眼睛都已经塞满了巴菲特有关"长期投资"的表述，还是有不少朋友怀疑它的真实性，担心巴菲特是否会言行不一，是否会说一套而做一套。应当说，这种怀疑也不是完全没有道理。毕竟，只是几句"长期投资"甚至是"永久持有"的表白并不足以作为一项研究结论的证明。

事实上，在对巴菲特进行了持续、深入的观察与研究后，我们发现在巴菲特反反复复表述自己是一个长期投资者的背后，其实有着一系列不同于市场主流的投资理念作为支撑。这些理念让我们相信：在谈到长期投资时，巴菲特不可能只是说说而已，更不可能是说一套而做一套，因为这些"前场"的表白与"后场"的理念表现出高度的一致，如果言行不一，不仅无此必要，也不合逻辑。下面，我们就一起从这些基本理念中去透视巴菲特的"价值投资"是否真的不等于"长期投资"。

基本理念之一：选股如选妻

巴菲特在 1986 年伯克希尔年会上曾经说道："确定公司收购的标准如同选择妻子。你必须确定她具有你要求的品质，然后突然有一天你遇到中意的人，你就娶她为妻。"由于巴菲特不止一次表示投资可交易股票的标准与投资一家私人企业完全相同，我们因此认为可以将这句话的涵盖范围延展至股票投资。那么，当我们像对待志在白头偕老的妻子一样去对待每一只买入的股票时，我们怎么可能不进行长期投资？

基本理念之二：把股票当作你所投资生意的一小部分

这个理念源于其导师与朋友格雷厄姆。要评估它在巴菲特投资体系中的重要性，我们的观点与《巴菲特原则》一书的作者玛丽·巴菲特完全相同："如果要找一个沃伦奉为圭臬的信条，同时让他获得今天的成功地位的主要原因，就是这个概念。他的整个投资架构就是建立在这个信念基础之上。"[一]那么，一个"企业"投资者，又如何不是一个"长期"投资者？

[一] 摘自《巴菲特原则》。

基本理念之三：市场短期是投票机，长期是称重器

巴菲特早在1969年致合伙人的信中就曾表述过一个后来被他多次提起的观点："格雷厄姆说过：短期看，股票市场是投票机；长期看，股票市场是称重器。我一直认为，由基本原理决定的重量容易测出，由心理因素决定的投票很难评估。"试想，在这样一种理念指导下的股票投资，又怎能不会是长期投资？

基本理念之四：市场是一个分流器

在谈到伯克希尔为何坚守长期投资时，巴菲特在1991年致股东的信中有过这样一番表述："我们一直持有的行为说明我们认为市场是一个变化位置的中心，钱在这里从活跃的投资者流向有耐心的投资者。"什么才叫做"有耐心的投资者"？我们宁愿解读为一个信奉长期持有策略的"企业投资人"，而不是一个偏好在持续的"称重作业"中动辄就获利了结的"股票交易者"。

基本理念之五：荒岛挑战

在1969年格雷厄姆的弟子们的第二次聚会上，巴菲特提出了荒岛挑战理论："如果你被迫搁浅滞留在一个荒岛上10年，你会投资什么股票？"㊀答案自然不言自明：有着强大特许经营权的企业。那么，荒岛挑战理论究竟要告诉我们什么呢？难道只是让我们思考应当买

㊀ 摘自《滚雪球》。

什么股票吗？难道当我们买入这只符合荒岛挑战的股票而又不需要真的滞留荒岛时，我们就需要将精挑细选的股票择机沽出吗？

基本理念之六：股市关闭论

这是一个我们早已耳熟能详的观点，它与"荒岛挑战"理论表达的是同一个意思。试想，如果巴菲特说的是长期投资，做的却是另外一套的话，他会不止一次提到这个几乎是惊世骇俗的股市关闭理论吗？他有必要这样一次次地去骗人又骗己吗？

最后，我们还想提醒投资者不要被巴菲特曾经做过的看似颇有些规模的短期投资所迷惑。巴菲特历来都是将其投资部位分成主要投资部位（重仓持有）和非主要投资部位，我们应当重点关注的显然是其主要投资部位。表 4-5 是截至 2008 年年底其大部分"主要投资部位"股票的持有时间（以所跨年度计）。

表 4-5 巴菲特重点投资股票的持仓时间　　　　（单位：年）

穆迪公司	通用食品	联合出版	奥美国际	哈迪哈曼	联众集团	联邦住屋
6	6	7	7	8	8	11
美国运通	大都会/ABC	吉列（宝洁）	富国银行	可口可乐	盖可保险	华盛顿邮报
15	18	18	19	21	32	36

还不够长吗？

本节要点：

（1）仅对巴菲特投资体系"精髓"的解读而言，关于巴菲特是价值投资，而"价值投资"不等于"长期投资"的观点具有较大的误导性。

（2）在我们看来，企业内在价值投资与长期投资是一枚硬币

> **本节要点：**
>
> 的两面，不能简单地予以分割。
>
> （3）伯克希尔持有的股票一直分为"主要投资部位"和"非主要投资部位"，我们判别其行为特质时显然应当关注其主要投资部位而不是非主要投资部位。

误读35：定期体检

> **主要误读**：长期持有＝箱底股票。
>
> **我方观点**：企业就像人的身体一样，要定期体检。由于企业的生存环境更加恶劣，定期体检就显得更加重要，更加不可缺少。

生活中，我们都知道这样一个常识：在一定条件下，酒越陈越香，古董字画越久越贵。这类生活中的常识经常会被一些人不假思索地引申到其他领域，如股票投资。

或许是市场上有不少关于某个人靠"箱底股票"发大财的传奇故事，也或许是当我们回望历史时，确实发现有那么几只股票如果一直拿着不放，在短短的数年或十数年间就会缔造出惊人的财富神话。这些事例使得不少人就此简单地衍生出一个看法：长期投资就是把自己心仪的股票放入箱底，然后耐心等待一个新的财富奇迹。

说到这里，可能有些读者会心生疑窦，长期持有不正是巴菲特投资的要义之一吗？让我们暂时搁置这个问题，先做下面这样一个小调查：倘若你随便问几个身边的朋友或同事，我们相信其中一定有人会向你列举出"血淋淋"的事实，证明"箱底股票"的荒诞与长期投资的悲惨。当然，他们之中有些是主动长期持有的，有些则是被迫把股票"砸"在手里的，还有一些是因为工作繁忙而自动让手中股票处于"睡眠"状态的。原因虽各有不同，但却有着一个共同之处：没有对手中股票的"身体状况"给予"定期体检"。

不过，这些朋友的"悲惨历史"可能还不只是出在没有定期体检上。如果我们想喝上好的陈酒，就应当储藏茅台而不是二锅头；如果我们想通过长期收藏去提升一件古董的商业价值，我们至少也应当找到一件真品。如果收藏的只是一件赝品，就算放上100年，恐怕也没什么太大的收藏价值。

因此，问题不仅在于是否长期持有，还在于成功的长期持有需要满足一些特定的条件。简而言之，长期持有的股票一定不能是平庸甚至质地不佳的股票。同时，即便我们买入的都是一些简单易懂、质地优良、管理优秀并且价格合理的上市公司的股票，也需要对它们做"定期体检"。其中的道理也许并不复杂：如果一个健康的人需要做定期体检的话，一个健康的企业也同样如此，如果再考虑到今天的企业生存的环境比一个人生长的环境还要来的复杂与多变，情况就更加如此。

进一步讲，不要说我们这里还只是一个新兴市场，也不要说我们的不少投资者对企业的商业透视力与价值评估能力还略显稚嫩，即便是在美国那样相对成熟的市场，即便是巴菲特这样的投资大师，也需要对买入的每一只股票进行定期体检。

那么，我们所说的定期体检应该包括哪些内容呢？

格雷厄姆在其所著的《聪明投资者》中曾经指出："聪明投资

者以另外一种完全不同的形式取得成功：买入股票后，就应以企业经营者的方式行事。"这里说的是，当投资者买入股票后，他主要关注的应当是企业的基本情况有否改变，而不是其价格变化。巴菲特在1996年致股东的信中也同样指出："投资上市公司股票的秘诀与取得百分之百子公司的方法没有什么两样，都是希望能够以合理的价格取得拥有绝佳竞争优势与德才兼备经理人的企业。因此，大家真正应该关心的是这些特质是否有任何改变。"这段话几乎是格雷厄姆观点的一个翻版，只是巴菲特进一步道出了企业"基本故事"的特定含义。

综上，所谓"定期体检"就是要求长线投资者在买入自己心仪的股票后，对企业的"基本故事"或其"特质"是否出现根本性改变所进行的持续跟踪与观察。如果没有，则应当继续持有；否则，则应考虑尽快将其出手。这里需要再次强调：体检的重心是企业经营层面的基本情况，而不是市场层面的股票价格变化。

什么才是一家企业的"特质"或"基本故事"呢？根据我们的归纳与整理，它们大致包括以下五项内容。

1. 商业模式

如果我们买入的原本是一家消费独占、产业垄断或属于产业领导品牌的企业，我们就要定期观察这一商业模式有否随着企业经营环境的改变而发生变化。如企业的"市场特权"是否已经在竞争中被削弱、企业原本具有的品牌地位与商誉是否因竞争的残酷而受到威胁、企业的经济前景是否在产业环境的不断变化中开始显得有些混浊不清等。

2. 护城河

如果美丽的城堡还在，城堡下的护城河还是那样深、那样宽吗？护城河里是否仍然爬满了令潜在进入者畏惧的鳄鱼？在激烈的产业竞争环境中，企业是否需要不断地去重新加宽它们的护城河，或者需要不断地去重新挖掘新的护城河？将这些比喻转换成商业语言就是：企业赖以生存与发展的核心能力与竞争优势还是像以前那样明显和牢固吗？

3. 管理团队

在做出买入决策时考察过的诸如诚实、理性、忠诚以及较强的领导力等特质还在吗？他们是否还在为股东继续创造着令人满意的资本回报？他们还是一如既往地将精力倾注在企业的长期持续发展而不仅仅是短期成果吗？他们的资金配置能力有无明显变弱？在变化不定的产业环境中，他们是否曾经或者已经"失去了方向"？

4. 财务指标

无论是考察企业的商业模式、护城河还是管理团队，我们都可以通过一些基本的财务指标做出进一步的透视。例如，通过企业的利润边界、资本支出与现金流量去考察它的商业模式和护城河；通过企业的利润增长、成本控制和资本回报考察它的管理团队，等等。不过需要注意的是，我们的着眼点不应仅仅是某一个年度的数据，而应当以"每五年为一个周期"（巴菲特语）去进行考察。

5. 股票价格

尽管股票价格不是我们进行"定期体检"的重心,但对于那些"非主要投资部位"的股票,对其价格的考察可能就是一个不可缺少的内容。此外,当市场因极度亢奋而对我们持有的股票给出一个明显的或超常的泡沫性价格时(这当然不是容易判定的事情)比较进取的投资者也可以借价格考察而做出适度减持的安排。

最后需要投资者注意的是:尽管没有任何一只股票可以享有"免检"特权,但如果我们刚一买入某只股票,便觉得心里不踏实而需要不断地对其进行"体检"的话,我们的第一步可能就错了。这可就不是单纯的"定期体检"的问题了。

本节要点:

(1)"长期持有"与"定期体检"同样是一枚硬币的两面,不可分离。

(2)没有任何一只股票可以不经"定期体检"而长期持有。

(3)定期体检的主要项目包括但不限于:商业模式、护城河、管理团队、财务指标和股票价格。

误读36:高抛低吸

主要误读:巴菲特会在牛市结束前抛掉绝大部分的股票而在熊市到来后再加大股票仓位。

我方观点:有些言过其实。从逻辑和实证两个层面上看,都不支持上述观点的确立。

在对这个话题做出讨论之前,我们认为有必要先把巴菲特作为一个职业投资人的投资生涯划分为以下几个不同阶段。

准备期(1951至1956年):1951年春天,从哥伦比亚大学毕业后不久,巴菲特回到其家乡奥马哈市,经过短暂的服兵役后于当年夏天成为一名职业股票经纪人;1954年终于得到老师的聘任到纽约的格雷厄姆—纽曼公司工作;1956年返回家乡组建了属于自己的有限合伙人公司,开始了其将为之奋斗一生的事业——职业投资人与公司控股人。

早期(1956年至20世纪70年代中期):从1956年组建自己的第一家合伙人公司,直到1969年解散合伙人公司,再到20世纪70年代开始经营伯克希尔纺织公司,巴菲特在股票投资与私人企业收购中主要遵循的是其老师格雷厄姆的"捡烟蒂"策略。这一策略的主要表现是价值型选股及价值回归后的获利了结。在这个时期中虽然已出现了一些"叛逆"性投资,但这并没有构成其投资的主流。

中期(20世纪70年代中期至20世纪90年代中后期):在这20多年里,尽管巴菲特继续活跃在股票投资与私人企业收购两条线上,但其资产构成还是以股票为主。在投资策略方面,在芒格与费雪等人的影响下,特别是在投资美国运通与喜诗糖果的成功以及投资伯克希尔等烟蒂型公司的失败后,巴菲特逐渐脱离了"捡烟蒂"而转为对"超级明星"企业的长期持有。巴菲特一生当中的许多经典投资案例都发生在这一时期。

后期(20世纪90年代中后期以后):由于股票价格持续高企,从20世纪90年代中后期开始,巴菲特的事业重心开始向私人企业收购以及经营上偏移。这一段时期出现了数次对他之前从不染指的公用事业的巨额收购,如几年前收购中美能源公司和近期收购铁路公司，涉及的资金规模动辄数十亿甚至数百亿美元。

鉴于以上不同投资阶段的划分，当我们在考察巴菲特的投资策略是否表现为牛市结束前的"高抛"与熊市到来后的"低吸"时，考察重点应集中在20世纪70年代中期至20世纪90年代中后期这一阶段。这一时期的美国股市也恰好经历了几番牛熊更替的转变过程。

另外，在讨论之前，我们想先与读者一起简单温习一下支撑巴菲特投资体系的两块基石和一项禁忌。这两块基石分别是：

（1）把股票当作一项生意去投资是最聪明的投资。这一基本思想要求投资者在买入股票后要像一个企业所有人和经营者一样去思考问题。这样，投资者就会首先将手中的股票看作企业的权益凭证而不是市场的交易凭证，就会在其以后的投资操作中使自己表现得更像一个企业投资人而不是简单的股票交易者。

（2）正确对待股票价格的波动。这一思想的要点包括：首先，你必须比"市场先生"更懂得你已持有或计划买入的股票的价值，否则就不要参与这场游戏；其次，"市场先生"会通过价格的反复波动来持续不变地演绎着它在股票估值上不断犯错与纠错的过程，聪明的投资者对此应有一个清醒的认识；最后，不要单纯因为价格上升而轻易把手中最好的公司的股票脱手。

所谓"禁忌"就是从不根据市场预测去买卖股票。尽管巴菲特会根据自己信奉的估值理论对市场股票价格的高与低给出自己的判断，但他却从不会对股价的短期走势做出预测，也从不会根据这种预测而选择买入或卖出。因此，我们认为所谓巴菲特会选择在熊市到来前抛掉股票的说法要么只是巧合（巴菲特确实有根据估值而卖掉部分股票的行为），要么根本就无从谈起（他在熊市加仓倒是一个事实）。

对巴菲特基本投资哲学的短暂温习是想说明,如果巴菲特在投资实践中真的表现出一种不断高抛低吸的操作偏好或习惯,那么,它要么在逻辑上不能自圆其说,要么就是巴菲特说一套做一套。事实究竟如何呢?我们来看一下表4-6。

表4-6 年度百分比变化——伯克希尔所持股票市值(1978—1997年)

年度	股票总市值(亿美元)	市值增长(%)	标普500增长(%)
1978年	2.21	22.10	6.4
1979年	3.35	51.58	18.2
1980年	5.30	58.21	32.3
1981年	6.39	20.57	-5.0
1982年	9.45	47.89	21.4
1983年	12.79	35.34	22.4
1984年	12.69	-0.78	6.1
1985年	11.98	-5.59	31.6
1986年	18.74	56.43	18.6
1987年	21.15	12.86	5.1
1988年	30.54	44.39	16.6
1989年	51.88	69.87	31.7
1990年	54.08	4.24	-3.1
1991年	90.24	66.86	30.5
1992年	114.42	26.79	7.6
1993年	112.69	-1.51	10.1
1994年	139.73	23.99	1.3
1995年	197.63	41.43	37.6
1996年	244.53	23.73	23.0
1997年	362.48	48.23	33.4

注:1. 数据来自公司年报等综合资料。

2. 1985年股票市值下滑相对市场较多是因为当年菲利普·莫里斯收购通用食品股票。

3. 由于从20世纪90年代中后期开始公司投资重点转向私人股权收购,因此本表仅统计到1997年。(1998—2000年的股票仓位分别是:327亿美元、370亿美元和376亿美元)

从表4-6中我们不难看出，即使考虑到每年源源不断的保险浮存金的加入，我们仍难以得出巴菲特在牛市到来前"高抛"，在"熊市"到来后"低吸"的结论。在所记录的20年中，除1984年、1985年和1993年外，其他17个年度的股票市值增长均高于同期标普500指数的增长，其股票仓位无论是在熊市转牛市时，还是在持续的牛市中都表现为稳定、稳定增长或大幅度增长这样三种态势，没有发现明显的减仓行为。因此，关于巴菲特会在牛市结束前大幅减仓并在熊市到来后大幅加仓的观点即使不能说完全脱离事实，但至少也是极不准确的。

本节要点：

（1）无论从投资理念还是操作策略抑或是实证研究的角度，都不支持关于巴菲特在市场的牛熊转换中会进行高抛低吸操作的观点。

（2）实证研究显示：巴菲特确实会在熊市中大幅加仓（如其在20世纪70年代中后期的操作），但在牛市中或下一个熊市到来之前会减仓操作的做法，就其主要投资部位而言，则并不符合事实。

（3）巴菲特的投资策略本身就是一种可以穿越牛熊更替的方法，尽管不时会有一些基于估值下的仓位调整，但整体来说，其投资特质一直表现为对重仓股票的长期持有。

误读37：沟槽里的猪

主要误读：巴菲特能够坚持长期投资是因为有源源不断的资金流入，不需要"挑肥拣瘦"与"喜新厌旧"。

我方观点：尽管上述判断有一定的合理性，但这种因果关系的建立还是有些过于简单了。

所谓"沟槽里的猪"，是指当空间有限时，一头新猪入槽，必须将已在槽内的另外一头猪赶走。当把这个比喻延伸至股票投资时，就引出了我们要讨论的话题：巴菲特能够坚持长期投资，是否源于他总有源源不断的资金流入，因而在买入新股票时不需要把旧的股票抛出？而对于我们这些普通投资者来说，因为投资股票的资金有限，在遇到更好的选择时，恐怕必须得玩"沟槽里的猪"这个游戏？

应当说，这是一个具有普遍性同时也有一定难度的问题。首先，在一般投资者和巴菲特之间确实存在巨大的资金规模上的差异（越到伯克希尔的经营后期越是如此），而后者在是否需要经常更换"沟槽里的猪"这个问题上，也确实比前者具有更大的选择余地与腾挪空间。其次，巴菲特也确实曾在公开场合表示过：他的投资前期因为"主意比钱多"，因此需要经常审视投资组合，以便能随时调入更优秀的股票。而后期由于"钱比主意多"，审视的频率就没有以前那么高了。再次，即使仅在我们身边的朋友圈内，就有不少人有经常性清理"沟槽里的猪"的偏好与习惯，而这样做的逻辑在他们看来几乎不容置疑。最后，巴菲特对某些股票数十年的坚守，其背后的原因究竟是什么，更不是一个容易说清楚的问题。

尽管如此，考虑到这个问题的典型性和重要性，我们还是愿意做出努力，力图在有限的篇幅内能把我们的观点说清楚。首先，从逻辑的角度来讲，我们认为在投资者提出这个问题的背后，恐怕至少存在两个逻辑上的不足：

（1）如果把巴菲特坚持长期投资的原因简单地归结为有源源不断的资金流入的话，那么即使在他与芒格"每年只需要有一个好主意"（巴菲特语）的极端情形下，从1965年延续至今，伯克希尔公司长期投资的股票数目也应在40只以上。假设其中有20%的误判且在将这些股票售出后不再有新的买入，数目也会在30只以上。我们再将巴菲特所说的"前期"与"后期"问题考虑进来并再剔除一些价值高估的年份，数目也应在20只左右。然而实际数目则是大大低于这个水平。

（2）如果仅仅是"有钱"造就了长期投资，那么伯克希尔的投资组合就应当表现为"后期"的股票数目多于"前期"的股票数目。然而，在伯克希尔过去数十年的持股记录中，我们没有发现这样的规律。

如果我们的上述观点本身没有衍生出新的逻辑偏差的话，那么很显然，在巴菲特数十年的投资生涯里选择并坚守长期投资的背后必定另有原因。尽管我们不能完全否认其中资金规模的效应，但它至少不应是主要原因。背后的原因是什么呢？我们的看法是，至少包括以下三个：

（1）源于巴菲特投资体系的一个核心理念——将股票投资看作企业投资（businesslike）。我们认为这是把巴菲特与市场上绝大多数投资者区分开来的一个最为有效的标准。同时，当我们试图去寻找为何巴菲特的许多投资行为与市场的主流理念及行动不仅相差甚远甚至在许多方面几乎是南辕北辙的根本性原因时，它也是一个最佳或最有效的答案。如果投资者们能对巴菲特的"企业投资"观有一个较为全面和深入的了解，就一定不会得出资金规模决定投资策略的结论。

（2）源于"发现的艰难"。这里再谈一谈巴菲特在选择股票时的"四脚"标准。第一是"我们所了解的企业"。按照巴菲特的解释，仅仅这项标准就"剔除了90%的企业"。第二是"伟大的生意"或者说是"令人垂涎三尺的事业"。而即使在美国股市，这样的企业即使不是凤毛麟角，也是少之又少。第三是"德才兼备的管理人"。多少了解一些美国情况的读者可能都清楚，如何实施有效的公司治理至今仍是一个没有得到有效解决的问题。在这样的大环境下，找到完全符合巴菲特标准的经理人，绝不是一件容易的事情。第四是"吸引人的价格"。这一条标准放在20世纪70年代没有什么问题，而如果放在从20世纪80年代牛市开始后的20年内，在等待"价格诱人"的股票上的寂寞与煎熬，恐怕只有巴菲特自己最清楚。

（3）源于一个并不复杂的数学常识：假设"伟大的生意和卓越的领导人"带给我们的回报为100分；"良好的生意和优秀的领导人"带给我们的回报为80分；"尚可的生意和还算满意的领导人"带给我们的回报为60分；"一般的生意加不尽如人意的管理人"带给我们的回报为40分。当我们实施集中和长期投资策略时，我们就会有这样一个算式：$100 \times 4 + 80 \times 4 = 720$ 分，平均分数（每只股票的平均回报）为90分。当我们从不喜新厌旧，一旦有钱就买更多的股票时，我们的等式就有可能变成：$100 \times 4 + 80 \times 4 + 60 \times 8 + 40 \times 16 = 1840$ 分，平均分数就变成了57.5分。正如巴菲特经常说的，分散投资不仅没有降低风险，还拉低了你的投资回报。

综上，巴菲特之所以选择并几十年如一日地坚守集中持股和长期投资的策略，背后有着许多更为深层次的原因。也许源源不断流入的巨额资金确实提高了巴菲特在挑选投资对象时的"豪迈"与"潇洒"，但这肯定不是其构筑投资理念与操作策略的基本要素。另一方面，当我们把目光再转向那些已被卖出的股票时，问题也许就会变得更加清晰。

根据我们的观察，巴菲特选择卖出的标准基本有四条：

（1）对企业的"基本故事"评断有误。应当说，这是巴菲特选择将某些股票在较短时间内卖出的一个主要原因。国内不少投资者按照自己习惯的思维方式将其解读为获利了结，我们认为这与事实不符。在被巴菲特短期卖出的股票中，确实也有一小部分是"获利了结"的，但它们原本就属于"套利"型买入，从一开始就没有打算长期持有。

（2）企业的"基本故事"发生了改变。我们可以把它看作"判断有误"的一个延伸。即使像巴菲特这样的投资大师，恐怕也难以掌控所有买入企业的长期发展趋势。在残酷的竞争下，一定会有一些原本优秀的企业或逐渐或迅速地出现一些质的改变。此时，将其售出就是一个自然的结果。

（3）股票价格被过分高估。这一项售出标准在巴菲特的投资生涯中显得有些扑朔迷离，因为巴菲特在多次提到这一项出售标准的同时，又常常告诫投资者因股价上升而选择卖出股票是件愚蠢的行为。但在进行这些告诫的背后，我们也发现了一些巴菲特因价格"过高"而卖出的操作，这些被卖出的股票中甚至包括被其称为"永恒持有"的股票，虽然大部分的操作最终令他懊恼不已。

（4）发现了更好的投资对象。这一条最贴近我们本节的话题。

下面摘录巴菲特在 2008 年致股东的信中的一段表述,我们来看看在其资金最为充裕的年度中,巴菲特如何"潇洒"地买入其他被他看好的股票的:"去年我们购买了由 Wrigley(生产箭牌口香糖)、高盛、通用电气发行的总共 145 亿美元的债券,我们非常喜欢这些投资,因为它们有较高的现实收益率,因此非常令我们满意。但这三项购买中我们都附带了数额较大的股权接入以作为我们此次购买的'奖金'。为了获得上述投资所需要的资金,我们不得不卖了一些我们原本想继续持有的股票(主要是强生、宝洁、ConocoPhillips)。"

> **本节要点:**
>
> (1)源源不断的资金流入并不是巴菲特坚持长期投资的基本原因。
>
> (2)任何一个投资策略都应是投资理念指导下的必然结果,与资金规模没有太多的联系。
>
> (3)巴菲特坚持长期投资是源于"企业投资""发现的艰难"以及一个并不复杂的数学逻辑。我们认为,这三点原因同样适用于我国股票市场。

误读38:划船

主要误读:如果将买股票视同为买企业,那么,买企业就是买管理。

我方观点:在判断"船"与"船长"哪一个更重要时,我们需要深入了解或反复重温巴菲特的"划船"理论。

还记得巴菲特提出的"荒岛挑战"测试吗?如果现在让我们来挑选可以通过"荒岛挑战"测试的股票,我们将会从何处下手?我们相信,那些认为"买企业就是买管理"的投资者,自然会把目光聚焦在企业的 CEO 或管理团队身上;而那些受过巴菲特思想熏陶的投资者,则会首先关注企业本身。哪种更为可取呢?我们先来看表 4-7、表 4-8 和表 4-9。

表 4-7　加权净资产收益率(2001—2008 年)　(单位:%)

年度	2001 年	2002 年	2003 年	2004 年	2005 年	2006 年	2007 年	2008 年
青岛海尔	13.09	7.74	6.90	6.65	4.20	5.45	10.29	11.07
格力电器	15.60	16.74	16.86	18.34	20.04	21.97	31.94	32.13
云南白药	18.07	20.18	19.61	27.27	30.91	29.32	28.18	29.40
贵州茅台	26.79	13.86	18.65	21.53	23.99	27.67	39.30	39.01

表 4-8　净利润率(2001—2008 年)　(单位:%)

年度	2001 年	2002 年	2003 年	2004 年	2005 年	2006 年	2007 年	2008 年
青岛海尔	5.40	3.44	3.16	2.41	1.45	1.60	2.18	2.53
格力电器	4.14	4.22	3.36	3.04	2.79	2.64	3.34	4.68
云南白药	8.35	8.51	8.46	9.35	9.41	8.64	7.75	8.13
贵州茅台	20.29	20.54	24.44	27.26	28.46	30.72	39.11	46.10

表 4-9　资产负债率(2001—2008 年)　(单位:%)

年度	2001 年	2002 年	2003 年	2004 年	2005 年	2006 年	2007 年	2008 年
青岛海尔	23.27	25.73	20.84	13.09	10.67	25.32	36.93	38.44
格力电器	74.63	73.93	75.53	80.28	77.84	81.37	77.06	74.91
云南白药	43.85	42.95	38.01	41.74	44.16	47.68	50.23	35.46
贵州茅台	26.73	26.85	29.99	33.84	35.93	36.15	20.16	26.98

表中的这四家上市公司,哪家公司的管理曾让我们感动至深并记忆犹新?从国际影响力来看,恐怕非青岛海尔莫属,它的管理方

法已经作为经典案例进入美国两家最著名的商业学府；从企业的国际化程度看，仍是非青岛海尔莫属，它的商业触角已经遍及全球几乎每一个角落，并在短短的20多年的时间里从"青岛的海尔"变成了"世界的海尔"。但是，作为一个应对"荒岛挑战"测试的投资者，当你能耐心些看完表4-7至表4-9中的所有数据后，我们相信你的首选、次选乃至再次选，都将不会是青岛海尔。

如果不考虑股票价格因素，你的首选可能也不会是格力电器。尽管在竞争惨烈的家电市场中，其权益报酬率表现出了难得的高水平和同样难得的稳定（这也从一个侧面反映了公司管理团队的优秀），但考虑到它较低且波动幅度较大的净利润率水平，以及长期较高的"负债"水平（主要是无息负债），保守的投资者可能还是会有些不太放心。

接下来的答案已变得简单而明了，只要价格合适，投资者的首选和次选应当是最后两只股票：云南白药和贵州茅台。而当我们最终真的选了这两只股票时，我们其实已经修正了关于"买企业就是买管理"的固有思维，并接受了企业第一、管理第二的观点。

云南白药和贵州茅台的企业管理水准在我国也当属优秀之列，这点毋庸置疑。只是当我们把它们作为应对"荒岛挑战"的首选和次选目标时，首先或主要看中的应该不是它的管理，而是它难以撼动的"市场特许"地位：（1）被人需要。（2）不可替代。（3）定价权（三条标准均取自巴菲特）。而正是由于其在数十年乃至更长时间里积累下来的这种"市场特许"地位，再辅助以出色的管理，才能实现上表中的财务结果：低负债水平下的持续高资本回报率。

列举几个国内上市公司的案例是想引出我们本节要讨论的话题：巴菲特的"划船"理论。

巴菲特在1989年致股东的信中首次提出了他的"划船"理论："从个人的经验与观察得到一个结论，那就是一项优异的纪录背后（从投资报酬率的角度来衡量），你划的是一条怎样的船更胜于你怎样去划这条船（虽然一家公司的好或坏、努力与才能也很重要）。几年前我曾说当一个以管理著名的专家遇到一家不具前景的公司时，通常是后者战胜前者。如今我的看法一点儿也不变。当你遇到一艘总是会漏水的破船时，与其不断白费力气地去修补漏洞，还不如把精力放在如何换条好船上面。"

我们认为，"划船"理论揭示的不仅是美国资本市场中的规律，这一理论也同样适用于我国资本市场。以我们刚才列举的几家上市公司为例，在海尔和张瑞敏身上所表现出的强大的企业和领导人的力量，并没有在其长期的财务效果上有与之对应的表现。而那些有着强大市场特许地位的公司，当企业与领导人付出相同乃至稍显轻松的努力时，人们很快就会在其财务数据上看见灿烂的果实。

同样的付出却没有得到相同的回报，原因显然不在"船长"身上，而在于"船体"本身以及这艘"船"所处的环境。我们以伯克希尔为例，从1962年开始买入这家公司的股票，到1965年入主公司的管理，再到1969年后的全身心投入，巴菲特在当时的伯克希尔身上可谓是倾注了巨大的心血。但最后的结果如何？由于美国纺织业在面对诸多新兴市场的低成本竞争时所表现出的无能为力，在苦心经营了20年后，巴菲特及其同伴们最终还是选择于1985年关闭了公司的原主体部分——纺织工厂。正是这一次经历让巴菲特真正明白了一个道理："当一个赫赫有名的经营者遇到一个逐渐没落的夕阳产业时，往往是后者占了上风。"（巴菲特1980年致股东的信）

当然，中国今天的家电产业与当年的美国纺织业有着诸多不同，不能进行简单类比。但我们不能否认的一个事实是：今天，一家家电制造企业所面临的产业竞争比起一家有着强大市场特许权企业所面对的产业竞争，要激烈许多。参照巴菲特在1982年致股东的信中提出的"砂糖"与"糖果"的比喻（巴菲特试图通过这个比喻来说明某些行业的厂商在试图建立本身产品或服务的差异性时通常很难奏效），我们可以在青岛海尔与贵州茅台的消费者之间做一个比较，看看哪个群体有更大的消费忠诚度。

品牌影响力以及产品差异化驱动了消费忠诚度，而消费忠诚度提升了企业价值，这是一家由商业模式驱动的公司将在财务效果上更胜于一家由管理驱动的公司的原因所在。为何那些有着市场特许权的企业总是伴随着高销售毛利和高资本回报？原因就在于此。当我们面对诸如贵州茅台那令人炫目的产品毛利时，我们更多想到的是其产品在数十年里积累下来的强大品牌力量，而不是它的某一届管理团队做了什么。

巴菲特的"划船"理论给予我们的启示是简单而深刻的。尽管在现实中，好的船通常都会伴随着一个过于好的售价，但我们可以等待，等待市场犯错时再伺机买入。而这也正是巴菲特数十年操作实践的真实写照。当然，有冒险精神的投资者也可以去选择那些可能有"转机"甚至是重大转机的黑马股票，但你最好也能同时记住巴菲特曾经的悔恨不已："过去我是白雪公主，如今我却四处漂流……"（巴菲特1989年致股东的信）

本节要点：

（1）从企业管理的角度来看，你划一条怎样的船重于你怎样去划这条船。

（2）从选择股票的角度来看，投资者应当牢记巴菲特的教诲：企业第一，管理第二。

（3）所谓"企业第一"就是让我们主要去关注那些有着强大市场特许权地位的上市公司，因为只有这些公司才能在大概率上创造出持久的高资本回报。

误读39：挥杆轴

主要误读：巴菲特思想的核心在于其选择过程而不是最终结果，可惜我们对"过程"知之甚少。

我方观点：投资结果决定于投资过程，投资过程则决定于投资标准。对于后者，巴菲特已经对我们反复念叨了数十年，而且从未改变。

周末闲来无事，访问一个股票论坛，看到一个论坛资深网友关于巴菲特投资思想的观点："我们看到的巴菲特组合只是一个最终的结果。这个结果是如何产生的呢？我认为这是一个优中选优的过程：投资三年以上的那22只股票可能是从数十次甚至是上百次试探性投资中进行选择的结果。这个选择过程才是巴菲特思想的关键之处，可惜我们对此知之甚少。因此我认为，巴菲特思想的核心在于选择过程的分析而不是最终结果的启示"。

这个观点让我们想起了一次打高尔夫球的经历。那还是十多年

第四部分 "画布"朦胧

前,本书的其中一个作者在美国的某高尔夫俱乐部和朋友一起打球。看着我们这位作者笨拙的挥杆动作与急切的心情,一位美国朋友走过来,说了一句让他一直铭记在心的打球秘诀:"Motion is everything"。

如何挥杆尽管不是打好高尔夫球的全部,但却是一个重要基础。时隔多年,本书的那位作者终于明白了一个道理:球是在挥杆曲线上被挥出去的,而不是用球杆胡乱打出去的。当你的挥杆轴一直保持稳定时,你就基本具备了打出好球的基础。一个球摆在那里是否能被打到以及被打出去的是不是一个好球,主要就在于你的挥杆轴是否正确和稳定。

打高尔夫如此,投资股票同样如此。为何有的股票能进入巴菲特的投资组合而有的不能,为何有的进入后可以停留很长时间而有些则很快就被清除出去,道理其实很简单:看"球"是否在挥杆曲线上。而决定巴菲特"挥杆曲线"的那个挥杆轴,就是他数十年来始终如一的投资偏好与选股标准。为何盖可保险被买入许久后不仅没有被卖出反而被私有化?为何华盛顿邮报被买入35多年后仍不被放手?为何许多股票持有不到一两年就被丢掉?原因都在于它们是否符合巴菲特的投资偏好与选股标准。

就像前文所说的,对于一个高尔夫球手来说,挥杆轴决定了挥杆曲线,挥杆曲线决定了打球效果;对于股票选择来说,则是投资标准决定了投资过程,而投资过程决定了投资结果。因此,一旦我们找到了这个挥杆轴或确立了这个投资标准(对巴菲特来说还要加上投资偏好——具体内容请参见"光环背后"一节),投资过程反而不是一件多么复杂的事。符合既定标准的,买入或继续留下;不符合标准的,放弃或尽快售出。

那么，巴菲特的投资标准是什么呢？允许我们在这里再次絮叨一下，它就是在本书不少地方提到过的"四只脚"标准：（1）我们能够了解。（2）良好的经济前景。（3）德才兼备的管理人。（4）吸引人的价格。应当说，这是一套看起来简单，但实际操作起来并不那么简单的标准。如果那位网友所说的投资过程包含了对这一套投资标准的具体运用细节，他的话倒是也有几分道理。

但即使如此，假定一个投资者能够准确理解与把握这套选股标准（巴菲特认为这是投资者能否进行企业内在价值投资的基本条件），那么接下来的投资过程就应当比较清楚了。毕竟对于一个有一定商业素养并每次都能坚持做足功课的投资者来说，判定一家上市公司的业务是否属于可以理解、其经济前景是否可以被预期、管理团队是否能被信赖、股票价格是否吸引人，并不是一件高不可攀的事情。

需要提醒读者的是，巴菲特在 2007 年致股东的信中谈到什么是好公司时，对其"四只脚"的标准提出了几项补充性说明，它包括"护城河"概念、"三类储蓄账户"概念以及需要回避靠"超级管理巨星"才能成功的企业等。相关内容以及应当如何去作出解读，我们都安排了专门的章节进行讨论。有兴趣的读者可以阅览或者重温这些章节。

另外，正如我们在"光环背后"一节中所讨论过的，全面把握巴菲特的所谓"投资过程"，除了需要了解他的"四只脚"选股标准外，对属于他个人的那几项"投资偏好"也要作进一步的了解。否则我们将无法对某些股票在已经不符合其选股标准时仍被巴菲特留在其投资组合内的现象做出解释。

说到巴菲特在买入股票后的持有期间内如何进行二次或更多次

的筛选，以便能最终确立可以长期持有的股票时，那位资深网友关于"投资三年以上的那22只股票可能是从数十次甚至是上百次试探性的投资中进行选择的结果"的观点，我们认为是基本正确的。面对商业运行的复杂、市场环境的多变以及诸多属于企业自身变化的问题，即使是巴菲特，也不可能一直都保有一对火眼金睛，能看透每只股票的长久未来。因此，买入后的再次筛选就是一个必不可少的投资环节。

但正如我们在前面所说，只要有一套既定的投资标准，后来的筛选工作就较为简单而明确了。所谓"优中选优"也无非是在给定的"挥杆曲线"下，看哪个球后来滑出了原来的位置，或者看哪个球能始终被打到"甜蜜点"而已。挥杆轴不会变，只是备选的球少了一些而已。

早在1981年致股东的信中，巴菲特就已经为我们揭示了他的"二次筛选"过程："我们发现很容易从股票市场上买到一些符合我们投资标准的公司，尽管我们从未打算自己去经营这些公司，但我们的确想要从这些公司身上获利，而我们也预期这些公司的未分配盈余将会百分之百地回报给伯克希尔公司及其股东。若最后没有，可能是出了以下差错：（1）我们所指派的经营阶层有问题。（2）公司的前景有问题。（3）我们付的价格有问题。而事实上，我们在买进具有控制权或不具有控制权的股权时，皆曾犯了许多错误，其中以第二类误判的情况最常见。"

公司的产业与产品属性是不会轻易改变的，因此在买入前还"看得懂"的企业，通常不会在买入后突然变得"看不懂"了。而管理层评估、公司前景评估以及价格评估，正是巴菲特"四只脚"选股标准或"挥杆轴"的主体部分。

本节要点：

（1）选股如同打高尔夫球，挥杆轴决定挥杆曲线，挥杆曲线决定打球的质量。

（2）就巴菲特如何选股而言，尽管结果决定于过程，但过程则决定于标准，而这一"标准"已经被巴菲特叨了几十年，从未改变。

（3）准确理解和把握巴菲特的"四只脚"投资标准，是投资者成功进行企业价值投资的基本前提。

误读40：价值投资

主要误读： 如果将巴菲特的投资体系用一句话加以概括，那就是价值投资。

我方观点： 在"价值投资"已经满天飞的今天，需要给巴菲特的投资体系一个更好的称谓。

如今，许多人谈起巴菲特来，已习惯于将他称为一个价值投资者；对他的投资体系也顺理成章地称呼为价值投资。价值投资者这一称谓是否合适？在过去的75年里（1934—2009年）由格雷厄姆、多德、凯恩斯、费雪、芒格以及巴菲特等人共同创建的投资体系，我们真的可以就这样简要地概括为价值投资吗？

也许这是一个一时难以说清楚的问题。我们不妨暂时换个角度进行思考：假设巴菲特等人确实应当被称为价值投资者，然而，当巴菲特总是说他们的操作很少被人模仿时，在我国股市，我们看到的却似乎是完全相反的情况。如今，当问起任何一个职业投资者，不论其是供职于公募基金还是私募机构，他们中的大多数人都会说自己是价值投资者，奉行着价值投资理念。那么，我们是否能够就此认为这些职业投资者与巴菲特同属一个阵营呢？

答案很明确：不能。在我们看来，被这些人身体力行着的价值投资与巴菲特的投资操作相比，无论是从基本哲学、市场逻辑、核心理念，还是从投资方法、操作策略与行为准则上去评价，都似乎相去甚远。

为何会出现这种两类群体似乎都拥有相同的投资体系，但实际操作却相去甚远的状况？我们认为问题就出在"价值投资"这个称谓上。"价值投资"的提法本身也许没有错，但如果我们把这个被职业投资者经常挂在嘴边上的概念同样套在巴菲特的头上，恐怕就有失偏颇了。下面，我们尝试从五个方面谈谈自己的观点。

1. "多余"的价值投资

这一定义正是来自巴菲特本人："我们认为所谓'价值投资'的提法有些多余。若是所投入的资金不是为了换取或追求相对应的价值的话，那还算是投资吗？明明知道所付出的成本已经高出其所应有的价值，而只是寄望在短期之内可以用更高的价格卖出，这根本就是投机行为。"（巴菲特1992年致股东的信）

在我们的记忆中，巴菲特的老师格雷厄姆只是教导他的学生要区别投资和投机，却不曾记得还有价值投资和非价值投资之分。在巴菲特的历年致股东的信里，我们似乎也很少看到巴菲特主动说自己是一个价值投资者。尽管他与格雷厄姆都曾经多次提到"企业内在价值"，但那主要是为了与企业的账面价值和市场价值作出区分而已。

2. 定义模糊的价值投资

实施价值投资,显然要先搞清楚这里的"价值"指的是什么。在这个问题上,最容易出现概念混淆。首先,说到企业价值,我们就有账面价值、清算价值、重置价值、内在价值、市场价值和投资价值之分。即使是一个训练有素的投资者,也不一定都能完全搞清楚这些概念背后的真正含义。其次,即使我们都能遵循巴菲特的教导,把目光集中在企业内在价值投资上,可能还是会犯错。毕竟对于"内在价值"的界定,不同的人会有不同的观点。即便是格雷厄姆与巴菲特师徒二人,都不能完全一致。最后,股票投资模式历来有价值型和成长型之分,此"价值"投资与彼"价值"投资的含义完全相同吗?这又是一个恐怕连职业投资者也不易回答的问题,业余投资者自然就更加迷惑了。

3. 多样化的价值投资

如果一个称谓的概念或定义是清晰的,人们基于此的行为模式就不会大相径庭。但谈到价值投资,却似乎并非如此。即使就以机构投资者为限,同为"价值投资",却仍至少可以划分出三种行为模式。(1)极小众群体:以"格雷厄姆与多德镇的超级投资者"为代表。对他们又可以进一步分成两个阵营:以格雷厄姆的企业价值思想为主体框架的"分散型"和"烟蒂型"投资者和以巴菲特与芒格的价值思想为主体框架的"集中型"和"超级明星型"投资者。(2)相对小众群体:这个群体主要在企业可能的"变身"

中寻找机会,一旦"青蛙"变成了"王子",就会取得丰厚的投资回报。他们关注的对象不是那些大蓝筹股票,而是把自己的目光聚焦在诸如产业转型、起死回生、资产注入、收购兼并、周期循环以及有隐藏性资产的股票身上。这方面的代表人物在美国有迈克尔·布莱斯(被美国媒体评选为 20 世纪 10 个最伟大的投资者之一),在中国有华夏基金的王亚伟等。(3)大众群体:无论在美国还是中国,他们的投资代表了机构投资的主流操作模式。尽管有时人们更喜欢称他们的投资为业绩投资、题材投资、主题投资、热点投资甚至是趋势投资,但如果你说他们的投资不是价值投资,怕是没一个人会同意。

4. 容易走"偏"的价值投资

当巴菲特把"格雷厄姆与多德镇的超级投资者"的"共同智力架构"界定为"探索企业价值与价格之间的差异"和"坚持用 40 美分去买价值 1 美元的东西"后,就衍生出了一个令我国无数投资者困惑不已的问题:如果买入后股票价格快速升至 1 美元,是否需要尽快把股票抛掉?如果说人们直到几年前还没有找到这个问题答案的话,在经历了 2007—2008 年度的股市震荡后,"获利了结""高抛低吸"以及"巴菲特的精髓是价值投资而不是长期投资"几乎成了所有投资者的共识。即使是一些曾经被认为是巴菲特铁杆拥趸的人,甚至也发出了"价值投资可能不等于长期投资"的质疑与感慨。投资者作出这些自以为是的修正,其最后的效果如何也许现在还无法给出定论,但如果说大幅度修正策略后的这些人还是与巴菲特同属一个阵营,我们将难以认同。

5. 价值投资也许并非最佳的称谓

如果把巴菲特在过去 60 多年中所积累的投资思想库作一番梳理和总结，我们倒认为诸如"企业投资""智能型投资""长期投资"等，较之价值投资更能如实、准确和全面地揭示其投资模式与操作风格。如果非要一个说法，我们宁愿选择"企业投资者"这个称谓。因为无论是收购私人控股权还是买入代表上市公司部分权益的股票，巴菲特都会把自己看成是相关生意的拥有者或相关企业的所有者。

> 本节要点：
>
> （1）由于"价值投资"在定义上存在诸多问题，我们不宜再把巴菲特的投资操作称为"价值投资"。
>
> （2）至于其他机构投资者的投资操作是否为价值投资，本书不能给出任何答案。
>
> （3）我们认为巴菲特的投资特质或操作风格更像是"企业投资"，而不是人们常说的"价值投资"。

误读41：绩优股

> **主要误读**：巴菲特的投资方法就是绩优+长线。
>
> **我方观点**："绩优"往往是短期概念，"质优"才是长期指标，应当用"质优"替代"绩优"。

本节的讨论话题仅涉及"绩优"，不涉及"长线"，后者本书已另有章节讨论。

第四部分 "画布"朦胧

谈到一家公司是否"绩优",通常会有一定的时限:公司是长期绩优还是短期绩优?不过,不管考察长期还是短期,这种仅限于业绩评估的选股思路不完全符合巴菲特的投资标准。当然,在对我国的股票市场以及投资者行为偏好做出整体观察后,我们发现上述所谓的"绩优"一般不会与企业的长期表现扯上什么关系。而这种只关注企业近期业绩的做法,与巴菲特的投资操作更是相去甚远。但不管怎样,我们下面还是从长期与短期两个角度去看一看所谓"绩优"与巴菲特选股思路的不同。

先来看长期绩优。经过我们的多次提及,读者们应当都已经知道巴菲特在挑选投资对象时有一个坚守了数十年而从不动摇的"四只脚"标准:(1)我们能够了解。(2)良好的经济前景。(3)德才兼备的管理人。(4)吸引人的价格。如果投资者认为巴菲特买的只是"绩优股",就等于把巴菲特的四只脚至少砍掉了两只,仅剩下第二只及第三只脚——然而所谓绩优与这剩下的两只脚其实也不完全相同,依此标准挑选出来的企业可能还不如"瘸子"。试想,对于任何一个四只脚的动物来说,在只剩下两只脚的情形下,不要说走路,恐怕连独自站起来都不可能。四只脚的动物如此,四只脚的投资标准同样如此。正像我们在"边界"和"安全边际"两节中所指出的,四脚中的每一只脚都是巴菲特投资标准的重要组成部分,不可分割,更不能缺失。

下面重点谈企业的短期绩优问题。由于市场上的大多数投资者(包含为数众多的机构投资者)买入股票的目的是为了获取短期差价,因此企业每股收益的近期表现就自然成了人们关注与追逐的重点,绩优股的概念也就由此而生。那么,投资大众眼中的"绩优股"与巴菲特一生所追求的"质优股"有何不同呢?

总的来看，我们认为在企业的"短期绩优"和巴菲特的"长期质优"之间至少有三点不同：（1）前者关注企业的短期表现，而后者更看重企业的长期表现。（2）前者关注的主要是企业有形的东西，而后者更多关注的是企业无形的东西。（3）前者关注的主要是可量化的指标，而后者更关注不可量化的指标。为了能更清楚地说明问题，我们下面把巴菲特的四脚标准中第二只及第三只脚进一步分解成六项关键指标并作出简要分析。其中前四项为可量化的指标，后两项为不可量化的指标。

指标一　销售利润边际

销售利润边际的大小主要由销售毛利率和营业利润率两个指标所反映。其中销售毛利率反映的是扣除企业销售成本后的利润边际情况，而营业利润率反映的是将销售毛利扣除企业三项费用后的利润边际情况。巴菲特在评估这两项指标时有两个异于大众的地方：（1）关注长期而不是短期。如果长期看好，暂时的表现不佳将不予理会。（2）通过这两个指标考察企业的商业模式。由于"产品无重大差异化的生产者注定将赚取微薄的报酬"（巴菲特1978年致股东的信），因此如果企业的销售利润边界一直较为宽广，说明企业多半就是一家有着"强大市场特许权"的企业。

指标二　股东权益报酬率

在评价企业是否值得长期投资时（这是巴菲特最为关注的一项指标），同样也是需要进行长时间考察的："不必太在意单一期间的盈余数字，长期累积的资本回报或损失才是真正的重点所在。"（巴菲特1977年致股东的信）道理显而易见，作为一个企业投资人，不仅要关注企业赚了多少钱，更要关注企业为了赚这些钱使用了多少资本以及回报是否高于资金的社会平均成本。这种"资本回报"情况在企业的损益表中并不能直接反映出来，综合资产负债表后，"股东权益报酬率"则可以用于近似的考察。

指标三　资本模式

巴菲特曾在1983年致股东的信中指出："从商的经历，让我对拥有商誉而仅需要运用少量有形资产的公司大有好感。"我们认为，小资本、大商誉是理解巴菲特资本模式偏好的一个最佳入口。因为，一家有着小资本、大商誉的公司才最有可能实现巴菲特喜欢的三种经营状态：（1）小投入大产出。（2）较低的限制性盈余或较高的非限制性盈余。（3）较小的通胀敞口。

指标四　每股透视盈余增长

尽管巴菲特经常提醒我们不必过多地关注企业每股收益的增长，而应当把目光主要聚焦在资本回报上，但在1990年致股东的信中，巴菲特也提到过"我希望我们的透视盈余每年都能够成长15%"。这里所说的透视盈余就是指每股收益（只有像伯克希尔公司那样的经营模式才有必要对透视盈余和非透视盈余加以区分）。其实，关注每股收益增长本身没有错，只是投资者要注意两个基本前提：（1）重点是长期增长而不是短期增长。（2）增长的背后始终伴随着较高的资本回报和适度的债务杠杆。

指标五　企业的商业模式与护城河

关于这一项指标，由于本书已经有专门章节进行讨论，这里就不再重复了。不过，我们需要强调，随着巴菲特投资生涯的不断延续，对企业定性因素的考察在其投资体系中占到了越发重要的位置。在这一点上，巴菲特与其老师格雷厄姆之间有着很大的不同。后者在评估一家公司是否有投资价值时，坚持只对企业进行定量考察并认为定性考察充满了主观性和随意性。而巴菲特在费雪和芒格的影响下，逐渐地把关注的重点移向对企业定性内容的考察上。

指标六　经营者

关于巴菲特如何评估企业经营者的问题，市面上已经有不少书籍做出了介绍，我们就不过多地重复了。在这里只强调两点：(1) 德才兼备，一定要先"德"后"才"。否则，就会像企业的成长一样，如果增长的背后是较低的资本回报，成长本身反而会变成负面因素。(2) 要用经营者的长期经营成果来进行评判，而判断长期经营成果好坏的首选指标就是股东权益回报率。有兴趣的读者可以读一下巴菲特 1987 年致股东的信。当年，巴菲特一提起他的"七圣徒"，兴奋之情常常溢于言表，其原因就在于这"七圣徒"创造了美国当时最高水准的股东权益回报率。

至此不难看出，我们上面列出的六项关键性指标考察的大多是企业是否"质优"而非"绩优"。因此，将巴菲特的投资模式解读为"绩优＋长线"是很不准确的。

> **本节要点：**
>
> （1）与其说巴菲特买的是"绩优"股，不如说他买的是"质优"股，两种概念之间存在很大的不同。
>
> （2）评估一家上市公司是否"质优"至少有六项标准：销售利润边际、股东权益报酬率、资本模式、每股透视盈余增长、企业的商业模式与护城河、经营者。
>
> （3）在考察公司是否"质优"时，巴菲特更多关注的是一些非量化的要素，这与其老师格雷厄姆有着较大的不同。

误读42：卡片打洞

> **主要误读：** 市场对巴菲特提出的"卡片打洞"思想，一直未能给予足够的关注。
>
> **我方观点：** 这一思想的重要性不在其他思想之下。

"卡片打洞"的思想是巴菲特在1992年的年会上首次向公司股东提起的："在与商学院的学生交谈时，我总是说，当他们离开学校后，可以做一张印有20个圆圈的卡片。每当他们做出一个投资决策时，就在上面打一个洞。那些打洞较少的人将会变得富有。原因在于，如果你为大的想法而节省的话，你永远不会打光所有的20个洞。"

两年后，查理·芒格在南加州大学的一次演讲中，也谈过一个类似的观点："人类并没有被赋予这样的才能，可以在任何时候了解任何事。但是有些努力肯干的人——他们不断地观察这个世界并试图找出在错误定价上下注的机会——却被赋予某种才能。这些明智的人会利用世界给他们提供的这一机会敏锐下注,而且在大概率成功的机会上加大赌注,其他时间则按兵不动。事情就是这么简单。"

也许是心有灵犀一点通,哥伦比亚大学教授迈克尔·莫布森(《魔鬼投资学》一书的作者)也曾说过:"努力工作意味着你的脑子一直在转动着,尽可能地多读金融领域及其他领域的书籍,建立并巩固获得成功的思维模式。但我说不能过度努力的意思是,人们普遍有一种将一分耕耘与一分收获等同起来的趋势。在资金管理行业,有时结果却不是这样。事实往往是,那些只作几个数量不多决策的人,其最终的结果却比那些以忙碌为名做出很多决策的人要好得多。"

在我们看来,"某种意义上说,卡片打洞与长期投资构成了巴菲特的投资方法中最为独特的部分,也是最容易使人入迷的部分。"㊀请注意,这里的"卡片打洞"不仅仅是对投资数量的约束,也隐含着对投资时间的要求。如果将这一思想分解开来,它其实包含了两项要求:(1)少决策,作大决策。(2)机会到来后,对自己心仪已久的股票不仅要重仓持有,而且要长期持有。

那么,卡片打洞背后有着怎样的思维逻辑呢?我们认为至少包括以下三点:(1)追求确定的事物而放弃不确定的事物:"格雷厄姆说过,短期来看股票市场是投票机;长期来看股票市场是称重器。我一直认为由基本原理决定的重量容易测出,由心理因素决定的投票很难评估。"(巴菲特1969年致合伙人的信)(2)任何时候都不要基于短期预测而行动:这是一个被企业价值投资者延续了将近100年的重要思想,我们在格雷厄姆、费雪、林奇和巴菲特的思想库中都能轻松地找到有关这一思想的表述。(3)发现的艰难:见本书相关章节。

㊀ 摘自本书其中一位作者任俊杰先生1996年发表于某证券媒体的文章《巴菲特投资理论与中国股市实践》。

需要强调的是,实施"卡片打洞"的操作策略是需要具备一定条件的。毕竟发现"大生意"、有"大思想"并将其付诸正确的行动,并不是一件容易做到的事情。它需要投资者至少具备三种能力:(1)商业透视能力。(2)财务分析能力。(3)价值评估能力。同时,投资者还要有正确的市场观和良好的心理素质,在股票价格的剧烈波动面前能始终做到心境平和与泰然处之。

少决策、做大决策,然后长期持有,这是一项放之四海而皆准的有效策略吗?巴菲特的"卡片打洞"的思想尽管听起来迷人,实际操作的效果又是怎样的呢?这一策略放在与西方市场有着诸多不同的中国股票市场也会同样成功吗?下面我们就提供一些实证数据,以供投资者参考。

实证研究一:巴菲特的投资组合。《福布斯》专栏作家马克·赫尔伯特曾经对伯克希尔公司1965年至20世纪90年代中期的投资数据进行了分析,他发现如果从巴菲特的上百种投资中剔除最好的15项投资,其长期表现也将流于平庸。由于这段时间是巴菲特股票投资的重点阶段(后来的投资重心逐渐向私人企业收购偏移),因此这一结论有一定的说服力。

实证研究二:美国市场。从表4-10中我们可以看到,即使是不那么优秀的18家对照公司,其长期持有的回报仍高于市场大盘指数基金的回报。

表4-10　投资1美元的股票回报(1926—1990年)

类别	18家优质公司	18家对照公司	大盘指数基金
期末净值(美元)	6 356	955	415
年均回报(%)	14.66	11.32	9.87

资料来源:《基业长青》。

实证研究三：关于中国市场。需要说明的是，表4-11中数据的截止时间均为2008年12月31日，当时我国的股市还没有从大跌的阴霾中走出来，很多公司的股价相对于前一个高点都有较大的差距。同时，表4-11中的上市公司都是按照巴菲特的投资标准选出来的，因此具有一定的说服力。不难看出，至少以过去10年中国股票市场的经验来看，卡片打洞思想是有效的。我们有理由相信，随着市场的日趋规范和上市公司质地的逐渐提升，未来10年，卡片打洞这一投资方法仍能为我们带来稳定且快速的资产增值。

表4-11 称重器（截止到2008年12月31日的投资年复合回报率）

（单位:%）

年度	过去10年	过去7年	过去5年	过去3年
格力电器	22.42	33.35	51.61	75.98
双汇发展	28.64	28.32	36.33	54.67
东阿阿胶	15.57	16.37	32.41	56.32
云南白药	32.32	27.93	49.50	50.07
博瑞传播	20.89	15.84	28.55	40.27
盐湖钾肥	37.65	46.63	63.18	79.05

数据来源：国信证券金色阳光报价系统，后复权统计。

本节要点：

（1）如果说"企业投资"的思想是将巴菲特与大多数股票投资者区分开来的一个最佳指标的话，那么"卡片打洞"思想就是巴菲特投资方法中一个最令人着迷的部分。

（2）"卡片打洞"的投资思想要义是：少决策、作大决策，然后长期持有。

（3）中国股市的实证研究同样支持"卡片打洞"的投资思想与操作策略。

误读43：可口可乐

主要误读：在巴菲特对可口可乐的买入、持有与卖出的问题上，市场存在多项误读。

我方观点：鉴于可口可乐在伯克希尔股票组合中的地位，有必要做出进一步讨论。

为了让读者对可口可乐在伯克希尔投资组合中的地位更加一目了然，我们制作了一张表格，如表4-12所示，它记录了巴菲特从1988年首次买入可乐股票至1998年"出让"部分股权这10年间的"仓位"变化。

表4-12 可口可乐净值在伯克希尔股票投资组合中的占比及其排位

年度	1988年	1989年	1990年	1991年	1992年	1993年	1994年	1995年	1996年	1997年	1998年
占比（%）	20.7	34.8	40.2	41.5	34.2	37.0	36.9	37.6	43.0	36.8	35.9
排位	2	1	1	1	1	1	1	1	1	1	1

资料来源：施得普汇数据库。

可以看到，在这10年里可口可乐一直都是伯克希尔公司股票组合的重仓股。其地位以及对伯克希尔净值变化的影响力度可以说是不言而喻的。那么，对于这样一只股票，市场都有哪些误读呢？

我们先来看罗伯特·哈格斯特朗在《巴菲特之道》一书中的一段表述："为什么在这个特别的时候买进呢？巴菲特的说法是可口可乐的企业特质已经存在了几十年，真正引起他注意的是可口可乐公司于20世纪80年代在罗伯特·格苏塔和唐纳德·基奥的领导下所作的一些改变。"尽管从这段话中我们不能就此断言作者对这件事情一定存在着误解，但其表述方式（不知是否翻译的缘故）却很容易让人觉得巴菲特买入可口可乐，主要是因为公司在20世纪80年代发生了变化。这样的看法显然不能说是全面和准确的。

我们再来看一位国内网友的观点："巴菲特当年投资可口可乐的事情可谓众所周知。但是《滚雪球》的作者却没能讲明白一个基本的疑问：巴菲特对可口可乐觊觎已久，但几十年忍着不动手，为何不早不晚，偏偏在1988年——他58岁时才出手？大家都在谈他对可口可乐的'选股'，殊不知，此事的秘密在于'选时'。"这位网友接着解释了他的"选时"论，其观点除了与罗伯特·哈格斯特朗的看法基本一致外，还增加了一条理由：新口味可乐的灾难加上1987年的股灾，"市场先生"给巴菲特报出了诱人的价格。

情况真的是这样吗？在回答这个问题之前，可能需要先交代一个背景资料。巴菲特是在20世纪80年代开始不久后改喝可口可乐的，在此之前百事可乐才是他的最爱。如果前述的观点成立，就会衍生出两个有趣的问题：（1）一直以来喜欢百事可乐的巴菲特，为什么会对它的竞争对手可口可乐觊觎已久呢？（2）从20世纪80年代开始巴菲特改喝可口可乐，这种口味的改变难道也是因为公司管理发生了变化？

我们所了解的事实真相是，巴菲特既谈不上对可口可乐觊觎已久，改喝可口可乐也与公司管理发生的改变扯不上关系。至于买入的原因是否还在于"市场先生给出了诱人的价格"，我们认为也值得商榷。对于一家"企业特质已经存在了几十年"的公司，以及一家在1980—1987年的七年时间里股票市值年复合增长率高达19.3%的公司，之所以在1988年才开始大举买入，真正的原因来自于巴菲特本人：他的投资标准发生了改变。

在买入可乐股票的前一年，巴菲特在其致股东的信中这样写道："我们的目标是以合理的价格买到优秀的企业，而不是以便宜的价格买进平庸的公司，查理跟我发现买到货真价实的东西才是我们真正应该做的。必须注意的是，本人虽然以反应快速著称，不过却用了20年才明白买下好企业的重要性。刚开始我努力寻找便宜的货色，不幸的是真的就让我找到了一些，所得到的教训来自于农具机械公司、三流百货公司与新英格兰纺织工厂等公司。"可见，之后买入可口可乐其实是对这一目标和感悟的身体力行。

在开始买入可口可乐股票的第二年，巴菲特在致股东的信中又说道："这次对可口可乐的投资，再次提供了一个案例来证明你们的董事长在把握投资机会方面的快速反应能力，不管这些机会是如何不明确或是被隐藏。我记不清是在1935年还是1936年第一次喝到可口可乐的，我可以记清的是，我从1936年开始以每半打25美分的价格从巴菲特兄弟杂货店批货，再以每罐5美分的价格卖给邻居街坊。作为我个人从事高毛利零售业的开端，我也深深观察到这项产品给予消费者的特殊吸引力以及背后所代表的庞大商机。在往后的52年里，当可口可乐席卷全球的同时，我也持续地注意到这种特质。然而在此期间，我却小心谨慎到一股股票都没有买，而是将大部分的个人资产投资在街车公司、风车公司、纺织公司、煤炭公司与邮票公司之类的股票之上。到了1988年的夏天，我的大脑与眼睛终于完成了联机动作。"

总体把握上述两段话，它们其实道出了巴菲特很晚才开始买入可口可乐股票背后的真正原因。发生在20世纪70年代的可口可乐公司的变化以及1988年公司股票价格的暂时性下跌，只是对巴菲特的买入行动提供了契机，但显然不是让巴菲特在长达数十年之后才采取行动的主要原因。主要原因是：他之前一直在忙着"捡烟蒂"。

可口可乐是巴菲特买入后一直持有至今的一只股票。尽管首次买入后的前10年，它就为伯克希尔带来了10倍以上的股票投资收益（年复合回报率在26%以上），但在1998—2008年的这后10年里，情况则发生了逆转：股票市值从1998年年底的134亿美元跌至2008年年底的90.54亿美元，致使伯克希尔在这只股票上的年复合回报率变成了 –3.85%。

巴菲特为何对可口可乐一直不离不弃？没有在其股价处于历史高位时及时抛出，这是否是一个错误的决策？在人们持续提出质疑的同时，巴菲特本人也似乎不止一次地就此提出了自我批评。巴菲特真的错了吗？导致他一直没有卖掉可口可乐股票的背后原因究竟是什么呢？

在对巴菲特持有可口可乐股票20年的历史做了一番研究后，我们认为巴菲特一直没有卖掉这只股票的背后原因是复杂的。我们尝试归纳出了以下几条：（1）可口可乐的企业特质符合巴菲特"永恒持股"的标准，而对"永恒持股"，巴菲特一般不会单纯因价格因素而抛出。（2）早期失败的"称重作业"（请参见本书相关章节）以及可口可乐辉煌的经营史，使巴菲特不敢轻易将股票卖出。（3）可口可乐一直符合巴菲特对长期持股投资回报的两条评估标准（一是看企业的经营性收益；二是看"护城河"是否还在或者在加宽）。

虽然我们不能完全否认诸如判断失误、股票仓位太大导致处理起来不容易、作为第一大股东的卖出会导致股票价格的狂泻以及巴菲特本人自称的"我总是说得多但做得少"等，可能也是导致他最终一直持有该只股票的因素，但我们认为这些都不是事实背后的主线。

尽管可口可乐的股票在过去10年确实没有给巴菲特带来什么回报，而10年已经不能算是一个较短的周期，但与其用这种"后视镜"的方式去作检讨，不如把眼光再放得更深远一些。例如，考虑了对可口可乐分红现金流的再投资收益情况，是否结论就会不太一样？再如，如果我们对巴菲特持有可口可乐股票20年的投资回报给予一个整体性评估或是把观测期再往后推几年，人们或许也会改变今天的看法吧？

另外值得一提的是，发生在1995年和1998年的两次换股操作，曾经导致了伯克希尔持有可口可乐的权益有所降低。这也就是说，巴菲特曾经通过一种间接的方式"卖出"过部分可口可乐的股票。

1995年8月，在经过了多番谈判后，巴菲特以23亿美元的价格并全部以换股方式购入盖可保险余下的52%股权。由于之前巴菲特已经拥有公司48%的股权，因此，在此次收购完成后，盖可保险成为伯克希尔旗下的全资子公司。换股后，伯克希尔对可口可乐的持股比例被相应地削减了。同时，由于换股是在伯克希尔的股价相对较高时完成的，也就相当于巴菲特以高价"卖出"了部分可口可乐的股票。对于这次操作，巴菲特在1995年致股东的信中是这样总结的："这次的股权重组对伯克希尔来说有利有弊，原因不在于发行新股所带来的资金，我们一定可以找到合理的用途。也不在于发行新股的价格，就在我撰写年报的时候，伯克希尔的股价约为每股36 000美元，查理跟我本人都不认为这样的价位被过于低估，因此此次发行新股并不会使得公司原本的每股实质价值受到损害。讲得再明白一点，以现在的价位而言，查理跟我都不会考虑再加码买进伯克希尔的股份。"为了再次提醒各位股东此次换股操作是多么恰当，巴菲特在1996年致股东的信中重申："去年当伯克希尔的股价在约36 000美元时，我曾向各位报告过：（1）伯克希尔这几年的股价表现远超越其实质价值，虽然后者的成长幅度也相当令人满意。（2）这样的情况不可能无限制地持续下去。（3）查理跟我不认为当时伯克希尔的价值有被低估的可能性。"

我们再来看巴菲特第二次对可口可乐股权的更大规模的"卖出"操作。1998年巴菲特以220亿美元的价格全资收购通用再保险公司，收购方式与盖可保险一样采用全额换股（以20%的伯克希尔股份收购通用再保险）。当时可口可乐的每股市价大约是其当年每股收益的62倍，无论在哪个市场以哪种方式评估，这都是一个比较高的价格了。若是能在这个价格上卖出可口可乐股票已经甚是受用，更何况巴菲特的实际卖价却比这个还要高得多。按照当时双方谈定的交易价格，伯克希尔的股权价值相当于其每股净资产的2.7倍，这就等于说巴菲特交换出去的可口可乐的股权价格不是其当年每股收益的62倍，而是167倍！尽管在交换进来的通用资产中，也有一些可能被高估的股票，但由于它们在总资产中的占比不大，其溢价幅度与伯克希尔因并购而交换出去的股票资产相比还是要小得多。

总的来说，不论人们最终会如何评价巴菲特在可口可乐股票上的胜败得失，以及未来对它的持有最终会有怎样的收获愿景，至少有两点我们需要重申。（1）还原事实的真相，是为了让投资者能够通过可口可乐的案例更好地了解巴菲特的投资方法和决策路径。（2）尽管巴菲特没有直接出售过可口可乐的股票，但由于上述两次的变相卖出，使得人们对于他从未减持过可口可乐股票的说法，至少显得有些不够严谨。

> **本节要点:**
>
> (1) 巴菲特在1988年才开始买入可口可乐的主要原因,不完全是可口可乐在20世纪80年代发生的改变,更不是买入前股票价格的暂时性下跌。真正的原因是他的投资标准从20世纪70年代中期才发生根本性的改变,而在此之前,巴菲特一直忙着"捡烟蒂"。
>
> (2) 在后期股票市值一路下滑的背景下,巴菲特一直对可口可乐不离不弃,背后的原因是复杂的、多元的。
>
> (3) 由于1995年和1998年的两次换股操作,导致巴菲特曾经两次"高价"减持过可口可乐的股票。

误读44:流动性陷阱

主要误读: 抑制流动性是巴菲特投资哲学的自然结论;在中国一味地仿效,小心踏入流动性陷阱。

我方观点: 当我国投资者在股市的各类陷阱中越陷越深时,其股票周转率一直高居世界榜首,此事耐人寻味。

我们偶然看到一位知名投资人士的文章。文章的中心内容是要不要在中国股市学习巴菲特,在这里援引其中一段让我们印象深刻的话:"抑制流动性是巴菲特投资哲学和理念体系中的一个自然结论。但是在中国,保持所投资股票的流动性,是投资者在市场波动中得以生还或使投资赢利得以最终实现的生命线。一味地仿效巴菲特的中国投资者,将愚蠢地踏入流动性陷阱。"

这位人士的观点是否正确暂且不论,让我们感到好奇的是:我国的股民(与之相对,我们把低股票周转率下的投资者称为股东)

始终以百米冲刺的速度在股票市场中奔跑了近20年,他们中的大多数不仅从未遇到过所谓的流动性问题,反而正是他们自己给本已经很活跃的股票市场不断加温。但是,他们变得比以往更加富足了吗?

从我国股票市场诞生的那一天起,市场整体周转率就几乎一直高居世界股票市场的榜首。而且,与发达市场的差距不是几个、十几个甚至是几十个百分点,而是数倍的距离。伴随于此的一个必然结果是,尽管投资回报乏善可陈,但投资者支付的股票交易费用和印花税却不断创出新高。曾经在某投资论坛上看到一个投资者不无嘲讽地总结自己的投资账单:初始投资20万元,目前净值18万元,中间费用113万元。这样的账单着实让人瞠目结舌,在怎样的市场氛围下才有可能出现如此荒唐的结果?同时,由于股市交易的持续活跃,上市公司的集资冲动也一直异常高涨甚至可以说是沸腾,集资规模同样不断创出新的历史纪录。面对这样的情景,令人不禁时常想起小弗雷德当年望着纽约海边依次停靠的游船时所发出的感慨:客户的游艇在哪里?

文章的作者或许是善意的,但现实的景象却让我们对这种劝告的最终结果感到分外担忧。当然,这并不是我们关注的要点。在我们看来,这位人士其实是误读了巴菲特关于应当降低股票流动性观点的原意。至少,他忽略掉了一个重要的先决条件:只有那些能不断为股东创造价值的公司,巴菲特才希望其上市股票拥有较低的流动性。没有这个前提,一切都将无从谈起。

除此之外,我们对这个话题的兴趣还在于其背后所隐含的关于投资哲学的思考与选择,而这些思考与选择同样是适用于我国股市的。下面我们就从几个不同角度做出进一步讨论。

1. 热门股与冷门股

高流动性意味着较高的股票换手率,而换手率的高低往往是判断一只股票是不是热门股的重要标准。换手率高的,一般都是热门股;换手率低的,则大多都是冷门股。由于股票越是热门,其价格一般也越高,而投资者对其的追逐也容易陷入"增长率陷阱"[一]。因此在巴菲特的投资选择中,大多是冷门股或不冷不热股而少有热门股。这种现象在我国股市也是存在的,而且表现得更为狂热。所以我们一直认为,在中国股市,与其担心所谓的"流动性陷阱",还不如把更多的注意力放在防范"增长率陷阱"上。

2. 长期投资与短期投资

关注股票流动性的投资者通常不会是长线投资者。如果说对在中国股市进行长线投资是否能带来比较高的回报至今还存在疑问的话,那么读者不妨自问自答两个问题:(1)在我们已经保持了近20年的高股票周转率的背景下,有多少投资者对自己的投资回报感到满意?(2)当我们总是怀疑在中国股票市场实施长线投资的有效性时,我们有没有曾经坐下来认真地作一些数据统计?

[一] "增长率陷阱"一词出自于杰里米·西格尔所著的《投资者的未来》一书,指的是为了购买高增长率股票而支付过高股价的投资行为。一只股票投资的长期收益率不完全依赖于所投资公司的实际增长率,而是取决于该增长率与投资者预期的比较。同时西格尔以大量的实证说明,在过高的估值下买入的股票,最后的结局通常不会太好。

3. 高摩擦成本与低摩擦成本

假设在我国股市买卖一次股票的摩擦成本为0.3%，如果投资者平均一年进行6~7次买卖交易，则其年度摩擦总成本就在2%左右。千万不要小看这2%左右的摩擦成本，长期积累下来，将是一笔不小的支出。有不少投资者可能一直认为自己的短期操作业绩完全可以覆盖因频繁进出而支付的交易成本，但大量的实证研究并不支持这一观点。

4. 投票机与称重器

支撑巴菲特过去数十年来一直坚持长线投资的一个逻辑基础，就是格雷厄姆关于市场短期是投票机而长期是称重器的理念。由于影响"投票"结果的要素过于庞杂和难以琢磨（如投资者的心理因素），使得短期操作相对于长期投资有着更大的不确定性。那么这一思想逻辑是否也适用于我国股票市场呢？我们相信，只要你对我国股市的历史有一个基本了解，便会很快地给出答案。因此，问题不在于流动性本身的高与低，而是过高的流动性反而会让投资者的投资回报充满了不确定性。这个问题比所谓的"流动性陷阱"更值得我们关注。

5. 股票质地与市场偏好

梅纳德·凯恩斯曾经把股票投资的短线策略比喻为大众选美比

赛，每一个参与评选的评委，其投票时的主要依据是：其他人会选谁。可以想象，在一个股票市场中，如果每个人的投资回报不再是由自己手里的股票所决定，而是由别人手里有什么股票来决定时，会变得多么可笑！好在无论是哪里的股票市场，人们的"审美"偏好都只能影响股票价格的短期走势。而那些有着"内部记分卡"的投资者，都会选择按股票的质地而不是市场偏好或股票的"流动性"而行动。

6. 企业投资人与市场交易者

我们经常提到一个观点，将巴菲特与投资大众区别开来的一个最有效的标准就是：巴菲特是企业投资人而后者大多表现为市场交易者。两者在投资方法、操作策略、选股标准以及行为准则上所存在的种种不同，其根源就在于此。作为前者，即使股市关闭几年也不会因此改变自己的任何操作；作为后者，哪怕是股市关闭几天，恐怕也会如临大敌、不知所措。而最终的结果通常是："钱从活跃的投资者流向有耐力的投资者。"（巴菲特语）美国投资市场如此，中国投资市场同样如此。

7. 关于股票周转率的中国实证

事实胜于雄辩，我们在这里提供一项实证分析，如表4-13所示，读者们可以看看在"低股票周转率"（假设持有股票十年）下，投资者会有一个怎样的回报。

表 4-13　中国部分行业龙头上市公司的长期回报（1999—2009 年）

公司名称	股票代码	所属行业	总回报率（%）	年复合回报率（%）
万科股份	000002	房地产	1 757.17	30.42
云南白药	000538	医药	2 637.65	35.10
泸州老窖	000568	白酒	1 219.45	26.43
福耀玻璃	600660	建材	2 197.49	32.97
特变电工	600089	发电设备	2 073.44	32.30
格力电器	000651	家用电器	1 389.62	27.83
盐湖钾肥	000792	化肥	2 367.13	33.83
西山煤电	000983	煤炭	1 533.15	28.90
双汇发展	000895	食品	2 178.30	32.86
华侨城	000069	旅游＋地产	1 398.04	27.90

数据来源：WIND 数据库。

本节要点：

（1）在我国股票市场的历史中，让投资者遭受巨大损失的往往不是什么"流动性陷阱"，而是"增长率陷阱"。

（2）离开了"投资标准"这个基础，关于"流动性陷阱"的话题也就无从谈起。

（3）在"流动性陷阱"质疑的背后，是对不同投资理念和操作策略的选择问题，这些背后问题的重要性比所谓的流动性风险要大得多。

误读 45：落袋为安

主要误读： 因为要落袋为安，所以巴菲特抛掉了大部分的股票。

我方观点： 落袋为安的投机属性要远大于投资属性，就巴菲特的大部分经短期持有就较快售出的股票而言，选择抛出与其买入后的"价格"变化没有多少直接的关系。

第四部分 "画布"朦胧

在本书的构思阶段,有一个问题让我们很是不解:为何人们对巴菲特存在着如此多的误读?是因为对其研究的时间不够长吗?然而即便是自称研究时间很长的朋友,为何也会有这样那样的、其实大可以避免的误读呢?本节要讨论的"落袋为安"就是出自于这样一些朋友。

思考时,我们不禁想起了巴菲特曾经描述过的一个非常有趣的情景:"一位信奉天主教的裁缝省吃俭用了许多年,好不容易存够了一笔钱到梵蒂冈朝圣。当他回来后,教友们特地聚会争相要了解他对教宗的第一手描述:赶快告诉我们,教宗到底是个什么样的人?只见这位裁缝淡淡地说:44的腰,中等身材。"(巴菲特1986年致股东的信)

还有一个场景也几乎同时浮现在我们的脑海中:在电影《摩登时代》中,卓别林扮演一个在流水线上需要不停拧紧快速传送过来的机械螺母的工人。由于工作过度紧张,以至于当他走下流水线时,仍然把所有看见的东西都当作螺母,然后用手中的扳手去拧……

举出这样两个例子是想说明,人们对巴菲特的误读,很多时候可能是因为我们总是习惯于以自己固有的思维模式和角度去看问题。这样做的结果往往是:曾被小偷光顾过的人看谁都像是小偷;没有被偷过且心灵淳朴而敦厚的人则坚信天下无贼。

因此,如果要想将本节的话题谈得更加透彻一些,恐怕就不能就事论事了,而应当尽量从问题的根源去寻找答案。我们曾在"地上走、空中飞、水里游"一节中,把资本市场中的人士分成股票交易人——以投资大众为代表和企业投资人——以巴菲特等极少数人为代表。现在让我们再次追根溯源地从以下三个层面看一看两者之间存在哪些根本性的不同,如表4-14、表4-15和表4-16所示。

表4-14　第一层面——哲学、逻辑、理念

主流投资	股票是冲浪的舢板	不要与股票结婚	市场永远充满机会	投资股票赚取差价	时机选择取胜之道	分散可以降低风险	与时俱进灵活多变
巴菲特式	股票是远行的航船	选股如选妻	没有好球绝不挥棒	投资企业共同成长	短期市场深不可测	分散加大了风险	赚钱方法古今相同

表4-15　第二层面——操作模式

主流投资	股票选择	短期投资	经常操作	高抛低吸	趋势投资	分散投资	策略多变
巴菲特式	企业选择	长期投资	伺机而动	买入持有	逆向操作	集中投资	策略稳定

表4-16　第三层面——行为偏好或行为关键词

主流投资	交易便利	目标价位	薄利多赚	勤劳致富	市场可畏	一夜情人	白猫黑猫
巴菲特式	权益证明	经营回报	卡片打洞	耐力取胜	市场无效	感情专一	坚守理念

可以看出，是人们的基本哲学、市场逻辑和核心理念影响了他们的投资方法与操作模式，后者进而决定了其行为偏好和行为准则。关于这一点，恐怕古今中外莫不如此。如果我们已经清楚地了解到巴菲特是一个把股票当作一项生意、当作远行的航船、当作想与之长相厮守的妻子的人，那么，当我们觉得巴菲特似乎有所谓的的落袋为安与获利了结的行为时，最好再重新审视一下这种感觉的真实性，然后问自己一个问题：他这样做的逻辑基础是什么？

不可否认，在过去的50多年里，巴菲特短期持有股票的数量确实远多于其长期持有的股票。但如果就此认为巴菲特与市场上的大多数人一样，卖出这些股票只是为了获利了结和落袋为安，恐怕是过于简单化了。

那么，既然是企业投资，既然要长相厮守，为何大部分的股票被很快售出了呢？对于这个问题，我们在本书多个章节有过深入的

解读。这里，我们不妨再来看看巴菲特在1987年致股东的信中是怎么说的："当然有时市场也会高估一家企业的价值，在这种情况下，我们也会考虑将股份出售。另外，虽然有些时候公司的股价合理或者甚至被略微低估，但如果我们发现了低估程度更深的投资标的或是我们觉得更加熟悉和了解的公司时，我们也会考虑出售股份。然而我们必须强调的是，我们不会因为被投资公司的股价上涨或是因为我们已经持有了一段时间，从而把它们给处理掉。"

在上面这段话里，巴菲特揭示了他出售股票的三个理由：（1）价值被高估。（2）发现了价格更低的股票。（3）发现了综合质地更好的股票。不过，这三条出售理由仍然很容易被人们与大众的操作习惯混为一谈。其实，这些看似简单的操作准则，是并不简单的知识与经验在长期积累后的举重若轻。而且，正如我们在"称重作业"和"挥杆轴"两节中所讨论过的：（1）在巴菲特后来的投资操作中，就其主要投资部位而言，因上述三条理由而售出或进行换股的操作已日渐减少。（2）大部分的位于非主要投资部位的股票很快被售出，主要是因为巴菲特在买入股票时对公司前景的判断有误。

本节要点：

（1）就巴菲特的大部分的短期操作而言，"获利了结"不是其卖出股票的主要原因。

（2）大部分的股票被售出，主要是因为当时买入时对企业的经济前景判断有误。

（3）尽管基于市场估值过高的减仓操作是巴菲特卖出股票的另一项理由，但这与人们通常所说的"获利了结"并不相同。

误读46：尾大不掉

主要误读：巴菲特长期持有的那几只股票，严格地说是不得已，而不是巴菲特的本意。

我方观点：股票规模问题确实给巴菲特的后期操作带来了一些困扰，但如果将一个奉行了数十年的投资策略归因于后期才逐步显现的"规模"问题，至少在逻辑上是站不住脚的。

"尾大不掉"是一个组织学上的比喻，它说的是：当机构下强上弱、过于庞大时，往往容易出现组织涣散并导致指挥不灵、效率低下等状况。借用这个比喻，是因为有不少投资者将巴菲特长期持有上市公司的行为归因于股票市值规模巨大而不容易卖出："不是不想卖，而是卖不掉。巴菲特进行长期投资，严格地说是不得已，而不是他的本意。"（某网友）

确实，这类情况看起来是存在的："巴菲特手里持有的可口可乐公司的股票不在少数，如果他抛售的话，不可能不引起大规模的恐慌。试想一下，巴菲特——这个'全世界最伟大的投资者'和可口可乐董事会的多位董事开始抛售公司的股票，这会是一个什么样的概念？可口可乐股票的价格必然会暴跌！"⊖

巴菲特本人也曾经说过这样的话："在大泡沫期间，股价的涨幅远远超过企业的表现，至于泡沫破灭之后，其表现则恰恰相反。当然，要是我能够掌握其间变动的诀窍，伯克希尔公司的绩效应当会更好。这种事后诸葛的话人人会说，但只可惜投资人真正需要的是先见之明，无奈前方的景象昏暗不明，而我们庞大的投资规模更

⊖ 摘自《滚雪球》。

大大提高了灵活进出的困难度。"（巴菲特2004年致股东的信）

如果仅对上面两段文字进行简单解读，那位网友的观点似乎是正确的。毕竟，当手中持有的股票市值开始变得巨大时，自由进出的难度无疑会变得很大。正如我们在"关系投资"一节中所谈到过的那样，由于持股规模开始变得越来越庞大，从而不能再像过去那样随意进出，不少机构投资者才被迫改变了操作策略，由"用脚投票"改为"用手投票"。

但事实真的如此吗？在过去的数十年里，巴菲特一直宣称伯克希尔的操作策略是长期持有优质上市公司的股票，其背后的基本原因是"尾大不掉"吗？答案自然是否定的。关于我们的这个观点，在前面的章节中已陆陆续续谈到了一些。在这里，我们再以可口可乐为例来做出进一步的讨论。以可口可乐这只股票为例的原因有三：（1）从1989年开始，可口可乐在伯克希尔的投资组合中一直占有着重要位置。（2）它也是公司持股市值最大的一只股票，高峰时市值曾逾百亿美元。（3）近几年跌幅最大的股票。

综合整理巴菲特在不同场合下的表述，我们认为巴菲特之所以一直持有可口可乐不松手，其主要原因是他仍一直看好公司的长期经营前景。

在1993年致股东的信中，巴菲特是这样描述可口可乐的："先前我曾经提到，若是在1919年以40美元投资可口可乐会获得怎样的成果。1938年在可乐问世达50年且早已成为美国的代表产品之后，财富杂志做了一次详尽的专访，在文章的第二段作者写道：每年都会有许多重量型的投资人看好可口可乐，并对于其过去的辉煌纪录表示敬意，但也都做出自己太晚发现的结论，认为该公司已达巅峰，前方的道路充满了竞争与挑战。没错，1938年确实充满了竞争,而1993年也是,不过值得注意的是:1938年可口可乐一年总共卖出2亿箱饮料,但是到了1993年该公司一年卖出的饮料高达107亿箱,这家当时就已经成为市场领导者的公司,在后来将近50年的时间内总共又成长了50倍,对于1938年加入的投资者来说,派对根本还没有结束,虽然在1919年投资40美元在可口可乐股票上的投资人(含股利再投资),到了1938年可获得3 277美元,但若是在1938年重新以40美元投资可口可乐的股票,到1993年年底还是照样可以获得25 000美元。"

在这里大篇幅地引述巴菲特的表述,是想让读者能更加清晰地解读出他在可口可乐上的心结所在。尽管由于公司规模已变得十分庞大,增长速率较从前大幅度降低,但就公司稳定的经营历史和投资回报的相对收益率来说,如继续以50年为一个周期,可口可乐仍会是一个不错的选择。

在1996年致股东的信中,巴菲特再次谈到可口可乐:"像可口可乐与吉列这类公司应该可以被归类为'永恒的持股'。分析师对于这些公司在未来10~20年的市场前景预测可能会有些许的不同。我们所说的永恒,并不意味这些公司可以不必延续他们在制造、配销、包装与产品创新上的努力,但即使是最普通的观察家或是最主要的竞争对手,也不得不承认可口可乐与吉列在终其一生的投资生涯里,仍将会在其各自的领域中独领风骚,它们的优势甚至还有可能会继续增强。在过去10年中,两家公司的市场占有率在原来已经较高的基础上又提升了许多,而所有的迹象显示,在以后的10年中,它们还会继续以此态势扩大业务版图。当然,比起一些具有爆发性的高科技或新创事业来说,这些被永恒持股的公司的成长力略显不足,但我宁愿要确定的好结果,也不要不太确定的伟大结果。"

认真读过这些表述后,读者们应能同意我们前文的观点:巴菲特一直没卖掉可口可乐股票的主要原因是他仍继续看好该公司的长期经营前景。让我们再来看看表4-17中的一组数据。

表4-17　每股收益及年度百分比变化(可口可乐:1983—1994年)　(单位:%)

年度	1983年	1984年	1985年	1986年	1987年	1988年	1989年	1990年	1991年	1992年	1993年	1994年
EPS	0.17	0.20	0.22	0.26	0.30	0.36	0.42	0.51	0.61	0.72	0.84	0.98
增长率	—	17.65	10.00	18.18	15.38	20.00	16.67	21.43	19.61	18.03	16.67	16.68

数据来源:《巴菲特原则》。

可以看到,1983—1994的11年期间,可口可乐的每股收益呈现出稳定而快速的增长,这一财务表现加上优异的商业模式,使得巴菲特有理由相信,可乐公司在接下来的10年也会呈现出稳定的增长。我们再来看看表4-18中的数据。

表4-18　可口可乐相关数据　(单位:百万美元)

年度	1994年	1995年	1996年	1997年	1998年	1999年	2000年	2001年	2002年	2003年
ROE	48.8	55.4	56.7	56.5	42.0	25.6	23.4	35.0	33.7	30.9
净利	2554	2986	3492	4129	3533	2431	2177	3979	3976	4347
增长率(%)	—	16.91	16.94	18.24	-13.9	-31.2	-10.4	82.77	-0.07	9.33

数据来源:《像巴菲特一样交易》。

尽管1998—2000年间的业绩波动致使截至2003年的10年税后利润复合增长率仅为6.09%,但由于公司一直保持着较高的净资产收益率,对于极为看重资本回报的巴菲特来说,公司的经营情况仍在可以接受的范围内。

在2007年致股东的信中,巴菲特对其长期持有的几只股票是这样进行总结的:"总的来说,我们所投资公司的表现让我们欣慰。

2007年，市值最大的三家公司：美国运通、可口可乐、宝洁公司的每股收益分别增长了12%、14%和14%，富国银行的收益因房地产泡沫的破裂而稍有下降，不过我相信它的内在价值还是在增加，即使只增加了那么一点点。我必须强调的是：在任何时候，我们不是通过投资品的市场价格来计算我们的进展。我们宁可用适用于我们旗下私人企业的测试标准，来衡量它们的成绩：（1）扣除整个行业平均增长后的超额收益增长。（2）护城河在这一年里是否变得更宽。四家大公司均通过了测试。"

巴菲特的这段总结引出了我们的最后一个观点：正像我们分别在"低级错误""价值投资"等多个章节所指出的那样，由格雷厄姆、费雪、芒格和巴菲特用近100年的时间为我们打造的这座投资殿堂，其基石中的基石就是格雷厄姆早在50年前奠定的那个核心理念——把股票当作一项生意去投资是最聪明的投资。试想，一家企业的所有者怎么可能会时常被这样一个问题所困扰：我的企业经营得越成功、规模越大，由此就会变得越来越不好出手。

本节要点：

（1）长期投资是巴菲特从20世纪70年代就开始实施的操作策略，将这一策略背后的原因解读为"尾大不掉"，仅在逻辑上就难以站住脚。

（2）即使以巴菲特在其投资中后期买入的可口可乐为例，买入和长期持有的基本原因均是看好企业的长期经济前景，这是主线。其他原因即使有，也是次要的。

（3）"长期投资"策略是"企业投资"理念下的一个自然结果，非要把它和企业规模连接在一起，似有避重就轻之嫌。

误读47:5分钟

> **主要误读**:看一家公司是否有投资价值,巴菲特的方法是先计算其现金流折现值,再对比其价格。
>
> **我方观点**:概念没有错,但说到巴菲特如何去计算这个"现金流折现值",答案却一直迷雾重重,需要我们作出更深入一步的探讨。

罗伯特·哈格斯特朗在其所著的《巴菲特之道》中曾这样描述过巴菲特的选股决策流程:"对于巴菲特来说,只要你填入适当的变量:现金流量和适当的贴现率,决定公司的价值就很简单。如果他对预估企业未来的现金流量没有十足的把握,他就不会试着去评估一家公司的价值,这是他处理问题的特质。如果企业简单且能被了解,并拥有稳定的盈余,巴菲特就能够以高度的确定性来决定未来的现金流量。"

由于对现金流的测算可以通过简单预估和复杂程式两种方式进行,因此,仅根据上面这段话,我们还看不出作者的确切观点。不过,通过这段话以及该书附录的相关内容,我们发现罗伯特·哈格斯特朗似乎认为巴菲特对其买入的十几只重点股票大都采用了复杂测算方式,如表4-19所示。

表4-19 "股东盈余"测算模型

华盛顿邮报	盖可保险	大都会/ABC	可口可乐	吉列	联邦住屋
简单模型	简单模型	简单模型	二阶段模型	二阶段模型	二阶段模型
健力士	富国银行	加内公司	匹兹堡银行	美国运通	迪士尼
二阶段模型	简单模型	二阶段模型	简单模型	二阶段模型	二阶段模型

资料来源:根据《巴菲特之道》附录进行整理。

在我国，被公认对巴菲特研究较深的刘建位先生也似乎持有相同的观点："价值评估是价值投资的前提、基础和核心。巴菲特在伯克希尔1992年报中说：'内在价值是一个非常重要的概念，它为评估投资和企业的相对吸引力提供了唯一的逻辑手段。'可以说，没有准确的价值评估，即使是股神巴菲特也无法确定应该以什么价格买入股票才划算。那么如何评估企业的内在价值呢？巴菲特认为唯一正确的内在价值评估模型是1942年由约翰·威廉姆斯提出的现金流量贴现模型。"

查看巴菲特历年致股东的信，上述两位作者的观点与巴菲特关于公司内在价值的定义基本上一致。但在很多时候定义是一回事，在实际中如何进行操作则可能是另外一回事。就上市公司价值评估来说，巴菲特在买入那些"超级明星"时，是否真的会在大多数情况下都按照复杂程式进行现金流测算，我们从其他几个同样较为可信的渠道，却听到了一些不同的声音。

以下摘录来自《滚雪球》一书："预测一家公司在今后几年的发展并不是一门精确的学科，巴菲特却在他的预测中使用了安全边际理论。在推算的整个过程中，他既没有使用复杂的模型和公式，也没有用电脑或者电子表格来计算，他的判断只是建立在一些简单的推理基础上。"

玛丽·巴菲特与大卫·克拉克在其所著的《巴菲特原则》中也写道："决定企业的实质价值是探究沃伦投资哲学的关键。对于沃伦而言，实质价值就是投资所能创造的预期年复合报酬率。沃伦就是用这个预期年复合报酬率估算某项投资是否划算的。""记着，推估企业50～100年的盈余，并折回现值，可能只是一种妄想，因为这期间有太多的变数。理论上或许有可能，但实际上你是在排列不可能的数字组合,所谓的计算形同儿戏。"

不难看出,就企业价值评估的操作层面而言,来自《滚雪球》和《巴菲特原则》的观点与来自《巴菲特之道》和《巴菲特股票投资策略》(刘建位著)的观点似乎有着不小的差别。

在判断究竟谁对谁错之前,我们先来介绍一下巴菲特那个著名的"5分钟宣言":"我们希望能够找到更多的像我们现在拥有的企业。我们的条件是:(1)巨额交易。(2)持续稳定的获利。(3)高股东权益报酬率。(4)自备管理阶层。(5)简单的企业。(6)合理的价格。我们不会进行敌意并购,并承诺完全保密和尽快答复是否感兴趣——通常不超过5分钟。"(巴菲特1987年致股东的信)

对于这个"5分钟宣言",巴菲特可不是说一套而做一套。在我们的印象中,伯克希尔公司的许多收购行动都是在很短的时间内完成的。不拖泥带水、不做尽职调查、不看工厂、不查仓库、不看账本明细,甚至大多数情况下也不请任何中介机构参与其中,往往是一次见面或一顿午餐就完成了一笔巨额交易。面对这不仅信誓旦旦而且言出必行的"5分钟宣言",请读者思考一个问题,在这样短的时间内,巴菲特如何有时间对投资标的进行复杂的现金流折现计算?

通过对"5分钟宣言"的长期思考以及对多项收购案例的深入观察,结合上述作者们的观点,我们最后得出了两点结论:第一,巴菲特对企业内在价值的评估至少有两种结果模式:(1)绝对值。(2)回报率(5~10年)。第二,无论是哪一种结果模式,巴菲特都不是通过复杂的公式进行计算的,而是通过一种简单的方式快速做出大致的评估。

关于"绝对值"的评估方法,中国石油算是一个实例:"在2002年和2003年,伯克希尔用4.88亿美元买入中国石油1.3%的股权。按照这个价格，中国石油总价值约为370亿美元。查理和我感觉那个时候公司的内在价值应该为1000亿美元。到2007年，有两个因素大大提升了公司的内在价值：油价的提升以及公司管理层在石油和天然气储备上所下的大工夫。到2007年下半年，公司的市值上升到2750亿美元，大约是我们与其他大型石油公司比较后认为它应该有的价值。所以，我们就以40亿美元把它给卖了。"（巴菲特2007年致股东的信）

而"回报率"的评估方法的实例则可在巴菲特1990年致股东的信中找到："如果你以实质价值10%的溢价买进伯克希尔公司的股份，假设后来公司的实质价值每年成长15%，而之后你同样以实质价值10%的溢价卖出所持有的股份，则你的投资年报酬率应该也会是15%（这个例子假设期间公司并未发放任何股利），当然要是后来你以低于10%的溢价卖出股份的话，那么你最后所得到的投资报酬率可能就会低于公司同期间15%的报酬率。"

那么，为什么说巴菲特通常会通过简单计算来作出企业价值评估呢？除了"5分钟宣言"所隐含的简单的逻辑外，巴菲特在1991年致股东的信中的一段话也引起了我们的注意："让我们来看一个相当简化但却不无贴切的数学算式。几年以来人们都认为新闻、电视或是杂志产业的获利能力，可以永无止境地以每年6%左右的比率成长，而且完全不必依靠额外的资金，从而每年的折旧费用应该会与资本支出相当。由于所需的营运资金也相当小，所以账列盈余几乎等于可以自由分配的盈余，也就是说拥有一家媒体事业，投资者每年都可以得到以6%比率稳定增加的纯现金流入。如果我们以10%的折现率来计算其现值的话，等于是一次2500万美元的投资，每年可以贡献100万美元的税后净利。"

我们认为这段话可能透露出了一个重要的事实：巴菲特在对其他产业的公司进行价值评估时，在产业特质相似的条件下，应当也会借用这种简单程式计算其内在价值。尽管最后计算出的结果有些粗糙和模糊，但只要对相关要素预估准确并且有充足的价格安全边际，就应当基本可行。如果这个看法成立，这不仅与《滚雪球》的作者（可能就是来自于巴菲特本人表述）的观点基本一致，也让我们在"5分钟宣言"面前的所有疑问都迎刃而解。

上面说的是关于"绝对值"的评估方法的计算过程。至于"回报率"的评估方法的计算过程就更加简单了。投资者只要确定：（1）公司每股收益的长期增长率（5~10年）。（2）买入PE和评估期结束时可能的卖出PE，一个完整的价值评估过程就完成了。

在1996年股东年会上曾发生了这样一则趣事，在谈到价值评估话题时，芒格说道："沃伦只是谈到这些折现的现金流，但我从不曾见他动手算过。"巴菲特随即回复道："这么保密的东西我会在别人看不见的地方进行偷偷计算。"这两个人至少有一个人在开玩笑，我们认为还是巴菲特开玩笑的概率更大些吧！

本节要点：

（1）巴菲特在进行企业价值评估时，有两个"结论模式"：①绝对值。②回报率。实证显示，巴菲特在具体的投资操作中，经常会交替使用这两个"结论模式"。

（2）在进行"绝对值"的评估时，有两种计算模式：①复杂计算。②简单计算。实证研究与逻辑推理均显示：巴菲特在进行企业价值评估时，主要乃至全部都采用了"简单计算"的模式。

（3）至于对"回报率"的评估，则只有"简单计算"这一种计算模式。

误读48：影响力

主要误读：巴菲特进行长期投资有一个大众无法比拟的优势：对所持上市公司的影响力。

我方观点：影响力确实有，但这并不是巴菲特进行长期投资的其中一个必要前提。

市场上有很多人认为，巴菲特之所以能成功实施长期投资，是因为他对其所投资的上市公司具有极大的影响力。瓦罕·简吉恩在其所著的《巴菲特也会错》一书中就表达了一个具有代表性的观点："只有当你在所投资公司中能够参与制订公司的商业计划，并对公司管理决定有一定影响力的时候，集中投资才会有利于控制风险。巴菲特坚信如果你不能投资足够的钱，使你在公司中有权决定公司的资产部署的话，你最好还是进行分散投资。"

在论及巴菲特与其他人的不同时，该作者认为："当巴菲特要购买企业时，他通常会以伯克希尔公司的名义收购整家公司。即使他只是购买一家公开上市公司的股票，他也会买入足够多的股份以便使伯克希尔成为这家公司的最大股东……巴菲特和大部分投资者有一个最大的不同，那就是由于他往往是公司的最大股东，所以如果他愿意，他完全可以左右企业的管理决策。如果巴菲特不喜欢该企业的经营方式，他可以进行干预并作出必要的调整。"

在这个问题上，罗伯特·哈格斯特朗则提出了不同看法："买下一家公司，再寻求大规模的转变，这并不是巴菲特的做法。相反地，他尽量避免选择需要作大幅度改变的公司。此外，因为他只购买经营者重视股东权益的公司，所以通过股东与经营者对立去改善股东权益报酬率，这个主意令人无法想象。在大多数的情况中，巴菲特会把他的股票表决权指派给经营者。"㊀

我们同意罗伯特·哈格斯特朗的观点。

在投资的早期阶段，由于忠实执行格雷厄姆的"烟蒂"式投资策略，巴菲特确实曾经试图通过尽量多的持股而对所投资公司施加影响，以便使超低的股价能尽快有所反弹（或在私人股权市场上以高价售出）。但从20世纪70年代开始，随着巴菲特将"烟蒂型"投资标准逐渐改变为"超级明星型"投资标准后，他的投资哲学也随之发生了改变。

在1989年致股东的信中，他对这一转变做出了总结："在经历了25年的管理与经营各种不同事业的岁月之后，查理跟我还是没能学会如何去解决企业的难题。不过我们倒是学会了如何去有效地避免它们。在这点上我们倒是做得相当成功。在跨越企业的栅栏时，我们专挑那种低于一英尺的栏杆，而尽量避免跨过那种高于七英尺的栏杆。"

事实上，无论从逻辑推理还是从实证分析来看，我们都难以得出"影响力"是巴菲特实施长期投资策略的前提这个结论。从逻辑层面上来讲，既然买入的是"超级明星"，标的本身就应具备了"超级管理"能力。如果再施加额外的影响力不仅没有必要，而且可能适得其反。从实证层面上来讲，巴菲特对其许多重仓持有的股票，不仅不会施加自己的影响力，还经常会做出一些其他大股东可

㊀ 摘自《巴菲特之道》。

能永远都不会做出的举动：将投票权交给公司的管理层，如华盛顿邮报和大都会/ABC。

在20世纪70年代后期到20世纪80年代初期的致股东的信里，我们经常可以读到巴菲特的这一思想轨迹："对于一家优秀的上市公司来说，直接的拥有权对我们并没有多大的好处。控制权虽然让我们拥有机会，但同样也带来责任，而我们根本就没有能力提供现有管理阶层关于经营管理上的任何帮助。事实上，与其管还不如不管，因为它能让我们得到更好的结果。"（巴菲特1977年致股东的信）"当然，仅有少数的股权，代表我们无权去指挥或影响上市公司的经营决策，但我们为什么要那样做？过去的记录显示，他们营运管理的绩效甚至比我们自己的公司经营还要好。虽然闲坐一旁看别人表现，难免有点儿无趣且伤自尊，但我们认为这本来就是被动参与某些优秀上市公司所必须牺牲的。就算有人有幸得以取得SAFECO公司的控制权，最好的方式还是坐在一旁让现有的管理阶层自由发挥。"（巴菲特1978年致股东的信）"我们发现很容易从市场买到一些由有能力且正直的人经营的公司的部分股权，而事实上我们也从未打算自己去经营这些公司，我们想要的只是能够从这些公司身上长期获利。"（巴菲特1981年致股东的信）

由于巴菲特是不少上市公司的第一大股东（请注意，由于集中投资而自然成为第一大股东，与为了成为第一大股东而集中投资是两种完全不同的策略），因此在诸如华盛顿邮报、大都会/ABC、可口可乐等上市公司里，巴菲特都是董事会的成员。但巴菲特认为："作为公司董事，你根本不需要远程操控公司运作的具体细节。每天你在报刊媒体上看到的那些有关公司董事会运作策略的报道全部都是胡说八道。其实公司董事根本不需要真的去做什么,因为在它面前只有两种可能:如果你足够聪明,而且能得到大老板的信任,那他可能会听听你的意见;但98%以上的情况是他们绝对会按照自己的意愿处理出现的所有问题。听好了,这也是我经营伯克希尔的方式。我想罗伯特(可口可乐的董事长)肯定也是很欣赏我的,但是他不想从我这里听取太多的意见。"

如果说巴菲特对其持有的上市公司实施"交出权力"的管理哲学,是因为控制权有限,不得已而为之的话,巴菲特对自己具有控制权的私人企业采取的又是什么策略呢?

《滚雪球》一书为这个问题作出了回答:"在这个腹地之外管理伯克希尔和蓝带公司子公司的那些经理们可就太幸运了,因为巴菲特基本上让他们独立经营,他的管理技巧就是找到一些像他一样不知疲倦地工作的完美主义者,然后就放任自流了,不过要对他们'卡内基化'——专心、赞扬以及戴尔·卡内基的其他方法——时不时地敲打一下。"

看来,对于这些私人企业,巴菲特同样采用了"让开道路"的经营管理策略。正如我们在"管理大师"一节中所指出的,如果巴菲特对私人企业的成功收购与管理是建立在可以施加"影响力"上面,不仅不会有今天的伯克希尔公司,也不会有"每天都跳着舞步去西斯廷教堂绘画"的巴菲特。

当然,作为第一大股东和作为董事会成员乃至作为董事长的巴菲特,确实有着中小投资者所没有的影响力。并且,也时不时会有几次在必要时出面干预的先例,但如果将此引申为这是他实施长期与集中投资策略的基本前提,则恐怕就有些言过其实了。

本节要点:

(1) 通过自己大股东的"影响力"去影响、改变或左右所投资公司的经营状况,既不是巴菲特选择集中投资的初衷,更不是他选择长期投资的一个必要前提。

(2) "绕过高于七尺的栏杆",是巴菲特投资哲学的一项重要内容。

(3) 当巴菲特择优买入一家公司时(多数或少数股权),大多情况下,他只是想获得公司的长期财务回报,而不是总想着能对这家公司或管理层"做点什么"。

误读49:中国石油

主要误读: 卖出中国石油充分显示巴菲特的投资操作是价值投资而不是长期投资。

我方观点: 由于买入和卖出中国石油并不属于伯克希尔公司的典型操作,因此上述观点有一叶蔽目之嫌。

最近几年,我国投资者谈论比较多的一个话题就是巴菲特对中国石油的操作。绝大部分投资者所持的观点是:巴菲特选择卖出中国石油,再次显示了他的投资策略是价值投资,而不是长期投资。一位自称对巴菲特研究较深的朋友,发表了如下颇具代表性的看法:"巴菲特的精髓是以长期投资的态度去选择价值被低估、在下跌之中的股票,不求买在最低,安全就好;在价格上涨、不值得长期投资以后卖出,不求卖在最高,赚钱就好。如他最近卖出的中国石油。"

这位朋友对中国石油一例的解读和上述大多数投资者的观点基本相同：巴菲特对中国石油的卖出，代表了巴菲特对股票投资的主要操作模式：价格上涨后进行获利了结。事情果真如此吗？

我们先来重温一下巴菲特买卖中国石油的大致经过：巴菲特自2002年开始以伯克希尔公司的名义买入中国石油，并于2003年建仓完毕。至此，其所持有的中国石油的股票共计23亿股，大约占中国石油公开发行股份的1.3%，投资金额总计为4.88亿美元。到2007年，巴菲特将中国石油的股票悉数卖出，交易金额大约为40亿美元。

通常来说，伯克希尔公司对股票的投资分为三种类型：（1）既便宜又优秀的公司，如华盛顿邮报、盖可保险、富国银行等。（2）不便宜但优秀的公司，如大都会/ABC、可口可乐等。（3）便宜但不算很优秀的公司（或者对巴菲特来说不具高确定性的公司），大部分的非主要投资部位以及套利型买入都是这种类型。对于第三种类型的公司，巴菲特的投资策略自然是短期持有。中国石油显然属于第三种类型。为什么这么说呢？先让我们来看看下面的两组数据，如表4-20和表4-21所示。

表4-20　巴菲特对中国石油股票的买入明细　（单位：亿美元）

买入成本	买入PE	行业PE	差距	公司市值	巴菲特估值	差距
4.88	6.3	17	2.70倍	370	1 000	2.70倍

表4-20中的数据显示：在巴菲特开始买入中国石油的时候，公司的估值水平与国际石油公司（如埃克森和英国石油等）的整体估值水平相比，明显有些偏低。巴菲特当时认为公司应该值1 000亿美元，这一估值与公司市值的差距恰好等于当时公司市场PE与

国际石油公司整体 PE 间的差距。可以看出，正是极低的市场价格，使得巴菲特进行了这笔"套利型"的交易。安德鲁·基尔帕特里克在其所著的《投资圣经》中曾为此做出了如下描述："巴菲特经常说，投资于美国国外的股票尤其要谨慎小心，中国也不例外。2003年 10 月 10 日，他在沃顿商学院上课的时候对学生说：要在中国获利，你在任何一方面都不能出现闪失。我们之所以购买中国石油，只是因为它便宜而已。"

表 4-21　伯克希尔对中石油股票的卖出明细　（单位：亿美元）

买入成本	卖出收入	年复合增长率（%）	买入时市值	卖出时市值	年复合增长率（%）
4.88	40	52.30	370	2 750	49.35

从表 4-21 中的数据中我们可以发现，巴菲特对中国石油的买卖属于一次漂亮的套利型操作，其所提供的年复合回报率高达 52.30%！这次操作，甚至在巴菲特长达 60 年的投资历史中，都能算得上是浓墨重彩的一笔。

当然，除了公司股票的价格相当便宜之外，巴菲特对中国石油的买入也可能包括了其对油价未来走势的判断，毕竟当时石油价格总体上处在一个历史上的相对低位上，这更加大了股票的套利空间。

至于巴菲特对石油价格的关注以及由此引发的一些套利交易，在那之前的几年就已经有过先例："截至去年年底，我们总共有三项异于往常的投资：首先是 1 400 万桶的原油期货合约，这是我们在 1994—1995 年间所建立 4 570 万桶原油的剩余部分，预计在 1998—1999 年陆续到期，目前未实现的获利约有 1 160 万美元。而已经平仓的 3 170 万桶原油合约总共贡献给我们 6 190 万美元的获利。会计原则规定期货合约必须依市价价格评价，因此这些合约的所有未实现损益均已反映在我们年度或每季的财务报表上。当初我们之所以会建立这些部分，主要考虑当时的石油期货价位有些被低估。至于现在的市场状况我们则没有任何意见。"（巴菲特1997年致股东的信）

　　再补充一点，关于巴菲特全数卖出中国石油的事件，坊间还有一个传闻：来自股东的压力。但我们认为，即便确实有这些压力，也不应该是导致巴菲特卖出中国石油的主要原因。作为伯克希尔公司的绝对控股人，他的每一项重要投资决策，应该首先是出于商业上的考虑或是依照自己的"内部计分卡"行事。在这个基础上，如果刚好能满足股东的意愿，又何乐而不为？正如《滚雪球》的作者艾丽斯·施罗德所说的那样："伯克希尔公司从中国石油的股票出售中获得了几十亿美元的收入。有传闻说，此次卖出是因为持有中国石油股份这件事在伯克希尔公司的股东之间产生了争议……但是据巴菲特自己说，他卖出中国石油不是因为其他股东的抗议，他也不认为中石油对苏丹达尔富尔事件负有责任，但是他希望股东之间和谐相处，不希望股东之间发生冲突，他希望其他股东对他是尊敬的，而且他在持有中国石油这么长时间后，这只股票已让他赚了很多钱，因此为了保持股东之间的和谐，在那个时间把中国石油的股份卖出去也是可以的。"（引自媒体综合报道）

> **本节要点：**
> （1）巴菲特对中国石油的投资并不属于其"主要投资部位"，它更像是一次基于价格便宜的套利型操作。
> （2）由于对巴菲特来说中国石油是一家外国公司，因此，对中国石油的买入与卖出，在当时伯克希尔的股票投资中不具典型意义。
> （3）基于上述理由，将巴菲特对中石油的操作解读为价值投资不等于长期投资，恐怕就有些言过其实了。

第五部分
淮南之橘

误读 50：低风险操作

主要误读：巴菲特的那套东西到了中国股票市场定会水土不服。

我方观点：当我们能透过现象看本质时就会有不同的答案。

人们对许多新事物，往往总要经历从抵制、怀疑到认可、接受，再到喜爱甚至欣赏这样一个过程，这就像我们对芝士、咖啡和啤酒的感觉一样。常听起人们说第一次喝咖啡的感觉就像是在喝中药，喝啤酒就像是喝马尿（尽管他们从未喝过马尿），而我们自己对芝士的初次感觉是：世界上怎会有如此难吃的东西？而到了今天，喝啤酒已经成了我们生活中常见的事情，喝咖啡更变成了一种时尚。至于芝士，本书的其中一位作者曾去法国旅行，在一次十分美味的法国大餐中，他不仅吃完了自己的那份芝士，还把饭桌上所有未动过的芝士全部一扫而光！

正如人们对芝士、啤酒和咖啡的认识一样，我们对巴菲特投资体系能否适用于中国资本市场这个问题，恐怕也需要经历一个较为漫长的认识过程。

尽管如此，我们还是想在这里做出一番努力，尝试以自己的理解与体会对这个问题做出诠释和解答，看看能否对本书的读者带来一些新的启示。

我们觉得，在这个问题上之所以会出现许许多多的抵制和怀疑，其中一个原因就在于人们没能透过现象看本质。我们相信，当人们能最终了解到什么才是巴菲特投资体系的本质，而不只是停留在诸如"美国行,中国不行"等表面上的认知时,就会有更多的朋友改变他们的看法,就如同人们最终改变对芝士、咖啡和啤酒的看法一样。

那么什么才是巴菲特投资体系的本质呢?我们认为其中一项内容就是在特定的条件下,它能够让投资者在较低甚至很低的风险水平下取得稳定的回报。这里的特定条件并不包括股票市场的地理位置、市场属性(新兴或成熟),更不包括投资者的国籍划分和皮肤的颜色。不错,巴菲特确实曾经说过他为自己出生并成长在美国而感到幸运,但我们谈的不是投资者们能否最终变成一个同样富有的巴菲特,而是他的基本理念和操作策略是否有我们值得借鉴的内容。

我们先来看"巴菲特的那套东西"如何带领我们进入一个低风险的投资领域。众所周知,无论哪个国家的股票市场,都有着与生俱来的三大风险:系统风险、非系统风险和投资者非理性操作风险。我国的股票市场具有较强的"政策市"特征,还流行着一个被普遍认可的观点:系统风险最难防范。由于不断的跌宕起伏和巨幅起落确实构成了我国股市的一个基本特征,我们就从所谓系统风险开始谈起。

为何要称其为"所谓系统风险"呢?这是因为在以巴菲特为集大成者的企业内在价值投资体系中,系统风险几乎是一个伪命题。我们先来看看这一投资体系的三个关键词:(1)优秀企业。(2)安全价格。(3)长期投资。现在让我们作一个假设:以20倍PE(美国股市的PE长期在10~20之间波动)买入一家每股收益为1美元,预期年成长率为15%的名为"价值公司"的股票,然后长期持有。表5-1是价值公司未来10年的增长及初始买入时的价格所对应的 PE 数据。

表 5-1　价值公司经营预期　　　　　（单位：美元）

时间	1 年后	3 年后	5 年后	7 年后	10 年后
每股收益	1.15	1.52	2.01	2.66	4.05
PE	17.39	13.16	9.95	7.52	4.94

数据显示：即使买入后市场持续出现巨幅波动或长期步入熊市，那么就 10 年后的情形而言，只有当 PE 值跌至 5 倍以下时，才会出现"本金损伤"。但要注意两点：（1）在我们买入的是一家优秀公司的前提下，市场持续给出较低 PE 的可能性很小。（2）巴菲特对投资风险的定义是"本金永久损伤"，而对一家经营良好的公司而言，即使许多年后因市场下跌而出现价格与成本倒挂，但造成"永久损伤"的概率也将微乎其微。

不过，人们投资股票可不光是为了规避风险，最终还是为了取得令自己满意的回报。表 5-2 给出了在上述相同假设下投资这家价值公司，在不同 PE 情景下的期末回报。

表 5-2　不同 PE 下价值公司 10 年后的年投资回报率　（单位:%）

PE	5 倍	10 倍	15 倍	20 倍	25 倍
总回报率	101.25	202.50	303.75	405.00	506.25
年复合回报率	0.12	7.32	11.75	15.01	17.61

如前所述，由于市场对于一家优秀公司的估值很少跌至并长期停留在 5~10 倍以下（如果我们选错了或买贵了，那也主要是非系统风险或者非理性操作风险方面的问题），因此，我们在 10 年后至少可以获得 7.32% 的年复合投资回报。这一回报将在较高的概率上高于同时期的无风险收益率，也将有效抵御通胀的影响。当然，若出现长期恶性通胀，这种回报水平看起来就有些不尽如人意了。但

如果出现恶性通胀,股票市场的估值水平通常也将随之提升,"价值公司"的经营与市场回报也将更上一层楼。

有趣的是,即使我们把投资风险的衡量方法改为"标准差"(现代投资理论衡量投资风险的指标),在长期持股的前提下,系统风险最终仍是一个"伪命题"。伯顿·马尔基尔在其所著的畅销书《漫游华尔街》中考察了1950—1988年的股市变化情况并得出结论:当投资期超过10年时,股票价格就只在"正值"之间波动;而约翰·博格(先锋基金创始人)在其所著的《伯格投资》中也提出了相同的观点:"尽管股票在今天具有很高的短期风险,但是时间可以修正其风险的波动。这种修正就像是一个魔幻图,我们也把它称为组合投资的修正图。股票投资的风险(标准差)在一个特定的短时期内可以使资产缩水60%,但是在第一个10年以后,75%的风险都将消失掉。"

下面我们再来看巴菲特投资体系中的所谓非系统风险。再一次使用"所谓"这个词汇可能让我们显得有些轻浮,这可能是因为受了巴菲特在叙述相关问题时所表现出的那种乐观情绪的感染吧!我们都知道,过去数十年来,巴菲特在选择投资标的时,有一套持之以恒的标准,如"四只脚理论""护城河理论""储蓄账户理论"以及"反向悲喜理论"等。根据对巴菲特60多年投资操作的长期观察以及过去20多年来按照相同标准在我国股市的长期投资实践,我们认为在巴菲特的投资标准的框架下,同样给非系统风险一个"所谓"的称呼,似乎也并不为过。

读者不妨与我们一起回顾一下巴菲特在几次描述其实际投资操作和进行投资总结中所使用过的词汇:(1) 1955年在投资联合电车公司时,由于考虑到公司的股票价格甚至低于当年计划的现金分红金额，巴菲特对此项投资的描述为"几乎没冒什么风险"。（2）在回顾1973年对华盛顿邮报的投资时，巴菲特认为"这笔资产可以说是绝对安全的，即使是把我的全部身家投入其中也不会感到担心"。㊀（3）在1994年致股东的信中，在描绘了投资企业的"四只脚标准"后，巴菲特指出："依照这一标准，我们出错的概率微乎其微。"而在2002年致股东的信中谈到同一个话题时，巴菲特又做出了"我们预期每一笔投资都会成功"和"在我们经营伯克希尔的38年当中，投资获利的个案和投资亏损的比例大约为100∶1"的表述。

当然，巴菲特使用过的这些语句和数据是否与事实完全相符倒不是那么的重要。即使不是1%，而是2%、3%甚至是4%和5%又如何呢？它仍然改变不了一个事实：按照巴菲特给出的投资标准操作，我们就应该能够把股票投资中的非系统风险降至最低。

最后，我们来看股市投资中的第三大风险：投资者非理性操作风险。许多年来我们的一个基本看法是：从某种程度上来说，投资者所遭受的损失中，有相当部分甚至绝大部分来自其非理性操作。提出这样的观点，源自于我们一个可能较为苛刻的标准：只要投资者能选对股票并能拿得住，就可以化解掉90%的投资风险。否则，就易于让自己陷入非理性操作。

有这样一则关于毛泽东的逸事：一位友人向他询问打仗的秘诀，只见毛主席坐在那里晃着椅子答道："打仗嘛，很简单，就四个字：集中兵力。"如果同样的场景出现在格雷厄姆面前，他的回答一定是："投资嘛，很简单，就四个字：安全边际。"而如果我们

㊀ 摘自 *The Story of Warren Buffett*。

再让同样的场景出现在巴菲特面前,相信他的回答一定会变成:"投资嘛,很简单,就四个字:企业角度。"什么是企业角度?简单点说就是:选得好并拿得住。

下面我们来讨论巴菲特的投资方法如何能让我们有效规避非理性操作风险。先来看容易让投资者陷入非理性操作的三个典型场景:(1)亢奋中的牛市。(2)绝望中的熊市。(3)频繁且巨幅的股价波动。在我们判断依照巴菲特的方法能否有效回避上述三个典型场景下的非理性操作前,我们先将构成巴菲特投资体系的五项基本策略描述如下:(1)把股票当作生意一样去投资。(2)视股价波动为朋友而不是敌人。(3)安全边际。(4)集中投资优秀企业。(5)选择性逆向操作。不难看出,在有效规避投资中的第三大风险上,这五项操作策略可谓是"刀刀见血"!

把股票当作生意一样去投资,我们就可以避免因频繁操作而造成的"非受迫性失误"[一];视股价波动为朋友而非敌人,我们就可以"利用市场先生的口袋而不是其脑袋赚钱";对安全边际的坚守,就可以让我们躲开绝大部分的"增长率陷阱";集中投资优秀企业,就可以避免"小蜜蜂飞到西来飞到东"的忙碌与低效;选择性逆向操作不仅会把我们从"追涨杀跌"的泥沼中拯救出来,还会让我们最终处在一个"聪明投资者"的位置上(上述引号内的词汇分别摘自巴菲特历年致股东的信、格雷厄姆所著的《聪明的投资者》以及西格尔所著的《投资者的未来》)。

不难看出,上述所有分析并不是以股票市场在地球上的位置,而是以一种逻辑推理为前提的。如果读者认可或基本认可我们的上述

[一] 非受迫性失误,(英文为 unforced error),也可以叫主动失误,指在网球比赛中,选手自身主动失误造成回球下网或出界,而与对手无关。

看法，接下来的一个问题就是：这样一种可以让投资者进行低风险操作且回报稳定而长久的投资方法，为何就不适用于我国股票市场呢？

本节要点：

（1）我国投资者最为担心的股市系统风险，在一定条件下其实是个伪命题。

（2）由于能最大限度地降低股市中的三大风险，巴菲特的投资方法的一个基本特质就是在一种低风险基础上取得稳定的回报。

（3）这一特质并不以国别、市场以及人的肤色为前提。

误读51：发现的艰难

主要误读：美国有较多的具备长期投资价值的公司，这是巴菲特得以成功的基本原因。

我方观点：巴菲特之所以选择集中投资，其中一个原因就在于"发现的艰难"在美国同样存在。

先来看表5-3。

表5-3　伯克希尔历年重仓股数目（只）及其市值占比（%）（1977—2008年）

1977年	1978年	1979年	1980年	1981年	1982年	1983年	1984年
7/70	6/66	8/85	8/75	6/74	7/88	4/85	5/84
1985年	1986年	1987年	1988年	1989年	1990年	1991年	1992年
5/90	3/93	3/100	4/97	4/97	5/97	4/86	5/85
1993年	1994年	1995年	1996年	1997年	1998年	1999年	2000年
6/91	7/92	7/97	7/97	6/81	5/79	5/79	4/71
2001年	2002年	2003年	2004年	2005年	2006年	2007年	2008年
4/71	4/69	4/69	6/76	7/87	6/64	7/67	4/46

资料来源：施得普汇数据库（重仓股是指当年净值占比高于5%的股票）。

从表 5-3 中我们可以看出：在已过去的 30 多年里，巴菲特同时持有的重仓股数目从未超过 8 只，而且在相当多的年份里，重仓股数目少于 5 只，1987 年的全部持股甚至只有 3 只。它意味着巴菲特在当年把大约 20 多亿美元的资产全部集中在 3 只股票上！

在不少人看来，巴菲特之所以在如此长的投资期内始终坚持将其主要资产集中在 5～8 只股票上，只是集中投资策略下的一个自然结果而已。至于为何要坚持集中投资策略，人们则习惯于在巴菲特的那段著名表述中寻找答案："著名经济学家凯恩斯的投资绩效跟他的理论思想一样杰出。他在 1934 年 8 月 15 日写给生意伙伴斯科特的一封信中写道：随着时光的流逝，我越来越相信正确的投资方式是将大部分的资金投入在自己了解且相信的事业之上，而不是将资金分散到自己不懂且没有信心的一大堆公司身上。一个人的知识与经验绝对是有限的，因此在任何给定的时间里，很少有超过 2～3 家的企业，本人认为我有资格将全部的信心置于其中。"（巴菲特 1991 年致股东的信）

尽管我们不能否认在巴菲特长期实施集中投资策略的背后有凯恩斯上述思想的影响，但如果我们就此认为这是巴菲特采取集中投资策略的主要甚至唯一原因，则恐怕与事实不尽相符。

读者可能已经领会到了我们所要表达的观点：凯恩斯与巴菲特等人一直坚持集中持股的策略，并非只是因为知识、经验甚至精力等内因掣肘，除此之外还另有他因。那么，这个"他因"又会是什么呢？

下面我们再来看一下表 5-4。

表 5-4　一定时期各行业中成长公司所占的比重（1950—2003 年）

（单位:%）

时间	所有行业	科技	健康	家用纺织品	快速消费品	金融
3 年	58	55	57	69	61	46
5 年	37	36	28	48	44	24
10 年	15	14	23	24	18	8
15 年	7	7	13	16	7	4
20 年	4	3	9	9	3	2

表 5-4 中的数据来自于纽约波恩斯坦研究公司就美国公司持续成长的可能性做出的一份调查。我们可以发现，即便是在百年老店比比皆是的美国，在过去半个世纪里，如要挑选出可以持有 20 年的增长型股票，成功概率只有 4%。可以持有 10 年的，也只有 15%。即使是只想持有 3 年，做出正确选择的概率也只略高于 50%。

埃斯瓦斯·达莫达兰在《打破神话的投资十诫》一书中指出："过去的增长率是极度不稳定的数据，并不是未来增长的可靠指标。在一项对美国企业收益增长的检测里，利特尔（Little）定义了'杂乱无章的增长'这一术语。因为他发现：几乎没有任何的证据证明在某一时期快速增长的企业必定会持续在下一个时期继续快速增长。在检测不同长度的连续时间段之间收益增长率的相关联系时，他经常发现两个不同时段的增长率之间存在着负相关性，而这两个时段里的平均相关系数接近零。"

另外，《投资者的未来》一书的作者杰里米·西格尔也曾做过一项针对标普 500 指数公司（原始指数公司及其派生公司）长期投资回报的调查。调查结果显示，在 1957 年 3 月 1 日至 2003 年 12 月 31 日的将近 47 年的时间中，投资年回报率超过 15% 的仅有 52 家公司，占公司总数的10.4%；投资年回报率超过16%的有仅16家公司，占公司总数的3.2%，投资年回报率超过18%的只有4家公司，占公司总数的0.8%。

最后，巴菲特本人这样说："如果一家大公司公开宣称每股盈余增长率可以长期维持15%的话，那肯定会招致许多不必要的麻烦。其原因在于这种高标准只有极少数的企业才有可能做得到。让我们作一个简单的测试：1970年与1980年，在200家盈余最高的公司当中，如果算算到底有几家公司在此之后能够继续维持15%的年盈余增长率，你会发现，能够达到这个目标的公司少之又少。我可以跟你打赌，在2000年盈余最高的200家公司当中，年平均增长率能够在接下来的20年里达到15%的，绝对不超过10家。"（巴菲特2000年致股东的信）

上述资料显示，即使在美国这样的成熟市场，长线投资者同样会时常陷入"发现的艰难"这一尴尬处境。我们有理由认为，无论是凯恩斯也好，还是巴菲特也好，"有限的知识与精力"仅仅是他们"有限持股"的原因之一。而"发现的艰难"则应当是导致他们长期以来坚持集中投资的另一个重要原因。

与此同时，我们也注意到，在巴菲特持有不超过3~4年便卖出的股票中，除了原本就是以套利为目的的投资外，对其他股票做出卖出决定的主要原因，是发现在最初买入时对企业经济前景的判断有误（并不是很多人认为的获利了结）。这也从另外一个侧面印证了巴菲特本人在1991年致股东的信中发出的那一句"发现伟大的公司和杰出的经理是如此之难"的感慨。

本节要点:

(1) 就投资者可以长期持有的优秀上市公司而言,"发现的艰难"不仅存在于我国股票市场中,同样也存在于美国股票市场中,这也是导致巴菲特一直实施集中投资策略的一项重要原因。

(2) 如果我们能像巴菲特那样把同时持有的重仓股限定在6~8只,我国股票市场就不应存在"没有投资价值"的问题,问题的重心将转变成投资者是否有识别优秀企业的能力上面。

(3) 对于一家货真价实的优秀企业而言,一般都需要有一个从初步识别到最终确定的过程。因此,不应指望每次的"押宝"都会成功,而是应当把"二次筛选"当作"买入—持有"策略的一个基本流程。

误读52:美国蝙蝠

主要误读: 不要见到美国的蝙蝠会飞就以为中国的老鼠也会飞。

我方观点: 过度乐观与过度悲观的观点都不可取。

先摘录一段来自某网友的"精彩"论述:"要成为中国的巴菲特,你必须有中国的巴菲特式股票去投资。问题是,在中国,巴菲特式股票有多少?到哪里去找?难道看见美国蝙蝠在飞,你就以为你找到的中国老鼠也一定会飞吗?"

上述网友的观点,尽管不无正确之处,但也存在几个较为明显的逻辑问题:(1) 老鼠与蝙蝠本不属于同一种动物,放在一起比较,对双方都不够尊重。(2) 做这种类比的一个基本前提是:美国股票市场全是蝙蝠，中国股票市场全是老鼠，但这似乎与事实不符。（3）如果前述观点成立，非要拿老鼠去和蝙蝠对比，就有过度悲观之嫌。

回顾一下历史，格雷厄姆是在1914年步入股票市场的，距离今天已超过100年；巴菲特买入自己人生的第一只股票，也有70年了。试问：难道中国目前的股票市场现状就真的连那个时候的美国股票市场都不如吗？

只见树木而不见森林与只见森林而不见树木都是欠妥的，但即使是将中国股票市场与美国股票市场分别从个体与整体两个维度来进行对比，最终的结果可能也不会像那位网友想象的那样悲观。当然，我们要牢记并坚守巴菲特的三项重要投资标准：（1）买好的企业。（2）买较为便宜的企业。（3）长期投资。

表5-5、表5-6和表5-7从净资产收益率、每股收益增长、每股价格增长三个方面，考查了以下给出公司在进入21世纪后的八年中的经营情况及股价表现，并与同时期几个市场的主要指数进行了对比。通过这些数据，我们可以看一看在我国股票市场是否真的没有会飞的蝙蝠（给出公司的选择标准：消费独占或行业领军企业），以及就整体而言中国股票市场有没有与美国股票市场一样的投资价值。

表5-5　净资产收益率（2001—2008年）　（单位:%）

年度 公司	2001年	2002年	2003年	2004年	2005年	2006年	2007年	2008年
中联重科	12.27	16.18	20.58	26.94	19.12	24.53	45.00	35.91
博瑞传播	13.34	19.36	18.36	20.18	18.56	19.87	24.29	19.74
格力电器	15.60	16.74	16.86	18.34	20.04	21.92	31.94	32.13
贵州茅台	26.79	13.86	18.61	21.53	23.99	26.67	39.30	39.01
盐湖钾肥	12.47	13.25	8.68	23.27	34.24	44.33	44.14	51.46

(续)

年度 公司	2001年	2002年	2003年	2004年	2005年	2006年	2007年	2008年
双汇发展	22.45	15.53	16.43	17.86	21.88	24.78	26.73	31.71
云南白药	18.07	20.18	19.61	27.27	30.91	29.32	28.18	29.40
华侨城	17.91	24.16	17.30	21.02	20.92	20.79	21.02	17.65

巴菲特在选择投资对象时，最为关注的财务指标就是企业的长期净资产收益率，具体标准则以不低于15%为宜。从表5-5中可以看出我们给出的这八家上市公司，无论是年度还是平均数据，都显示出了较高且能持续的资本回报水平。这些企业即使按照美国标准，也应当被归为"会飞的蝙蝠"，而不应是"不会飞的老鼠"。

表5-6　每股收益增长（2001—2008年）　　　　　（单位:%）

年度 公司	2001年	2002年	2003年	2004年	2005年	2006年	2007年	2008年
中联重科	0.00	68.57	50.85	104.49	60.99	71.33	120.92	17.67
博瑞传播	9.52	60.87	13.51	26.19	11.32	18.64	34.28	39.36
格力电器	8.45	7.79	14.46	23.16	22.22	23.08	94.32	54.97
贵州茅台	n.a	15.27	55.63	28.94	47.52	34.23	88.83	34.24
盐湖钾肥	19.35	-2.80	2.70	200.00	76.31	58.21	21.70	37.98
双汇发展	9.43	1.72	30.51	12.99	24.14	23.15	24.06	23.03
云南白药	48.15	25.00	22.00	50.82	33.69	47.15	23.20	24.22
华侨城	108.69	25.00	3.33	50.00	34.44	20.66	9.59	22.85

每股内在价值或每股透视盈余增长15%，一直是巴菲特早期的投资与经营目标。只是到了后期，由于伯克希尔的资金规模过于庞大，才把期望回报调整到略高于标普500指数。从表5-6来看，给出公司不仅符合巴菲特的早期投资期望值，甚至还远远超出其投资期望。也就是说，这些中国的"老鼠"不仅会飞，而且从某种意义上来

说还比美国的"蝙蝠"飞得更高、更快。

表5-7 每股价格年复合回报率（截至2008年12月31日）

（单位:%）

公司 时间	中联重科	博瑞传播	格力电器	贵州茅台	盐湖钾肥	双汇发展	云南白药	华侨城
过去7年	26.73	15.84	33.55	43.22	46.63	28.32	27.93	23.65
过去5年	35.81	28.55	51.61	72.10	63.18	36.33	48.50	30.26
过去3年	86.33	40.27	75.98	75.55	79.05	54.67	50.07	16.22

毋庸置疑，如果伯克希尔的股票组合同时包含上述这八只股票，不仅不会拖其后腿，还会成为其更快速增长的发动机或助推器。需要说明的是，严格按照巴菲特的投资标准去寻找，在市场上发现这八只股票并不是太困难的事。况且我们这里列出的只是符合巴菲特投资标准中的一部分股票，还有不少与上述股票投资回报率相似甚至更高的股票，我们并没有悉数列出。

我们再来看中国股市的整体回报情况，如表5-8所示。

表5-8 股票市场整体回报（1999年11月30日至2009年11月30日）

类别	上证综指	上证180	深圳成指
年复合增长率（%）	8.35	9.33	14.31

截至2009年11月底，尽管股票市场还处在金融海啸冲击下的恢复当中，但以过去10年来计算，中国的股票市场在整体上仍然取得了不低的回报。请注意，同时期不管是标普500还是道琼斯指数，均没有回到期初的位置。也就是说，中国股票市场这个"老鼠窝"在已过去的10年中，取得的成绩远高于美国的"蝙蝠群"！这么看来，本文开始时提到的那位网友，实在是有些过于悲观了。

第五部分 淮南之橘

> **本节要点：**
>
> (1) 美国的股票市场也许不乏"会飞的蝙蝠"，但中国的股票市场也不全是"不会飞的老鼠"。
>
> (2) 在评估我国股票市场的长期投资价值时，人们常常会犯两个错误：①只见森林，不见树木；②对森林本身过度悲观。
>
> (3) 许多中国的"老鼠"不仅会飞，而且飞得比美国的"蝙蝠"还要高、还要快。

误读53：美国梦

主要误读：巴菲特传奇是一个在中国无法实现的美国梦。

我方观点：从后视镜里看什么似乎都是必然和注定的，中国如此，美国同样如此。

对巴菲特到底制造了怎样的财富传奇，不少国内投资者其实了解得并不是很清楚。记得有一次我们和一位企业界的朋友聊起这个话题，当我们谈到如果有人从1956年开始就一直跟随巴菲特，至今会有什么样的财富回报时，她的反应可以用目瞪口呆来形容。

为了让更多的朋友对这个"美国梦"有一个更清晰的印象，在展开本话题的讨论之前，我们先作一个简单的描绘。我们在计算时使用了两种口径：（1）按伯克希尔每股净值计算的财富增长。（2）按公司股票价格计算的财富增长。

有一个问题需要事先说明：我们计算财富净值增长的截止日期是2007年12月31日。做出这样的安排有两个互为关联的原因：(1) 避免出现格雷厄姆在《证券分析》一书中指出的那种"把孤立事件当作未来周期模式"的情况，而我们认为2008年发生的金融海啸就是一个孤立事件。(2) 避免出现巴菲特曾指出的"在计算区间回报时期初或期末数据存在非常规性过高或过低"的情况。

首先来看按伯克希尔每股净值计算的结果。从1965年巴菲特入主该公司开始算起，一直到2007年年底，伯克希尔每股净值的总增长是4 008.63倍，年复合增长率是21.3%。这就是说，如果有投资者在1964年年底交给巴菲特1万美元，到了2007年年底，这1万美元就变成了4 008.63万美元。

再来看按公司股价计算的结果。对于一个普通投资者来说，这或许比每股净值更有参考价值。如有投资者从1956巴菲特开始投资管理业务的第一天就跟随他，并在1965年巴菲特入主伯克希尔公司时，按当时每股18美元的市场价格买入伯克希尔公司的股票，截至2007年12月31日，其财富总增长为52 782.86倍，年复合增长率为23.76%。也就是说，如果投资者当初交给巴菲特1万美元，在51年后就变成了5.28亿美元。

这是一个只有在大洋彼岸才能实现的美国式梦想吗？我们的回答是：不一定。

让我们一起回到1956年，假设你就是那个在当时交给巴菲特1万美元的"幸运儿"，你真的能在长达51年的时间里从未动摇，一直跟随着巴菲特到今天吗？也许这个问题显得有点抽象，你不好回答。下面，我们列举出在已过去的51年里投资者将要面对的四种情况，看一看你是否真的都可以顺利地挺过来。

1. 一只冷门股票

我们来看安德鲁·基尔帕特里克在其所著的《投资圣经：巴菲特的真实故事》一书里为我们作出的两段描述："虽然伯克希尔成绩卓著，巴菲特声名远扬，但是华尔街仍然不把伯克希尔的股票放在眼里。几乎没有哪位证券分析师跟踪它，股票经纪人几乎从来不向投资者推荐它，也很少有哪家媒体把它作为一种股票投资品种加以宣传报道，甚至连那些重要的蓝筹公司名单也不曾提及它。""1997年8月5日的一则网上留言这样写道：14年来，我一直请教一些股票经纪人和投资顾问，买入伯克希尔的股票是否划算。无论男女，给我的答案始终都是一样的：不，伯克希尔的股票的股价太高，它的股价超过了其内在价值，买伯克希尔的股票实在是荒谬之极、疯狂之至。从来没有人告诉我相反的结论，连一次都没有。"

对这样一只在市场上如此不受人待见的股票，你真的会一直拿着不放吗？

2. 超长期投资

美国股票市场早期的周转率大约在25%~50%左右，现在的周转率大约在80%~100%左右。这就是说，即使是早期的美国股票市场，四年以上的持有周期也应算是长期投资了。然而我们已知的一个事实是，实现巴菲特财富梦想的一个基本前提是，你要持有它40年以上。我们真的能做到吗？

在过去近 20 年里,中国股票市场的周转率的平均值一直在 200% 以上。遇到市场有大的波动时,股票的周转率可以高达 400% 甚至更高的水平。按照我们自己的思维习惯与行为偏好,持有某只股票一年就已经算是长期投资了。如果我们到了美国,在那样的环境下买股票,即使我们会对自己的行为作出一些修正,恐怕也很难持有一只股票长达数十年。

3. 不尽如人意的投资回报

如果你在 1965 年以每股 18 美元的价格买入伯克希尔公司的股票,到 1970 年时,尽管你在这五年中的总回报是 2.22 倍,年复合回报率高达 17.29%,但接下来的五年,你在这只股票上的投资回报将面临一个悲惨的状况:零增长。就算你真的能熬过这个困难时期,那么对于随后接踵而至的其他的不理想回报,你是否也能一一承受呢?(见表 5-9)

表 5-9　公司股价及标普 500 的年增长率　　　　(单位:%)

年度 类别	1983— 1984 年	1986— 1987 年	1989— 1990 年	1995— 1996 年	1998— 1999 年	2004— 2005 年
公司股价	-2.67	4.61	-23.63	7.16	-16.89	0.82
标普 500	6.1	5.1	-3.1	23.0	21.0	4.9

资料来源:施得普汇数据库。

4. 股价暴跌

也许,在股票价格的大幅波动中最能看出一个人的投资取舍。在过去的 43 年里(不含本次金融危机时期),伯克希尔的股价一共经历了四次暴跌。我们现在就把这些记录依次列出，看一看在1965年买入伯克希尔公司的股票的投资者，是否每次都能顶住巨大的压力坚持下来。

第一次暴跌：从20世纪70年代开始，美国的股票市场出现了整体性的大幅下跌，伯克希尔公司的股票自然也难以幸免。到1975年10月，股票价格从两年前的每股90多美元被腰斩至每股40美元。

第二次暴跌：1987年发生全球性股灾，伯克希尔的股价又一次受到较大的冲击，股价从每股4 000美元迅速跌至每股3 000美元左右，短时间的跌幅达到25%左右。

第三次暴跌：1990年海湾战争爆发，伯克希尔的市值再次受到重创，股票价格从每股8 900美元急剧跌至每股5 500美元，下跌幅度达到38.20%。

第四次暴跌：20世纪90年代末，美国出现科网股泡沫。由于市场热捧具有新经济概念的股票，那些非新经济概念的公司的股票受到市场抛弃。巴菲特由于坚持不买科网股票，公司股价又一次被腰斩，从最高的每股8万多美元跌至4万美元左右。

1万美元变成5.28亿美元的故事的确诱人，但前提是我们要坚持到最后。我们真的可以吗？

> **本节要点：**
>
> 巴菲特传奇的背后，不仅是一个"财富奇迹"，更是一个"行为奇迹"。无论是哪里的投资者，持有一只股票40年不放手，都几乎是一个不可能完成的任务。因此，即使你是一个美国人，甚至你曾经就是伯克希尔公司的一名早期股东，你还是会在大概率上与这个"财富奇迹"失之交臂。

误读54：湿雪与长坡

主要误读： 在中国资本市场滚雪球，似乎没有同美国一样的湿雪与长坡。

我方观点： 尽管两国的资本市场目前还存在许多的不同，但现在就断言中国股票市场没有足够的湿雪与长坡，我们认为其结论还是下得有些过早和过于悲观了。

由艾丽斯·施罗德女士撰写的巴菲特唯一授权官方传记，书名最终被确定为《滚雪球》。这个名字源于巴菲特的一句总结：人生就像滚雪球，最重要的是发现很湿的雪和很长的坡。的确，在过去的数十年中，巴菲特找到了足够长的坡和足够湿的雪，让他不但实现了孩提时的梦想，还将财富的雪球滚至无比巨大。

然而，在今天的中国，尽管不乏滚雪球的追随者，但同时一个疑问也一直不绝于耳：在中国资本市场中能够找到相同的湿雪与长坡吗？下面，我们就针对这些质疑做出讨论。

我们在"内在超越"一节中将指出：巴菲特的投资体系旨在解决三个基本问题：（1）买什么。（2）买入价格。（3）怎样买与怎样卖。那么，中国股票市场在"买什么"上是否有足够的湿雪与长坡呢？鉴于巴菲特评估企业的核心标准是股东权益回报率（ROE），我们就以此为切入点，看一看我国的某些特定上市公司（消费独占、行业领军企业、产业领导品牌等）是否也能达到巴菲特对其长期 ROE 水平的要求（≥15%），如表5-10所示。

表5-10　股东权益回报率——滚动五年均值　（单位:%）

滚动5年	福耀玻璃	博瑞传播	金融街	华侨城	雅戈尔	振华港机	格力电器
2001—2005年	26.14	17.96	30.27	20.26	18.01	16.28	17.52
2002—2006年	25.28	19.27	23.72	20.84	17.83	19.62	18.78
2003—2007年	25.34	20.24	21.19	20.21	18.16	23.75	21.82
2004—2008年	20.66	20.53	18.52	20.27	17.38	24.67	24.87
滚动5年	贵州茅台	盐湖钾肥	浦发银行	双汇发展	云南白药	烟台万华	兰花科创
2001—2005年	20.96	18.38	15.63	18.83	23.21	28.02	17.15
2002—2006年	21.14	24.75	16.48	19.30	25.46	32.69	22.28
2003—2007年	26.23	30.93	17.16	21.54	27.06	37.61	24.12
2004—2008年	30.30	39.49	21.71	24.59	29.02	39.52	28.01

注：股东权益回报率全部取加权数据。

从表5-10中可以看到，这14个产业领导品牌、行业领军企业以及消费独占公司，均有着高且稳定的ROE，其水平不仅不亚于巴菲特曾经买入和长期持有的公司，有不少还在该水平之上！那么，在买入价格与长期投资回报上又怎样呢？我们再来看看表5-11中的数据。

表5-11　长期回报与安全边际（1998—2008年）　（单位:%）

年复合增长率	福耀玻璃	博瑞传播	金融街	华侨城	雅戈尔	振华港机	格力电器
过去10年	21.46	20.89	34.68	23.60	14.67	n.a	22.42
过去7年	6.10	15.84	25.60	23.65	14.93	24.24	33.35
过去5年	4.39	28.55	35.86	30.26	26.11	35.16	51.61
过去3年	21.42	40.27	35.17	16.22	44.22	35.17	75.98
滚动5年	贵州茅台	盐湖钾肥	浦发银行	双汇发展	云南白药	烟台万华	兰花科创
过去10年	n.a	37.65	n.a	28.64	32.32	n.a	n.a
过去7年	43.21	46.63	12.13	28.32	27.93	19.79	18.49
过去5年	72.10	63.18	16.70	36.33	49.50	30.94	21.42
过去3年	75.55	79.05	31.62	54.67	50.07	19.11	29.46

资料来源：根据国信证券金色阳光版股价走势图后复权数据整理。

对于这14家具有较高股东权益回报率的公司股票，投资者即使在早期以较高的价格买入，若能持有较长的时期，并以每年财富净值平均增长15%为目标，其买入价格绝大部分都具有较高的安全边际。而如果投资者能再主动地进行一些逆向操作，如在2003—2005年市场低迷期间重仓买入，将面临更宽广的安全边际，以及更丰厚的长期投资回报。

这些实证说明：投资者若想在我国资本市场滚动财富的雪球，并不缺湿雪与长坡，就看你是否有眼光找出它们。其实，我国的投资者还拥有一个比巴菲特更加有利的条件：巴菲特是在40多岁左右才开始真正进入他所宣称的正确投资轨道，而我国的投资者显然可以站在他的肩膀上，以更早的时间开始相同模式的投资。对于一个已为人父母的投资者而言，我们甚至可以选择在子女出生时就为他（她）建立一个投资账户。这样，这位投资者的家族财富账户可以比巴菲特多增长至少20年！表5-12给出了模拟对比的结果。

表5-12 家族财富账户对比情况表　　（单位：美元）

	年复合回报率（%）	投资本金	投资期	期末净值
巴菲特家族	20	10 000	40年	1 470万
中国家族	15	10 000	60年	4 384万
中国家族	13	10 000	60年	1 530万

即便我们的长期投资回报率每年比巴菲特低5~7个百分点，但只要我们能沿着正确之路尽早投资，最终也能取得同样丰硕的成果！

讨论的最后，我们也必须认识到，作为个人投资者，如果想要在中国资本市场全面复制巴菲特的奇迹，仅就目前环境而言还是无比艰难的。即使你能像巴菲特一样在11岁就开始滚动雪球，在此之后沿着正确的路径前行并能成功地坚持到最后，你也至少会面临三个难以逾越的障碍：（1）我国资本市场目前还难以找到类似"七圣徒"那样的家族企业，由此你只能在一条线上作战。（2）在看得见的未来，投资者恐怕都难以拥有属于自己的保险公司，从而使你的投资将缺少巨大的而且还有可能是零成本的财务杠杆。（3）由于缺乏前两个条件，你将不能以"三面佛"（见相关章节）的身份去进行投资操作，这对你的思维与行动模式（对于那些供职于投资机构的专业人士而言尤其如此）将产生不利的影响。

本节要点：

（1）从"资本回报"的层面去考察，中国股票市场并不缺少"湿雪与长坡"。

（2）从"投资回报"的层面去考察，中国股票市场也不缺少"湿雪与长坡"。

（3）从"尽早投资"的层面去考察，相对于巴菲特本人，中国的投资者可能更不缺少"湿雪与长坡"。

误读55：铁公鸡

主要误读：中国的上市公司很少分红，因此不具备长期投资价值。

我方观点：由于资本增长与资本回报同时影响着企业价值，因此，在资本回报较为理想时，"铁公鸡"行为反而为股东创造了更高的价值。

关于巴菲特的投资思想在我国股票市场是否具有实践价值的问

题，许多年来我们听到较多的一种声音就是：由于大部分的上市公司长期不怎么分红，所以这种基于企业内在价值的投资在中国股票市场没有多少用武之地。然而，对企业价值评估理论有一定了解的读者应该会发现，这一说法其实存在较大的概念误差。

下面是一段关于企业价值评估的经典表述："投资资本回报本身不能用来解释公司的价值，理由与增长本身不能决定价值一样，有其他因素在起作用。试比较两家公司，它们的起点相同，预期资本回报率也相同，而且高于资本成本。但一家公司的计划投资额比另一家公司多一倍。如此一来，尽管回报率相同，但投资更多、增长更迅速的公司的价值就更高。由此可见，资本回报与资本增长同时决定了公司价值的高低。"○

巴菲特又是怎么看待这个问题的呢？他在1992年致股东的信中这样写道："今天先不管价格多少，最值得拥有的企业是那种在一段较长的期间内可以将大笔的资金运用在相当高报酬的投资上的企业。最不值得拥有的企业是那种与前面那个例子完全相反的，在一段较长的期间内将大笔的资金运用在相当低报酬的投资上的企业。"

这两段话表达的是同一个观点：一家公司的内在价值由两个基本要素组成：一是投资资本的回报；二是投资资本的增长。我们把这两个指标称为驱动企业价值的两个基本要素，缺一不可。因此，一家长期有较高分红比例的公司并不一定就是一家有投资价值的公司；一家长期不分红的公司也并不一定就没有投资价值。

其实，"在资本回报不低于资金成本的条件下，企业保留更多

○ 摘自《价值评估》。

盈余反而会增加股东价值"这一观点,已经存在了近 100 年。早在 1924 年出版的,由埃德加·史密斯所著的《用普通股进行长期投资》一书中,就已经提出过这个观点。这一发现不仅奠定了格雷厄姆部分投资思想的理论基础,也对巴菲特本人有着极为深刻的影响。在 1999 年的太阳谷会议上,巴菲特曾向与会者推荐了这本书,他当时说道:"埃德加·史密斯的这本书证明了股票收益总是高于债券。史密斯发现了五个原因,但是其中最新颖的一个原因是公司可以保留赢利的一部分,然后以同样的回报率进行再投资。这就是利润再投资——1924 年的创新理念。"[一]

2008 年,也就是在埃德加·史密斯发表企业保留盈余可以增加企业附加值观点的 84 年后,巴菲特在当年的致股东的信中再次指出了盈余保留对增加企业价值的作用:"更重要的是,100 年后的保留盈余会大大增加指数内公司的价值。在 20 世纪,道琼斯工业平均指数上升了大约 175 倍,主要是来自于企业留存收益的贡献。"

在如何处理自己的企业是否应该分红的问题上,巴菲特这一次不仅很快完成了"大脑与眼睛的联机动作"(见本书"可口可乐"一节),而且也很快完成了行动与大脑的联机动作。在入主伯克希尔公司的 43 年里,除了在旁人的极力劝说下,巴菲特于 1967 年实施过一次每股 10 美分的分红以外,其余年度再也没有进行过任何形式的分红,即使是股票回购也不曾做过。可以说,巴菲特算得上是如假包换的"铁公鸡"了,但我们能说伯克希尔公司没有投资价值吗?

企业不分红(再次强调这样做的先决条件是资本回报高于资本

[一] 摘自《滚雪球》。

成本)对企业价值的提升作用,其实是一个简单的财务逻辑问题。让我们先来看看以下这些常用的财务公式:

公式1:每股收益=净资产收益率×每股资产净值

公式2:每股收益增长率=(1-股利发放率)×净资产收益率

公式3:经济附加值=(投入资本回报率-资金成本)×投入资本

公式4:$PE = (1 - g/r)/(k - g)$

公式4显示:(1)增长率、新投资回报率和资本成本三个要素同时决定了PE的高低。(2)公司的增长绝不能以较低的资本回报为前提。

从这里我们可以清晰地看出企业保留盈余对企业经济附加值的重要作用:在企业的资本回报高于资本成本的情况下,资本增加值越大,股东价值的递增就会越快,市场对企业的估值也就会越高;反之,如果企业的资本回报低于资本成本,资本增长就会成为负面因素,增长越快,股东价值的递减就会越快。

当然,除了做"铁公鸡"之外,还有一种途径能够更加有效地增加资本金,那就是再融资,这也是我国上市公司经常采用的财务策略。基于上面的讨论,对于一家经常再融资的企业,我们不仅不能简单地判定它不具备投资价值,甚至有可能得出相反的结论。下面我们就提供一个在不断的企业再融资中,股东价值反而得以提升的实例,如表5-13所示。

表5-13 价值驱动要素比较研究 (单位:%)

	净资产收益率均值 2001—2005年	净资产收益率均值 2002—2006年	净资产收益率均值 2003—2007年	净资产收益率均值 2004—2008年
华侨城	20.26	20.84	20.21	20.27
万科	14.33	16.27	18.71	18.76

(续)

	每股收益年复合增长 2000—2005 年	每股收益年复合增长 2001—2006 年	每股收益年复合增长 2002—2007 年	每股收益年复合增长 2003—2008 年
万科	27.54	30.22	50.61	38.68
华侨城	39.38	24.90	21.70	25.87

我们可以看到，万科的资本回报低于华侨城，而其每股收益增长却快于后者。其原因就在于万科再融资的次数相对较多，导致每股资产净值增长速度更快。在资本回报高于资本成本的前提下，公司的这一举动反而创造了更高的股东价值。

本节要点：

（1）资本回报（ROE）与资本净值（BPS）的增长同时决定了一家公司的价值。因此，单纯基于企业高分红或不分红就断定其有没有投资价值，与企业本身内含的财务逻辑并不相吻合。

（2）在资本回报较为理想的状态下，企业将当年利润转投资（导致少分红或不分红）反而会增加股东价值的观点，其实已经存在了近100年，至今未有根本性的改变。

（3）伯克希尔是一家被投资者公认为长期注重股东价值的公司，但在过去的40多年里，这家公司却从未分过红！

第六部分
双燕飞来烟雨中

误读56：大器晚成

主要误读：按照巴菲特的投资方法操作可能要等很久才能致富。

我方观点：巴菲特绝非大器晚成之辈。

和圈内朋友聊到投资与巴菲特时，不少人都表露出一个相同的观点：现在资金有限，还是要尽快赚一些钱，等财富积累到相当多的程度后，再学巴菲特也不迟。而在和圈外朋友聊到相同话题时，他们的反应则更为直接：学巴菲特？太慢了吧！

这也难怪，巴菲特的财富故事传到我国时，他已经近70岁了。当许多30多岁的年轻人听着一个关于70岁左右老人的财富传奇时，当通街叫卖的记录着巴菲特传奇故事书籍的封面上都印着一幅显得有些饱经沧桑、风烛残年的老人的肖像时，人们很容易产生这样的联想：他是在年龄很大以后才变得富有的吧。

源于这样的联想，多数人在选择投资方法时自然地将巴菲特的方法弃如敝屣，而各种媒体频频报道的关于"××迅速致富"的故事更让大家对尽快赚钱趋之若鹜。我们不否认在目前的中国股票市场，还是有一些人能够快速赚取大笔的财富的。我们只是担心这些人一旦失去之前的连连好运后，是否甘心转入一条他们曾经嗤之以鼻的、获取"平庸回报"的投资路径上来？同时，即便他们愿意如此，我们也怀疑他们是否有能力在这样一条与自己之前的操作风格大相径庭的路径上像以前一样持续地取得成功？

当然，这些问题本不在我们关注的范围之内。下面还是让我们集中话题，对巴菲特是否是一个大器晚成者做出讨论。

首先给出我们的结论：绝非如此！实际上，巴菲特在很早的时候就变得非常富有了。今天，人们把他的财富传奇比喻为滚雪球，但这个巨大无比的雪球是一路稳步滚下来的，绝非只是到了后期，由于雪的突然变湿、变厚而使其快速变大的。尽管与今天的"大雪球"相比，当初的"小雪球"显得有些不值一提，但在当时，已经是十分值得称道了。下面就让我们在"未经授权"的情况下，将巴菲特的"财富履历"简要公布如下（美元数据主要根据《滚雪球》整理，通胀全部按年均4%修正，汇率则统一按1美元兑6.8元人民币折算）。

（1）青少年阶段：11岁买入他人生中的第一只股票；14岁已经完成了他最喜欢的一本书《赚取1 000美元的1 000招》中所提出的第一个目标：拥有1 000美元，按照4%的通胀修正，相当于现在的1.4万美元或大约9.5万元人民币；17岁时通过投递报纸和做些小生意使财富积累到了5 000美元，按4%的通胀修正，相当于今天的5.7万美元或大约38.7万元人民币。

（2）青年阶段：1951年年底，在他21岁时，个人资产已经积累到1.97万美元，经通胀修正，相当于今天的19.2万美元或大约130万元人民币；26岁时财富积累到17.4万美元，经通胀修正后相当于现在的139万美元或大约945万元人民币；到了30岁的"而立之年"时，个人财富已积累到24.3万美元，相当于今天的166万美元或大约1 129万元人民币。

（3）壮年阶段：1965年年底，在他35岁时，由于投资美国运通的巨大成功，私人财富达到680万美元（主要表现为伯克希尔的股权价值），相当于现在的3 820万美元或大约2.6亿元人民币，也就是说巴菲特在35岁时已经成为亿万富翁（以人民币计）；接下来的情况是：39岁，2650万美元；43岁，7200万美元，相当于今天的2.95亿美元或大约20亿元人民币。

（4）中老年阶段：53岁，6.8亿美元；57岁，21亿美元，个人财富已在全美国排第九位，经通胀修正，相当于现在的49.7亿美元或大约338亿元人民币；1993年，巴菲特的身价达到了85亿美元（相当于今天的159亿美元或大约1082亿元人民币），并被评选为当年的美国首富！2006年6月26日，巴菲特宣布在未来几年中逐步向基金会捐赠伯克希尔股票的85%——当时共计370亿美元（大约2516亿元人民币）。

为使读者一目了然，我们将上述巴菲特的"财富履历"列表如下（表6-1）。

表6-1 巴菲特的"财富履历"（1942—2009年）

年龄	11	14	17	21	26	30	35
财富（美元）	120	1000	5000	1.97万	17.4万	24.35万	680万
通胀调整（美元）	1660	1.4万	5.7万	19.2万	139万	166万	3820万
折合人民币（元）	1.1万	9.5万	38.7万	130万	945万	1129万	2.6亿
年龄	39	47	53	57	63	76	77
财富（美元）	2650万	7200万	6.8亿	21亿	85亿	435亿	600亿
通胀调整（美元）	1.27亿	2.95亿	18.85亿	49.7亿	159亿	489亿	n.a
折合人民币（元）	8.6亿	20亿	128亿	338亿	1082亿	3327亿	n.a

对于一位在未成年时就拥有相当于今天38.7万元（人民币，下同）财富，在"而立之年"就成为千万富翁，在35岁时又进一步成为亿万富翁，在不满50岁时就已拥有20亿元财富，在63岁时获得美国首富排名的人来说，他无论如何也不是一个大器晚成者。

以上是巴菲特个人财富积累的情况。下面让我们换个角度，看看一直追随着巴菲特的投资者在过去这50多年中能够取得怎样的回报。表6-2显示的是在剔除上述财务杠杆后的财富积累情况(假设初始一次性投资1万美元)。

表6-2 净值变化——初始投资1万美元(1956—2009年)

年度	1962年	1968年	1974年	1980年	1986年	1992年	1998年	2004年	2008年
净值 (万美元)	3.99	27.09	50.70	260.70	1 347	5 035	24 586	36 304	36 429
调整 (万美元)	25.21	135.26	200.06	813.03	3 452.7	14 517	37 849	44 169	37 886
折合人民币 (万元)	171.43	919.77	1 360.4	5 528.6	23 478	98 715	257 373	300 349	257 625

注:1. 为节省篇幅,以六年为一个检验周期。
2. 增长率数据摘自《一个美国资本家的成长》和巴菲特2008年致股东的信。
3. 净值是指截至各统计年度的资金净值。
4. 调整是指按年均4%所作的通胀调整。
5. 假设投资人一直跟随巴菲特投资,并在1969年转为伯克希尔公司股东。
6. 人民币统一按1美元等于6.8元折算。

我们可以看到,如果一个投资者在1956年交给巴菲特1万美元(大约相当于现在的59万人民币),则这个投资者在18年后,即可成为一名千万富翁(按人民币计,下同);在24年后,可拥有5 000万元以上的财富;在不到30年后,可成为一名亿万富翁。所有这些,都只是在初始一次性投资1万美元基础上的结果。如果投资者每年追加投资或初始投资的金额再扩大一些(当时投资最多的是10万美元),达到上述财富水平的时间还会大幅度提前。

当然,我们不能忘记巴菲特是一个职业投资人,而且还是一个能以合伙人的资金和巨额保险浮存金作为杠杆来进行投资的人,在他的成功中有着其他人可能难以或无法效仿的条件与因素。但即便如此,我们也相信:如果能严格按照巴菲特的投资方法与操作纪律去投资，我们也将有一个不错的属于自己的"财富履历"。

> **本节要点：**
>
> （1）由于投资方法得当并充分利用了财务杠杆，巴菲特很早就非常富有了。
>
> （2）坚持像巴菲特那样去投资，即使排除财务杠杆的影响，你也一定不会是一个大器晚成者。
>
> （3）越是急于求成，越是欲速而不达。

误读57：股神巴菲特

> **主要误读**：将巴菲特界定为一个股票投资者，一个"股神"。
>
> **我方观点**：纵观巴菲特传奇的职业生涯，股票投资只是"三者占其一"而已（其他两项内容是保险业经营和私人企业收购），"股神巴菲特"并不能如实地概括他的传奇的一生。

由于巴菲特在股票投资上所取得的卓越不凡的成就，人们把他称为"股神巴菲特"似乎是顺理成章。但如果我们就此把巴菲特界定为一个股票投资人，则不但不完整，更与事实相去甚远。有趣的是，不仅是在距离美国很远的我国资本市场，即便是在巴菲特的家乡美国本土，这种误读也是时有发生，而且偶尔还会出自与他相识或比较亲近的人。

我们先来看巴菲特官方传记《滚雪球》中的一段描述：1991年，在华盛顿邮报发行人凯瑟琳和主编格林菲尔德的安排下，巴菲特前往华盛顿州的双桥岛去参加一个私人聚会。在这个聚会上，巴菲特的朋友们希望他能与比尔·盖茨见面。但是当比尔·盖茨被他的母亲邀请参加这个在自己的父母家中举行的聚会并与巴菲特见面时却表示:"我对那个只会拿钱选股票的人一点儿都不了解,我没有什么可以和他交流的,我们不是一个世界的人!"

下面的一番话来自巴菲特的前儿媳玛丽·巴菲特:"最近沃伦的净资产已经超过了 200 亿美元,而沃伦是《福布斯》杂志美国前 400 大亿万富翁排行榜中唯一单纯因为股票投资而上榜的富豪。在过去的 32 年中,他的投资组合创造了 23.8% 的平均年复利报酬率的佳绩。"㊀(这里的考察期是 1964—1996 年)

无论是"只会拿钱选股票"还是"单纯因为股票投资而上榜",都对巴菲特有很深的误读。

纵观巴菲特的传奇经历,我们认为至少可以将三个称号"加冕"于他:(1)股神巴菲特。(2)CEO 巴菲特。(3)资本家巴菲特。最后一个称号也可以被解读为"控股人巴菲特""董事长巴菲特"或"商业大亨巴菲特"。相比较之下,哪一个更贴切呢?按照我们的长期观察,应当非"资本家巴菲特"莫属。下面我们就尝试从三个角度来阐述我们的观点。

角度一:相对于股票投资而言,巴菲特对收购私人企业更感兴趣。在巴菲特历年致股东的信中我们可以清晰地看到这一点:"虽然我们对于买进部分股权的方式感到满意,但真正会令我们雀跃的却是能以合理的价格 100% 地买下一家优良企业。"(巴菲特 1982 年致股东的信)"我们最希望能通过直接拥有会产生现金且具有稳定的高资本报酬率的各类公司来达到我们的长远经济目标。否则就退而求其次,由我们的保险子公司在公开市场买进类似公司的部分股权。"(巴菲特 1983 年致股东的信)"许多人以为股票是伯克希

㊀ 原话出自《巴菲特原则》一书。

尔公司投资时的第一选择,这样的想法不太正确。自从1983年公开揭露经营准则后,我们就一再公开表示我们偏爱买下整家公司而非部分股权。"(巴菲特2000年致股东的信)

在某些年度的致股东的信中,巴菲特指出了自己为何更青睐企业收购的三个原因:(1)"我喜欢与经理人一起共事,他们是一群高水平、有才干同时忠诚度高的伙伴,而我必须坦言他们的行为远较一般上市公司的经理人要理性,还以公司股东的利益为重。"(巴菲特2000年致股东的信)(2)"当我们控制一家公司时,我们便有分配资金与资源的权力。相较之下,若是只拥有部分股权则完全没有说话的余地。这点对我们非常重要,因为大部分的公司经营者并不擅长于作资金分配。"(巴菲特1987年致股东的信)(3)税收上的优惠。

所谓税收上的优惠是指当伯克希尔公司全资拥有(控股80%或以上)一家子公司时,这家子公司每年赚取的净利润无论是上缴母公司还是予以保留下来,伯克希尔公司都不需要为之缴纳任何税负。即使后来选择将子公司卖掉,因为其"成本减项"同时包括收购价格和历年的滚存利润,在多数情况下也基本不需要缴纳资本利得税。但是,如果伯克希尔拥有的是一家上市公司的部分股权,其上缴母公司的利润则必须缴纳14%的股利税。即使公司不分配利润,在最终出售时,要获得这部分保留下来的利润,理论上也要缴纳不低于35%的资本利得税。也就是说,如果伯克希尔选择很快出售该股票,就要立即补交其所欠税负(以资本利得税的形式);如果其选择长期持有(这正是巴菲特的主要投资策略),等到最终出售的那一天,还是要按同等比例上缴这部分"递延税负"。

角度二：巴菲特一直在两条"战线"上经营着伯克希尔公司。针对我们在角度一中的观点，有读者可能会问：个人兴趣是一回事，实际情况会不会是另一回事？下面我们就一起来看一看巴菲特以及伯克希尔公司的私人企业（或控股权）收购史。我们将其归纳为三个阶段。

早期（1956年至20世纪70年代末期）：这是巴菲特私人企业收购的启蒙与初期阶段。第一次企业收购的对象是一家名叫丹普斯特的公司，位于内布拉斯加州境内，主要生产风车和灌溉系统。坦白地说，那不是一次成功的经历。第二次收购始于1962年，这几乎又是一次失败的收购（1985年巴菲特把收购的原主体事业——纺织工厂关闭），而这个被收购的企业就是目前享誉全球的巴菲特旗舰公司——伯克希尔公司。这以后，陆陆续续地又出现了几次收购。截至20世纪70年代末期，巴菲特已通过伯克希尔公司成功收购了国民赔偿公司（旗下全资拥有五家保险公司）、国家水火险公司、伊利诺伊国民银行、多元零售公司（联合收购）、蓝筹印花（联合收购）、奥马哈太阳报等。然后又通过蓝筹印花收购了喜诗糖果、布法罗新闻、威斯科金融等公司。

截至1978年年底，伯克希尔及其旗下公司已经拥有了7 000名全职员工，年营业收入达到了5亿美元。即使放在今天任何一个国家，7 000名员工都可以算得上是个大企业了。其5亿美元的营业收入经通胀调整，则相当于今天的17.5亿美元或119亿元人民币。

中期（20世纪70年代末期至20世纪90年代中后期）：这是巴菲特对私人企业收购的发力期。在这一阶段，除了巴菲特津津乐道的"七圣徒"（其中的喜诗糖果和布法罗新闻分别在1972年和1977年收购）被相继收归麾下外，1989—1997年又先后收购了波仙珠宝、布朗鞋业、Dexter鞋业、赫尔兹伯格钻石、R. C. 威利家居用品、星辰家具、乳品皇后和国际飞安等公司。

截至1997年年底，伯克希尔旗下公司的雇员已达到38 000人，税前盈余也从1967年的100万美元增至8.8亿美元。每股税前盈余更从1965年巴菲特开始接管伯克希尔公司时的4美元增加到每股4 093美元。

后期（20世纪90年代中后期以后）：在这一阶段，伯克希尔的业务重心已开始从股票投资向私人企业收购转移，收购的步伐与力度也明显加快和加大。从1998—2008年，巴菲特先后将奈特捷（航空服务）、通用再保险（收购金额高达220亿美元）、乔丹家具、中美能源、科特家具、Ben Bridge珠宝、Justin企业（砖块制造）、Shaw地毯公司、B. M. B.油漆公司、JM公司（石棉制造）、MiTeK公司（建筑材料）、XTRA公司（货柜车租赁）、Albecca公司（相框制品）、Fruit of the Loom纺织公司（成衣制造）、Clayton房屋、McLane物流、森林之河（旅游车制造）、PacifiCorp公司（电力服务）、太平洋电力、企业通信公司、艾斯卡（切割工具制造）以及Mqrmon集团收于伯克希尔旗下（除通用再保险外，这一名单未含对保险公司的收购和通过伯克希尔子公司所做的附属性收购）。

截至2008年年底，伯克希尔公司旗下仅非保险事业体就已达67个。经营范围遍及金融、租赁、零售、建造、公用、航空以及其他服务业等多个行业。

我们可以看到，相对于股票投资的辉煌战史，私人企业收购似乎也毫不逊色。

角度三：巴菲特首先是伯克希尔公司这一保险业集团的掌舵者。1965年之前，作为职业投资人，巴菲特的投资运行平台是专门从事投资管理的机构——有限合伙人公司。而自从1965年获得伯克希尔公司的控股权开始,巴菲特逐渐把它打造成了一个至少具有四种功能的运行平台:投资平台、收购平台、控股平台和保险业经营平台。而保险业经营平台是整个系统的核心与基础。

从公司本身的经营属性以及巴菲特在历年致股东的信中的相关表述中,我们都不难确认一点:伯克希尔公司首先是一个保险业集团,而股票投资以及其他有价证券投资只是其保险业务链条中的一个环节,尽管它毋庸置疑是非常重要的环节。进一步说:如果过去数十年来没有对保险业的成功经营,每年就不会有大量最终表现为"零成本"乃至"负成本"的保险浮存金源源不断地流入,而如果没有这些浮存金,伯克希尔就一定不是今天的伯克希尔,巴菲特也一定不是今天的巴菲特。

关于保险业的重要性,我们除了可以从过去50多年来(从1967年伯克希尔收购第一家保险公司算起)保险浮存金的"总现金流量"中去解读外,还可以在巴菲特的包含着伯克希尔公司详尽经营情况的致股东的信中感受到。巴菲特每年都会用接近一半甚至超过一半的篇幅去谈保险业的经营,而在2008年致股东的信中,巴菲特再一次清晰地告诉大家:"我们的保险业运营,是伯克希尔的核心业务(the core business),是经济的发电站。"

自1967年3月收购国家偿金公司和全国火水险公司开始,伯克希尔公司身上的保险业色彩就随着时光的流逝而愈加浓厚。到20世纪70年代末期,伯克希尔旗下参股或控股的31个事业体及其附属事业体中,有1/3以上是经营保险业的公司。到1992年,伯克希尔公司成为全美国资产净值第二大的产业意外险公司,而旗下的盖可保险已是全美第七大汽车保险公司。截至2003年年底,伯克希尔公司旗下的通用再保险及其兄弟公司国家偿金成为全世界主要再保险公司中仅有的具有3A最高信用等级的两家公司。

至于保险业本身的经营成果,有这样一组数据:截至2008年年底,伯克希尔共持有1 220亿美元的有价证券和现金等价物,其中585亿美元来源于公司的保险浮存金。同时,"在截至2007年年底的25年内,我们的保险业的平均回报率为8.5%,相比于财富500强的14%的平均回报率,我和查理做梦也没有想到会有如此好的成绩。"(巴菲特2008年致股东的信)需要注意的是,对于伯克希尔公司来说,由于保险业的主要价值是为其投资事业贡献低成本甚至负成本的保险浮存金,因此其自身实现的丰厚利润就显得更加弥足珍贵。

总的来说,伯克希尔公司发展至今,旗下已有76个企业事业体,一共有20多万名雇员,是全球前50大私人雇主之一;公司对保险业的经营长期以来表现优异,而非保险事业贡献的利润也已占到伯克希尔净值的50%以上。当我们面对这样一个统治着强大保险业集团和控股集团的董事长兼CEO时,我们能仅仅用"股神巴菲特"来概括他吗?

> **本节要点:**
>
> (1)纵观巴菲特的一生,我们至少可以将三个称号"加冕"于他:股神巴菲特、CEO巴菲特和资本家巴菲特。
>
> (2)尽管人们谈论最多的是"股神巴菲特",但最为贴近巴菲特的传奇经历的称号应当非"资本家巴菲特"莫属。
>
> (3)将巴菲特单纯或主要界定为"股神",我们就会忽略他在私人企业收购和保险业经营上所取得的辉煌成就,在我们面前呈现的就不是一个完整的、真实的巴菲特。

误读58：管理大师

主要误读：人们在赞扬巴菲特对投资学的贡献时，往往忽略了他对管理学的贡献。

我方观点：巴菲特对后者的贡献甚至不亚于对前者的贡献。

在1991年致股东的信中，巴菲特谈到约翰·梅纳德·凯恩斯的投资哲学时，曾赞扬他"作为一个职业投资人的才智不亚于他在经济思想方面的才智"。今天，当我们谈起巴菲特在投资领域所做出的贡献时，也不能忽视他在管理学领域所做出的贡献。我们甚至认为，当人们理所当然地称呼巴菲特为投资大师时，他其实还应当有一个当之无愧的称号：管理大师。

什么是管理大师？这是一个比什么是投资大师更难定义的问题。一个人是不是投资大师，有时我们仅凭他的操作理念与投资业绩便可以给出评判。但判断一个人是不是管理大师，恐怕难以找到一个统一的评估标准。那么，我们今天又依据什么来称呼巴菲特为管理大师呢？简而言之，我们依据的就是他在企业管理领域带给我们的多项颠覆性思想以及在这些思想指导下的成功实践。

首先是管理边界问题。尽管旧组织模型所提出的层峰制已不能符合现代经济的需要，但即使新组织模型提出了网络化或将层峰制予以扁平化的要求，它的目标仍然是"使组织变成一个团队取向的、授权给下级的组织，但又处在一个强力型领袖自上而下的指挥之下。"㊀那么，今天的企业管理者也就不可避免地要面对设计层峰制时

㊀ 摘自德博拉夫等著的《组织行为与过程》。

所要面对的同一个问题：管理的有效边界在哪里？尽管不同的企业对这个问题会因具体情况的差异而有不同的答案，但"一个强力型领袖"为了有效实施"自上而下的指挥"，总要给自己的管理边界划出一个大致的范围。

其实不管怎样界定这一范围，鉴于一个人的精力有限，这个被划出来的边界都不可能是无限度的。那么多大才合适呢？记得巴菲特在谈到分散投资的弊端时，曾有过这样一段调侃：当你有 40 个妻子时，你将永远不会知道她们此时此刻都在干什么。由于巴菲特历来都把股票投资看作企业投资，我们姑且把这个比喻延伸至企业管理上来，这样便有了一个极限边界：40 个报告人。依我们的观察，这个数目即使对于新组织模型中的"一个强力型领袖"来说，也应当足以构成极限了。

40 个报告人真的就是极限了吗？至少在巴菲特那里不是。截至 2008 年年底，伯克希尔旗下已有 67 个非保险事业体，如果我们再把其旗下的保险公司和伯克希尔处于第一大股东地位的上市公司计算在内，数目还会大幅度增加。由于这些公司都是不需要通过任何中间层级而直接向巴菲特本人报告，参照传统观念中的极限管理边界，我们可以想象巴菲特会有多么忙碌！但事实却是另一番情景：在几乎所有公司都运转良好的前提下，巴菲特的工作状态却是"每天跳着舞步去西斯廷教堂绘画"！

为什么会这样？我们还是从巴菲特自己的表述中去寻找答案："在我们又新增了旗下事业体的同时，我被问及一个人到底可以应付多少个经理人同时向我报告。我的回答相当简单，要是我只管一个经理人，而他是一颗'酸柠檬'，那么管一个人就已经太多；而要是我所面对的都是像我们现在所拥有的那种经理人，那么这个数

目将没有任何限制。"（巴菲特1995年致股东的信）

其次是管理文化问题。巴菲特在这个问题上有何贡献呢？在提出我们的观点之前，让我们先来看一个堪称罕见的现象："在伯克希尔公司，我们所有的明星经理人都喜欢自己的工作——一份他们想要而且期望能够终生拥有的事业。因此，他们可以完全专注在如何使这份他们拥有且热爱的事业的长期价值极大化上。如果这份事业成功了，也就等于他们自身成功了。他们将一直与我们同在。在伯克希尔过去的36年里，我还没有听说过有任何一位经理人自动跳槽离开了公司。"（巴菲特2000年致股东的信）

每家企业都有自己的管理文化，但是当我们面对一个长达数十年中没有一位经理人选择自动离开的公司时，可能就无法仅仅用些许的文化差别来解释这一现象了。我们认为这一现象的背后原因或许是：入门时的千挑万选，入门后的充分放权。对前者，人们可能较容易理解。而对后者，人们可能就理解得不是很透彻了。

罗伯特·麦尔斯在其所著的畅销书《沃伦·巴菲特的CEO们》中有这样一段描述："他们能够把精力完全集中在公司的内部事务上，没有任何外来的干扰。经理们可以经常向总部报告，也可以不经常向总部报告，这取决于他们自己。伯克希尔旗下一家公司的经理，在公司被收购后的20年内没有去过位于奥马哈的伯克希尔公司总部。"一位子公司的总经理20年没有去过公司总部，按照绝大多数企业收购人与管理者的习惯性思维与行为模式，这可以想象吗？

颠覆性的结果，其背后的管理文化也一定是颠覆性的。为了便于理解，我们不妨循着巴菲特的思维路径提出两个从逻辑上看极为简单明了的问题：（1）如果你能花巨资把泰格·伍兹、费德勒、科比、刘国梁、刘翔通通买入，你会试图教他们如何打高尔夫、网球、篮球、乒乓球和跨栏吗？（2）如果你能将王石、任克雷、季克良、闫希军、任正非收于麾下，你会计划告诉他们如何经营房地产、主题公园、茅台酒、现代中药和通信设备制造吗？

再次是管理成本问题。每家公司都有自己的管理总部，不管是皮包公司还是跨国企业，都是如此。每家公司总部的规模与行政支出会因公司业务规模的大小而有所不同，小到可以只是一个皮包或一张桌子，大到可以占据一座或多座写字楼。下面是前富达基金经理彼得·林奇关于伯克希尔总部的描述："六个月后，我依照巴菲特的嘱咐前去拜访他。他让我参观办公室的每一个地方。那并不需要花很长的时间，因为他所有的工作所需就塞在小于半个网球场的地方。我跟所有的 11 名员工打招呼。在那里看不到一台电脑或股票行情终端机。"

彼得·林奇大约是在 1989 年夏季拜访伯克希尔公司位于奥马哈的总部的。尽管后来证实关于半个网球场的比喻有些夸张，但办公室的实际面积也不会大到哪里去。那么这个面积可能不如一个网球场大，人员总计不过 11 名员工的公司总部管理着一个怎样经营规模的事业体呢？下面是 1989 年年报所披露的几项数据：公司资产净值 49.27 亿美元；税后利润大约 3 亿美元；股票市值 51.88 亿美元。如果读者对此印象还不够深刻的话，我们把时间再拖后 19 年。截至 2008 年年底：公司资产净值 1 198 亿美元；只是来自于三个主要事业体的税后利润就达 67.79 亿美元；有价证券市值 1 220 亿美元。那么，这个上交税收差不多占整个美国企业总税收至少 1/40 的公司，其总部的规模是怎样的呢？面积：9 708 平方英尺；员工：16 名！

至于这16名员工和不到1 000平方米的办公室每年的行政支出有多少，可参考巴菲特自己的披露："我们的费用占税后盈余的比例不到1%，占年度透视盈余的比例更是低于0.5%。在伯克希尔我们没有法律、人事、公关或是营运企划部门。这同时也代表我们不需要警卫、司机或是跑腿的人。最后除了维思以外，我们也没有任何的顾问。帕金森教授（帕金森定律创建人）一定会喜欢我们的营运模式。"（巴菲特1992年致股东的信）

最后是股东文化问题。关于这个问题，巴菲特曾经说过一句可能让所有的企业股东都会高度认可的话："站在股东的角度去考虑问题是我们对管理者的最高赞赏。"可是，赞赏是一回事，能否真正做到就是另一回事了。其实，巴菲特的这句话不过是表达了众多公司股东的一个美好憧憬而已，公司治理问题在过去100多年来就像一个"魔咒"，始终萦绕在企业投资人和市场监管者的上空，挥之不去。

然而，在巴菲特经营合伙公司和有限公司的这些年中，他的合伙人和公司股东却是无比幸运的一群人，因为在他们的管理者身上，始终能表现出一种令人敬仰的股东意识。从道德水准上来说，巴菲特无疑是高尚的。但这并不是问题的全部，一段出自巴菲特的具有些许哲学意味的话揭示了事情背后的原因："因为我是经营者，所以我成为了成功的投资人；因为我是投资人，所以我成为了成功的经营者。"⊖不要低估从这段话中透露出来的管理思想，他本人在公司董事会的构成、独立董事的标准以及其他公司治理方面所具有的众多独特观点，其根源恐怕都在于此。

⊖ 摘自《福布斯》1993年10月19日。

第六部分　双燕飞来烟雨中

巴菲特在 1983 年致股东的信中谈到了伯克希尔公司独特的运行机制与股东文化："尽管我们登记为有限公司，但我们是以合伙的心态来经营公司的。查理·芒格和我视伯克希尔的股东为合伙人，而我们两个人则为执行合伙人或控股合伙人。我们从来不把公司视为企业资产的最终拥有人。实际上公司只是股东拥有资产的一个媒介而已。对应前述所有权人的导向要求，我们所有的董事都是伯克希尔的大股东，而五位董事中的四位董事，其家族财产有超过一半的比例是对伯克希尔公司的持股。简言之，我们煮的饭我们自己也吃。"

我们认为，巴菲特绝不是在简单地向我们描述所谓"家族资本主义"、"经理人资本主义"以及"投资人资本主义"之间的区别或者孰优孰劣的问题（这三种主义代表了美国不同发展阶段的公司治理模式，依次为：家族主导、经理人主导和机构投资人主导）。在看似熟悉的观点背后，折射的是巴菲特作为公司控股人兼公司管理者的一种独特的股东和经理人文化。而在他身上表现出的所有的"颠覆性"的特质，便是这种文化的外在表现。

对于这种特质最终带来的结果，艾利斯·施罗德在《滚雪球》中是这样总结的："历史上还没有哪家公司的股东对公司的 CEO 的眷恋之情胜过伯克希尔的股东对巴菲特的眷恋之情。没有人像伯克希尔的股东那样认为公司的 CEO 就是自己的良师益友。富可敌国的他感动了无数人，许多人都觉得他是自己的故交，尽管彼此不曾谋面。"

当然，巴菲特对管理学的贡献还远不止于此，他对股票期权应当计入公司费用的观点、他对应当如何去组建公司董事会的观点、他对独立董事应当具备什么条件以及他对公司 CEO 的薪酬应当如何管理的观点等都具有某种程度的颠覆性并对市场产生了不小的影响。这里就不再一一展开了。

> **本节要点：**
> （1）巴菲特对管理学的贡献不亚于他对投资学的贡献。
> （2）这些贡献所涉及的领域包括：管理边界、管理文化、管理成本和股东文化。
> （3）由于他在管理学上先后提出并成功实践了许多具有颠覆性的思想，所以我们今天在称他为"一个投资大师"的同时，也可以称他为"一个管理大师"。

误读59：矛盾体

> **主要误读**：在许多方面巴菲特自身就是一个矛盾体，对此市场似乎没有给予足够的关注。
> **我方观点**：一个不纯粹的人，才可能是一个真实的人。

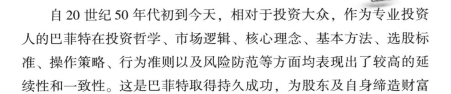

自20世纪50年代初到今天，相对于投资大众，作为专业投资人的巴菲特在投资哲学、市场逻辑、核心理念、基本方法、选股标准、操作策略、行为准则以及风险防范等方面均表现出了较高的延续性和一致性。这是巴菲特取得持久成功，为股东及自身缔造财富神话的基本前提所在。

然而，任何事物都不可能永远是铁板一块。即使是晶莹剔透的玉石，也难免会有一些瑕疵在其中。一个殿堂、一座大厦或一棵参天大树，在长久的风吹、雨淋和日晒中，必然会出现一些耗损，留下斑驳印迹。记得有一次在佛罗里达大学的座谈会上，当巴菲特被问及投资历程中所犯过的错误时，他风趣地回答道："那要看你有多长的时间听我说了。"这不完全是自谦和幽默的表白。在一路走来的投资历程中，巴菲特所犯的错误尽管比你我都少，但着实也多得数不胜数。除此之外，在这座投资殿堂里头徜徉久了，我们也发现了不少值得"回味"和"把玩"之处。

我们把这种值得进一步研究的地方称为"矛盾体"。虽然从哲学的角度来说，世间万物大多都是矛盾的统一体，但当这种情况出现在一直被光环笼罩着的人物身上时，便会引起人们的高度注意。下面，就把一些我们认为比较重要的矛盾体罗列出来并做出简要说明。

1. 情人与妻子

在本书中我们曾经多次提到，巴菲特通常将其对股票的投资分成两个部分：非主要部位的投资和主要部位的投资。前者一般是轻仓和短期的，后者大多是重仓和长期的。我们暂且把处于非主要部位的股票称为"情人"，而把经过二次或多次筛选后进入主要投资部位的股票称为"妻子"。由于两者本来就是各司其职，因此在"她们"之间一般不会出现矛盾体的问题。然而，如果在"妻子"阵营里出现了"情人"（"情人"转变为"妻子"则属于原本的策略设计），事情可能就会有些不寻常，特别是当"情变"的理由让人感觉有些朦胧时。近十几年来，我们发现伯克希尔的投资组合经常出现一些对长期持股（其中还有曾被巴菲特确定为"永恒持有"的公司的股票）的减持甚至清仓操作。尽管在每次操作的背后可能都有充足的理由，但在这种"妻子"向"情人"身份的转变中，我们似乎感觉到了在巴菲特身上存在的些许矛盾心态。

2. 船与船长

在过去的数十年里，巴菲特在选择投资对象时一个不变的理念就是：船比船长重要（参见本书中的"划船"一节）。对这些理念的确立与坚守，除了受到费雪和芒格等人的影响外，也与他早期失败的"烟蒂"型投资与成功的"大生意"投资有关。但是我们发现，在巴菲特中后期的投资中，特别是在对一些私人企业的收购上，其采取行动的依据往往是"船长"，而不是"船"本身。从早期的"七圣徒"到后来的一系列种类繁多的公司，我们看到和听到的也常常是"优异的管理"，而不是"消费独占""美丽的城堡""宽广的护城河"等。在这些企业身上，特别是在一些主要靠管理支撑的普通生意上，我们看到的是"船"与"船长"这对矛盾的统一，并不存在谁先谁后的问题。

3. 经营回报与市场回报

当以一个确定的价格买入股票后，投资者在这只股票上就会面临两种回报：经营回报和市场回报。企业每股收益的变化直接影响经营回报，而其股票价格的变化直接影响市场回报（资本溢价）。那么，在经营回报理想，但市场回报看起来有些泡沫化时，是否应采取适度的减持行动？我们认为，这个问题给巴菲特造成了一定的困扰。早期的"称重作业"（参见相关章节）曾经让巴菲特后悔不迭，后期对一些价格泡沫化股票的一味持有却又让他尝到了苦果。在最近几年的致股东的信中，我们似乎就看到了两种面孔的巴菲特：面对经营回报露出微笑的巴菲特与面对资本回报露出些许迷茫的巴菲特。

4. 占道与让道

从整体上来看，无论是对自己处在第一大股东地位的上市公司，还是处在控股地位的非上市公司，巴菲特在经营管理上基本都是放权的。坚持这样做源于一个简单的逻辑：不要尝试教泰格·伍兹打高尔夫球。但当我们做了一番深入的观察后，发现在某些投资案例上，事情似乎又没有这样简单。无论是早期在喜诗糖果上的事无巨细，还是中期在盖可保险上的体察入微，抑或是后期在可口可乐上的多次主动干预，我们所看到的并不是一个在所有时候都"让开道路，为其鼓掌"的巴菲特。尽管局部的复杂不会影响整体的简单，但不时出现的"占道"式介入，多少体现出了其在管理哲学上多元的一面。

5. 避税的"狡猾"与缴税的"慷慨"

在2003年致股东的信中，巴菲特就伯克希尔的纳税问题对某位财政部官员的观点进行了反驳。该官员曾在一次针对巴菲特的评论中，将他称为"某位擅长玩弄税法的中西部圣人"，暗指他在纳税问题上一直都在绞尽脑汁，尽量避税。而巴菲特则辩称自己一直是诚实纳税的好公民。尽管我们更倾向于站在巴菲特一边，但那位官员的观点，也并非都是空穴来风。我们都知道，巴菲特在选择投资方法（短期还是长期）与投资模式（股票投资还是企业收购）时，考虑的重点之一就是如何能最大限度地减少税负（有兴趣的读者可阅读"递延税负"和"股神巴菲特"两节）。但如果就此把巴菲特看作"玩弄税法的中西部圣人"，却并不客观。毕竟，一个玩弄税法的家伙，不大可能允许自己公司的年度缴税额进入全美企业的前 10 名。或许，正像某些人解读的那样，巴菲特只是想通过合理的避税去积累更多的财富，然后再以更大的财富规模反馈给社会。

6. 对"大规模杀伤性武器"的爱与恨

巴菲特曾在多个场合把衍生工具比喻成大规模杀伤性武器。但我们发现，除了在对一些衍生工具遗留问题的处理上显得有些步调缓慢并有诸多犹豫外，巴菲特自己也曾经多次主动使用过衍生工具。当然，他自称是在风险可控的前提下才会使用。据我们观察，在很多巴菲特使用衍生工具进行商业交易的案例中，确实带有着较深的"巴菲特痕迹"。例如，他在 1993 年买入的可口可乐看跌期权，以及在金融海啸时对某些衍生工具的运用，似乎都是以小风险去博取大回报，这与巴菲特在投资股票时的操作几乎如出一辙。尽管如此，巴菲特自己也承认在某些操作上仍存在一些不可控的风险。因此，我们认为他在这个问题上已构建了一个新的矛盾体。

> **本节要点：**
>
> （1）尽管在长期的投资历程中，巴菲特表现出了理念与策略上的高度一致，但在不少问题上也存在一些看起来自相矛盾的地方。
>
> （2）这些问题涉及操作策略、投资标准、业绩评估、管理模式、避税与缴税以及如何对待"大规模杀伤性武器"等。
>
> （3）我们认为，这些矛盾的出现，包括巴菲特在投资中曾经犯过的不少错误，是不足为怪的。否则，巴菲特就不是一个真实的"人"，而变成一尊"神"了。

误读60：内部记分卡

主要误读：内部记分卡在巴菲特投资体系中的重要地位与其知名度不相匹配。

我方观点：从某种程度上来说，没有内部记分卡就没有今天的巴菲特。

生活中，当我们的某些行为被自己的家人、朋友或同事误解时，我们经常说的一句话是"问心无愧"。这说明大多数人都有一张进行自我评估的内部记分卡。这张内部记分卡让我们在看待和处理各类事物时，能够按照自己的基本价值观去做。反过来，如果没有自己的主见，事事都要看他人的眼色行事，是非常可悲的。

生活如此，投资也是如此。所不同的是，在生活中人们大多已经建立起了"内部记分卡"并自然地据此行事。投资中的人们却并不总是如此，他们对自己的成败得失的判断通常基于"外部记分卡"，如外界的评价、他人的投资回报以及股价短期的涨跌水平等。人们在投资中经常表现出的轻率、盲从、犹豫、困惑、焦虑以及多变等，也大多源自于此。

内部记分卡对投资成功的重要性，无论怎样强调都不会过分。当人们仰慕巴菲特的投资传奇时，关注的大多是他的投资哲学、逻辑、理念、方法、策略和准则等。这些当然都很重要，只是内部记分卡，作为辅助巴菲特成功走到今天的不可或缺的要素，却往往被忽略掉了。

关于内部记分卡，巴菲特是这样为我们定义的："人们行事的一大问题在于，他们是拥有内部记分卡还是外部记分卡。如果内部记分卡能令你感到满意，它将非常有用。我想说的是：'听着，你想做世界上最伟大的人，却让大家认为你是世界上最差劲的人。或者，你想做世界上最差劲的人，但却让大家认为你是世界上最伟大的人。这两者之间，你想做何选择？'这是个有趣的问题。还有一件有趣的事。如果全世界的人都无视你的成果，那么，你是想被当作世间最伟大，但实际上投资记录却是全世界最糟糕的投资者，还是愿意被当作全世界最无能，而实际上却是最优秀的投资者？我认为，这取决于人们年幼时父母的关注重点。如果父母忽视或抹杀你真实的行为，重视的是全世界怎么看你，那么，你最终将会使用外部记分卡。而我的父亲，他是百分之百的内部记分卡使用者。"㊀

尽管在今天，巴菲特被公认为过去100年来全球最伟大的投资者。但不要忘记，人们只是在最近这十几年才开始给予他这项荣誉的。而在这之前，巴菲特一直饱受着人们的质疑、否定甚至嘲讽。即使是这最近的十几年，人们还是没有停止对他的猜疑。姑且不说科网股泡沫中对他铺天盖地的攻击，就是在最近的金融海啸期间，关于巴菲特"不行了"的言论也是常常见诸报端。试想，如果没有内部记分卡的支撑，巴菲特怎能在飞短流长中成功地走到今天？

既然是"记分"卡，那么它的主要作用就应当是用来做行为基准的。这一行为基准，比我们在本书"标尺"一节中讨论过的内容还要宽广和深入许多。下面我们从三个方面作出讨论。

首先，内部记分卡包含着科学、理性的目标回报基准。这一项基准不仅影响着人们的业绩评估结果，更影响着人们的投资行为模式。一个将股票投资回报预期定在年复合增长率15%的投资者，与一个将投资回报预期定在30%或者更高的人，很难有相同的行为模

㊀ 摘自《滚雪球》。

式。那些长久以来总是在股票市场频繁进出的投资者，其行为偏好的背后，是因为他们相信通过"勤奋而聪明"的买与卖，完全可以获取远高于企业经营性收益的投资回报。然而，巴菲特却把自己的投资回报预期设定在15%这个水平上，并相信这一水平的复利效应足以让他实现年轻时的财富梦想。基于这样一个内部记分卡来进行投资操作，不但给他带来了平和的心态，也让他把市场绝大多数的投资者远远甩在了后面。

其次，内部记分卡包含着科学、理性的评估对象基准。通过长期的观察，巴菲特发现股票市场中一直存在着三个主要矛盾：（1）企业内在价值与市场价格的矛盾。（2）多数人的看法与少数人的观点的矛盾。（3）长期投资绩效与短期业绩表现的矛盾。基于对这三大矛盾的充分认识，巴菲特建立了自己独特的投资评估对象基准。

既然股票价格不总是与其内在价值相一致而又总是围绕着内在价值波动，一个企业投资者就应当把自己的目光聚焦在企业的内在价值发展趋势而不是股票的短期价格变化上；既然由于专业知识、操作技能、心理素质以及游戏规则的影响而使得真理往往掌握在市场少数人手里，那么要想取得持久的成功，就不能总是和大多数人站在一起；既然短暂的辉煌并不代表最终的成功，那么对短期投资表现的淡漠和对长期投资表现的关注，就是一个自然的逻辑选择。

最后，内部记分卡也包括一个科学、理性的时间基准。在巴菲特眼中，股票更像是一艘驶向彼岸的航船，而不是冲浪的舢板；股票投资就像一场财富人生的马拉松比赛，而非短跑竞逐。因此，巴菲特在规划自己的投资目标时，通常以 5~10 年为一个周期，而不是像市场上的大多人那样，以年、季、月甚至是周来规划自己的投资。

在本书的相关章节，我们借用"龟兔赛跑"的故事来提醒投资者,对于看起来巴菲特已经失败的行动,不要总是那样快地给出结论。因为,巴菲特本人采取行动的着眼点大多是"5~10年后我在哪里",而我们的思维习惯却大多是"1年后我在哪里"。这是两个完全不同的规划周期。用短期的表现去评价一个基于长期规划的行动,龟兔赛跑的情景就将一再上演。

真正的投资大师,都会有一张内部记分卡。无论是格雷厄姆的"总是做一些显而易见的事,你就赚不到钱",或是费雪的"跟在别人背后,事后往往证明是错的",还是芒格的"逆向,一直逆向",抑或是巴菲特的"在别人贪婪时恐惧,在别人恐惧时贪婪",讲的都是一个道理:选择性逆向操作。而这正是他们走向成功的必要前提。试想,如果行为轨迹都是逆向的,那么用于评估行为轨迹的"记分卡"怎么可能不是"内部"的呢?

本节要点:

(1) 生活中的人们大多都有一张承载个人价值观的内部记分卡,投资中的人们则大多缺乏这样一张内部记分卡。

(2) 凡是投资大师,都有自己的内部记分卡。

(3) 投资者要想在股票市场中取得持久的成功,应当尽快建立一张属于自己的内部记分卡。

误读61:内在超越

主要误读:人们在解析巴菲特的投资体系时,往往忽略了其背后的那些更加无形的东西。

我方观点:要想成功地仿效巴菲特的投资操作,内在超越是外在模仿的必要前提。

巴菲特投资体系的建立旨在解决三个基本问题：买什么、买入价格以及怎样买与怎样卖。如果对其进行进一步解析的话，它大致可分为八个部分：（1）基本哲学。（2）市场逻辑。（3）核心理念。（4）投资方法。（5）选股标准。（6）价值评估。（7）操作策略。（8）行为准则。在这八个部分中，前四个构成了其投资体系的基本框架，后四个则解决了具体操作的问题。投资者要想成功地模仿巴菲特，显然需要先对这个体系有一个深入、完整的了解。

然而在这一投资体系的背后，我们认为还隐藏着一些更加无形、更加重要的东西。如果我们把对巴菲特投资体系的学习与掌握看作一个外在超越过程，那么对这些"背后事物"的学习与掌握就是一个内在超越的过程。没有这后一个过程，外在超越最终将难以实现。

"内在超越"一词源于儒家思想，意指唯有那些能不断自我超越的人，才最有可能实现自己的理想和追求。在同样是由人主导的股票投资领域，又何尝不是如此？巴菲特的成功，正是建立在两种超越的基础上。如果仅有外在超越，巴菲特将难以成功地走到今天。那么，巴菲特究竟实现了那些"内在超越"？隐藏在其投资体系背后的那些无形的东西都是什么呢？下面就选出其中我们认为最重要的五点与读者一起分享。

1. 专注

1991年7月，巴菲特参加了由其朋友安排的在比尔·盖茨的父母家举行的一次小型私人聚会。在事后的一次与朋友的谈话中，巴菲特谈到了那次聚会的一个小片段："晚饭的时候，比尔·盖茨的

父亲问了大家一个问题：人一生中最重要的是什么？我的答案是'专注'，而比尔·盖茨的答案和我一样！"㊀

"专注"正是巴菲特最为真实、最为准确的写照。许多年来，每当我们想起巴菲特，脑海中总是不免浮现出这样一些影像：一个在年轻时就四处奔波于美国各地，寻找每一个绝佳投资机会的巴菲特；一个在家时除了吃饭和睡觉，其余大部分时间都在阅读的巴菲特；一个没有什么个人嗜好，满脑子都是如何赚钱与如何投资的巴菲特；一个从11岁开始一直到今天近90岁高龄，一直活跃在资本市场上的巴菲特。

与巴菲特相比，格雷厄姆绝不缺少智慧与学识；论智商与博学，查理·芒格甚至远在巴菲特之上。但为何这两个人无论是在投资的建树上还是个人财富的积累（包括为其客户所创造的财富）上都远不及巴菲特？不够专注恐怕就是其中的一个主要原因。当然，格雷厄姆与查理·芒格的不够专注，是因为他们志不在此。但对于一个已立志于学习和模仿巴菲特的投资者来说，"专注"则是你走向成功的一个基本前提。

2. 理性

翻开字典，对"理性"的注解是：从理智上控制行为的能力。而对"理智"的释义则是：辨别是非、利害关系以及控制自己行为的能力。可以看出，理性的关键词有两个：辨别与控制。与此相对，那些未经过人们大脑辨别与控制的轻举妄动与感情用事等，应

㊀ 摘自《滚雪球》。

当不属于理性范畴。那么,人们在股票投资领域中的理性行为是如何形成的呢?是先天就有的还是经后天磨炼而成的?

对于后面这个问题,我们思考了很久却一直没有找到满意的答案。后来是巴菲特的一句话让我们豁然开朗。在一个谈论格雷厄姆的场合,巴菲特对他的老师做出了这样的概括:"当适当的气质与适当的智力结构相结合时,你就会得到理性的行为。"㊀这句话给予我们的启示是清晰的:投资中的理性行为同时来自于先天的赐予与后天的培养,缺一不可。所谓先天的赐予是指一个人与生俱来的秉性、性情、脾气以及神经系统的强弱等;所谓后天的培养是指人们对投资知识的学习、实践、认识与再认识直至最终的掌握等。

巴菲特与芒格都曾在多个场合强调一个基本观点:投资与其说是一场智力竞赛,不如说是一场看谁的行为更理性的比拼。通过对巴菲特的深入了解,我们高度认同这一观点。我们常说,巴菲特之所以成功地走到今天,源于他很早就把自己定位于一个企业持有者,而不是股票投资者,更不是市场交易者。这种角色定位上的理性,又衍生了后来他在"不急于求成"上的理性、在"目标回报"上的理性、在"有所不为"上的理性以及在其他各类投资事物上的理性。正是这些大大小小的理性行为,才导致了他今日的成功。

3. 独立

当大多数的投资者在股票市场上总是表现出犹豫、疑虑、困惑、轻率、盲从以及多变的一面时,巴菲特不止一次地劝诫人们:

㊀ 摘自《巴菲特如是说》。

独立思考是致使投资者走向成功的基本要素。那些投资中的"旅鼠"习性，那些在操作中总是不时浮现出的"偏离轨道的恐惧"，还有那些总是想跟在别人后面搭便车的行为，都不可能让投资者走向最后的成功。

巴菲特传奇的投资生涯，就为这个观点作出了最好的注脚：他在确立投资方法（主流还是非主流）上的独立、在选择投资模式（投资企业还是投资股票）上的独立、在如何看待价格波动（视价格波动为敌人还是朋友）上的独立、在短期还是长期乃至超长期投资上的独立以及在如何进行投资成果评估上的独立等，正是他成功地走到今天的重要前提。

4. 坚守

做正确的事是一回事，坚持一直做正确的事则完全是另一回事。这就像人们常说的，一个人做点儿好事并不难，难的是一辈子都做好事。巴菲特的伟大，不仅在于他为我们建立了一套完整而科学的投资体系，更在于他一直去维护与坚守它们。

彼得·泰纳斯在其所著的《投资大师》（*Investment Gurus*）一书中对他所采访过的投资大师给出了这样一个概括："投资大师们的一个共同特质就是遵守准则。每一位大师都有自己的准则，没有的是那些缺乏决断力的、随时或随市场状况而经常变化的投资方法。大师们的投资哲学可能是在长期实践中逐渐形成的，但他们绝不摇摆不定。"这句话同样准确地概括了巴菲特所具有的特质。

巴菲特自己也常说，他所遵循的投资方法简单而不容易。按照我们的观察与理解，这种不容易更多是源于在各种市场情形下坚守原有投资理念、方法、策略与准则的寂寞与艰难。

5. 深谙风险

我们用巴菲特的一段话来阐述最后一项内容的重要性:"从长期来说,市场将出现非比寻常甚至诡异之极的情况。只要犯了大错,无论你过去有多少成功记录,都将会被一笔抹杀。所以,伯克希尔需要那种与生俱来就能辨认以及规避重大风险——甚至是从未见识过的风险——的人。而目前许多金融机构普遍采用的规则,运用在投资策略上,都有一些特定、重大的危机隐藏其中。情绪控制也十分重要。独立思考、心智稳定以及对人性及组织行为的敏锐洞察力,这些都是在投资上取得长期成功的不可缺少的要件。我见过很多聪明绝顶的人,但他们都缺乏这些特质。"(巴菲特2006年致股东的信)

当然,对于我们自身而言,离实现内在超越可能还有很长的距离。但在正确思想的熏陶下、在经历了中国股市的轮番洗礼后,尽管还会有些步履蹒跚,但我们始终在努力前行。

> **本节要点:**
>
> (1) 成功学习巴菲特的投资方法,"内在超越"比"外在模仿"更加重要。
>
> (2) 内在超越要求投资者至少要做到以下几点:专注、理性、独立、坚守与深谙风险。
>
> (3) 与"外在模仿"一样,"内在超越"也并非一日之功。对此,投资者要有一个清醒的认识。

误读62：青出于蓝

主要误读： 无论在哪里，巴菲特都不具有可模仿性。

我方观点： 当人们提出要"模仿"巴菲特的投资操作时，其实这只是对"模仿者"的模仿而已。

尽管巴菲特的投资方法可能永远不会成为股票市场的主流操作模式（我们可能有些悲观），但由于其方法的简单、策略的有效以及回报的确定，还是渐渐地有越来越多的投资者开始学习与模仿其投资方法。面对这些投资者，市场上有不少人发出了"你永远成不了巴菲特"的劝导。

实际上，在我们的视野中，并不曾发现有谁声称要"成为"巴菲特。我们看到和听到的只是有些人想要"模仿"他而已。模仿与复制是两个完全不同的概念，模仿的背后只是学习与借鉴，如果说模仿也不可行的话，恐怕就有点儿过于武断了。殊不知，巴菲特的许多投资操作也正是源自他对自己敬仰的人所进行的"模仿"，而那些后来的投资者所做的只不过对模仿者的模仿而已。

我们在"内在超越"一节中曾将巴菲特的投资体系解析为八个部分，在这里，我们就按照这个口径进一步解析一下巴菲特的思想体系与其所敬仰之人的思想体系是如何"一脉相承"的（我们用财务要点替换了价值评估），如表6-3至表6-10所示。

表6-3　基本哲学

本杰明·格雷厄姆	查理·芒格
在华尔街,如果总是做一些显而易见或大家都在做的事,你就赚不到钱	我和巴菲特总是不由自主地对人们趋之若鹜的事情表示怀疑
菲利普·费雪	沃伦·巴菲特
预测股价会达到什么水准,往往比预测多久才会达到那种水准要容易	我们不知道事情发生的时间,也不会去猜想。我们考虑的是事情会不会发生

表6-4　市场逻辑

本杰明·格雷厄姆	沃伦·巴菲特
市场不是根据证券的内在品质而精确地、客观地记录其价值的称重器,而是汇集了无数人部分出于理性、部分出于感性的选择的投票机	短期内市场或许会忽略一家经营成功的企业,但最后这些企业终将获得市场的肯定
强有力的事实证明股票发表的证券市场预测比简单地掷一枚硬币还缺乏可靠性	对于民间一般投资者与商业人士相当迷信的政治与经济预测,我们仍将持有视而不见的态度

表6-5　核心理念

本杰明·格雷厄姆	沃伦·巴菲特
归根结底,投资不是一门精确的科学	虽然伊索寓言的公式与第三个变量简单易懂,但要明确地算出其他两个变量根本就不可能
市场价值注定要波动,如果这个事实使得投资有风险,那么它将不得不在同时被称为有风险和安全的	对于企业的所有人来说,学术界对于风险的定义实在是有点儿离谱,甚至有点儿荒谬

表6-6　投资方法

本杰明·格雷厄姆	沃伦·巴菲特
把有价证券当作一项生意去投资是最聪明的投资	每当查理和我为伯克希尔旗下的保险公司买进股票时,我们采取的态度就好像是我们买下的是一家私人企业

(续)

本杰明·格雷厄姆	沃伦·巴菲特
如果你是一个自信的投资者和明智的商人，你会让"市场先生"每天的意见来决定你对自己的1 000美元股份的看法吗？	以我个人的经验来说，要想抵制市场的诱惑，最好的方法就是将格雷厄姆的"市场先生"理论铭记在心

表6-7 选股标准

菲利普·费雪	沃伦·巴菲特
这类大型成长股的长期增长潜力远低于小型成长股。但整体而言，这类大型成长股是非常值得投资的对象	我们始终在寻找可以理解的、具有持续性且让人垂涎三尺事业的大型公司
管理阶层必备的两种特质中，企业经营能力只是其中一种，另一种特质是诚信正直……	站在老板的角度看事情，这是我们对企业经理人最高的恭维

表6-8 财务要点

菲利普·费雪	沃伦·巴菲特
盈余不以股利的形式发放，而用在建造新厂房、推出新产品线……管理阶层为股东创造的利益，有可能远高于从盈余中提取的股利	我们并不反对旗下百分之百控股的子公司将所赚取的盈余继续保留在账上，如果它们可以利用这些资金创造更好的投资报酬
通货膨胀期间，利润率高的公司，利润受损的程度显然远远低于高成本的公司，因为高成本的公司更易受到通胀的伤害	当通胀肆虐时，不良的企业需要被迫保留它所挣得的每一分钱，才能勉强维持它过去拥有的生产能力

表6-9 操作策略

菲利普·费雪	沃伦·巴菲特
买进一家公司的股票时，如果对那家公司没有充分的了解，可能比分散投资做得不够充分还要危险	如果你是稍具常识的投资者，了解产业经济……分散风险的理论对你来说就一点儿意义也没有

(续)

菲利普·费雪	沃伦·巴菲特
优秀公司会遇到一些偶发的问题。投资者如果确信这些问题都属于暂时性的,就应当在股价因这些问题而大幅下挫时买入它们的股票	我们是在1990年银行股一片混乱之时买进富国银行的股份的

表6-10 行为准则

本杰明·格雷厄姆	沃伦·巴菲特
亏损的投机者要比获利的投机者多,这几乎是一个数学定律	投机事实上不但不违法,也不算不道德,但也绝非查理跟我愿意玩的游戏
依我看,市场价格信号误导投资者的次数不比有用的次数少	投资就像是打棒球一样,想要得分大家必须将注意力集中到比赛场上,而不是紧盯着记分牌

当我们抬头仰望今天的巴菲特时,会发现其实他的高大是因为他成功地站在了巨人的肩膀上。目前国内的不少投资者想学习与模仿巴菲特的投资操作,也正是为了能站在他的肩膀上,让自己的投资少走一些弯路。他们真的没有任何机会吗?

本节要点:

(1) 巴菲特的思想与操作体系中的绝大部分内容来源于三个人:格雷厄姆、费雪和芒格。

(2) 显然,巴菲特的成功,其中一个原因就在于他站在了巨人的肩膀上。

(3) 基于此,当后来人——包括我国的投资者——立志于同样站在巨人的肩膀上时,不仅无可厚非,而且具有逻辑上的合理性和操作上的可行性。

误读63：三面佛

主要误读：市场对"一面佛"巴菲特了解得较多，对"两面佛"巴菲特了解得较少，对"三面佛"巴菲特就了解得更少了。

我方观点：身份的独特性是巴菲特得以成功的一个重要前提。

本节的脉络是：巴菲特之所以能在财富的积累上取得巨大的成功，是因为他有一套与众不同的操作策略与行为准则；这些策略与准则的背后是一套与众不同的基本哲学与核心理念；这些哲学与理念之所以能被巴菲特坚守数十年而不动摇，是因为在它们的背后有一张与众不同的内部记分卡；而在风雨飘摇、跌宕起伏的资本市场中，这张内部记分卡能始终被巴菲特握在手中并对他的行动一直施加着重要影响，源于一个其他人很少具备的条件：他独特的身份。

这个独特的身份指的是巴菲特从很早的时候就同时身兼三种角色：投资者、经营者与所有者。下面，我们先对这三种身份做一下简要的回顾，然后再重点谈它们的融合究竟如何成就了今天的巴菲特。

首先是投资者的身份。关于这个身份，不需要我们解释太多。不过，即使是作为投资者的巴菲特，与市场上的绝大多数投资者相比，仍有很大的不同。除了我们多次提到的一些内容外，作为一个资产管理人，他的工作平台与大多数职业投资者的选择也有着很大的差别，从一开始他就放弃了会被纳入美国投资公司法管辖的所有机构模式，先后只在两个平台上运行：早期的有限合伙公司和后期的有限责任公司。

其次是经营者的身份。正如我们在"股神巴菲特"一节中所描述的那样,在人们应当给予巴菲特的称谓中,除了投资者巴菲特外,还有一个称谓也高度符合他的实际身份:CEO 巴菲特或经营者巴菲特。这一身份已经把他与绝大多数的证券投资者区分开来了。

最后是所有者的身份。巴菲特的所有者的身份主要体现在两个方面:(1)由于一直处于控股地位,因此从 1965 年入主公司开始,巴菲特就始终是伯克希尔的所有者。据综合资料披露,尽管经过了数十年的多次换股性收购兼并,但到了 2008 年年底,巴菲特家族对伯克希尔公司的投票权仍保持在 30% 以上的控股水平。(2)由于伯克希尔公司对私人企业的收购大多采取控股权收购或全资收购的模式,因此巴菲特实际上也是伯克希尔旗下那些非保险事业体的所有者。

下面来谈谈这三者的融合如何影响和造就了巴菲特。

先来看经营者巴菲特对投资者巴菲特的影响。

巴菲特曾经讲过一段让我们记忆深刻的话:"因为我是经营者,所以我成为了成功的投资人。"经营者的身份究竟给巴菲特的投资带来了怎样的影响?事实上,巴菲特在股票投资上的许多深刻思想与独特建树都直接源自于他的 CEO 的身份与长期从商的经历。这些思想有:(1)关于"股东利润"的理念;(2)关于限制与非限制盈余的理念;(3)关于小资本而大商誉的理念;(4)关于资产模式与通胀敞口的理念;(5)关于"船"与"船长"的理念;(6)关于消费独占的理念;(7)关于护城河的理念;(8)关于内在价值评估的理念;等等。可以这样说,没有巴菲特长期作为经营者的经历,就难以或根本不会让他最终具有这些思想与建树。

再来看投资者巴菲特对经营者巴菲特的影响。

上面引述的那段让我们记忆深的讲话,其实只是原话的前一半内容。巴菲特的这段话的全文是："因为我是经营者，所以我成为了成功的投资人；因为我是投资人，所以我成为了成功的经营者。"那么，作为投资人的巴菲特又如何影响了作为经营者的巴菲特呢？我们在"管理大师"一节中曾经引述过巴菲特笔下的经理人的标准："站在股东的角度去考虑问题是我们对管理者的最高赞赏。"尽管我们认为这只是大多数企业投资者的一种美好憧憬，但它毕竟道出了一家上市公司实施价值管理的精髓所在。

即使在美国这样的成熟市场，能坚持"站在股东的角度去考虑问题"的经营者恐怕也只是少数人。而当我们说伯克希尔的董事长兼 CEO 巴菲特是一个始终将股东利益放在第一位的价值管理人时，一个不可忽略的要点是：作为经营者的巴菲特之所以会取得成功，是因为他首先是一个投资者。巴菲特长期以来在经营伯克希尔公司的业务时所表现出的对机会成本的"较真"、对经营成本的"抠门"、对管理成本的"苛刻"以及其他许多"站在股东的角度去考虑问题"下的经营举措，都直接与他的投资人的身份紧密相关。

最后让我们看看所有者巴菲特对投资者巴菲特的影响。

在讨论之前，读者朋友可以先思考一个问题：同样是职业投资者，为何绝大多数机构投资者采取了与巴菲特相去甚远的投资方法与操作模式？论学识，这些投资机构中的大多数人均毕业于顶尖学府；论经验，他们中的不少人已在这个圈子里打拼了很多年；论才智，这些专业机构的基金经理、资产管理人、信托管理人以及投资总监，有谁不是高智商人士？但为何在他们之间竟有如此不同的行为偏好和追求？

这背后当然有着较为复杂的原因，我们在本书其他章节中也有过讨论，但还有一点可能是最核心且最基础的原因没有引起人们足够的重视：巴菲特是其运行平台的"所有者"，而大多数的职业投资者只是其运行平台的"打工者"。两者之间的基本美国的差别就是，前者可以坚守自己认为是对的东西，甚至还可以大胆地实践一些带有颠覆性的操作策略，而后者即使有与巴菲特相同的思想和理念，恐怕也不敢随意为之，因为他们没有能力忍受哪怕是短暂的失败。我们常说"偏离轨道的恐惧"束缚并修正了了机构投资者的脚步，而一直以"内部记分卡"行事的巴菲特，不仅没有任何偏离轨道的恐惧，而且在大多数情况下还能大胆并且义无反顾地逆向行动！

本节要点：

（1）作为一个职业投资者，巴菲特与其他人相比最大的一个不同就在于其身份的独特性：集投资者、经营者和所有者于一身。

（2）老师的教诲加上三种身份的相互影响，才使巴菲特最终确立了与市场主流完全不同的投资理念与操作策略。

（3）业余投资者和职业投资者难以完全模仿巴菲特的操作（不妨碍部分地模仿）的一个基本障碍就在于巴菲特有一个几乎难以复制的"三面佛"的身份。

误读64：思想者

主要误读：人们谈得较多的是投资者巴菲特，谈得较少的是经营者巴菲特，谈得更少的是所有者巴菲特，而谈得最少或者几乎不怎么谈起的是思想者巴菲特。

我方观点：我们从前面和侧面会看到"三面佛"巴菲特；我们从后面看到的则是思想者巴菲特。

100多年前,在法国著名雕塑家奥古斯特·罗丹的精心雕琢下,现代雕塑艺术史上最伟大的作品之一——思想者诞生了。这部作品取材于但丁的《神曲》中的《地狱之门》一节,一个强有力的男子,弯腰屈膝坐着,右手托着下颌,默视着人间的悲剧,陷入了痛苦与永恒的思考之中。本书的其中一位作者曾多次见过这座雕塑,每次站在它的面前,都会有一种莫名的感动。

每当我们研读巴菲特的投资思想时,脑海中偶尔会涌现出罗丹的这尊雕像。尤其是在看到他对大家苦苦劝导却不被接受时,我们就会觉得他就像是投资市场中的思想者,无能为力地默默凝视着人们在股票市场中重蹈悲剧。巴菲特的成功来自于其在资本市场中的无数个正确行动,正确行动的背后是他早已确立的一套正确的投资方法、操作策略与行为准则,而在这些方法、策略与准则的背后,是一套正确的市场哲学、基本逻辑与核心理念。这条无比珍贵的思想与行动链之所以能连接起来并被实践了数十年,还源于一个在本书前文中未曾提起的要素:对股票市场内在运行规律的观察与把握。

让我们在这里更新一下巴菲特的投资链条,如图6-1所示。

图6-1 更新的巴菲特的投资链条

作为思想者的巴菲特,在很早的时候便发现了股票市场的内在运行规律,从而修正了自己原有的投资脚步,并最终成为了一名极其成功的投资者。下面,让我们一起来学习一下巴菲特先后在不同场合为我们揭示出的股市八大内在运行规律。

1. 股票市场并不总是有效的

这是一个基础性的结论。如果市场总是有效的，股市中的人们就没有必要进行任何形式的主动操作，买入某个指数基金即可；而在市场无效或不总是有效的前提下，主动投资才会有存在的意义以及战胜市场的可能。巴菲特在 1988 年致股东的信中曾明确指出："市场有效与不总是有效对投资者来说，其差别如同白天与黑夜。而格雷厄姆—纽曼公司、巴菲特合伙企业以及伯克希尔公司连续 63 年的成功经验，足以说明有效市场理论是多么荒唐透顶。"

2. 股票市场短期是投票机，长期是称重器

这项发现源自于其老师格雷厄姆，继而被巴菲特发扬光大："事实在于，人们充满了贪婪、恐惧或者愚蠢的念头，这一点是可以预测的。而这些念头导致的结果却是不可预测的。"⊖ "短期内市场或许会忽略一家经营成功的企业，但最后这些企业终将获得市场的肯定，就像格雷厄姆所说的：短期而言股票市场是一个投票机，但长期来说它是一个称重器。"（巴菲特 1987 年致股东的信）巴菲特的许多基本理念与操作策略，如确定性偏好、长期投资以及盯住比赛而不是记分牌等，都是源于对这项市场规律的认识。

3. 短期市场走势与宏观经济形势不可测

对这一市场运行规律的不同看法，使得股票市场中一直存在两

⊖ 摘自 *Warren Buffett Speaks*。

项基本对立的操作策略——时机选择与买入持有。前者认为投资者完全可以通过聪明的买与聪明的卖而获取超额收益；后者则认为由于影响市场短期走势的要素过于庞杂、随机并难以捉摸，因此任何关于短期的预测都不可作为决策的依据。巴菲特显然属于后者阵营，他在1984年致股东的信中指出："对于民间一般投资者与商业人士相当迷信的政治与经济预测，我们仍将持有视而不见的态度。30年来，没有人能够正确地预测到越战会持续扩大、工资与价格管制、两次石油危机、总统的下台以及苏联的解体、道琼斯指数在一天之内大跌508点或者是国库券的收益率在2.8%～17.4%之间的巨幅波动。"

4. 真理往往不站在多数人那边

人们常说要敬畏市场、市场永远是对的。这句话的潜台词是真理往往在多数人的一边，因为市场本身是由大多数人组成的。然而经过长期的观察与思考，巴菲特却以其行动作出了相反的回答：他不但置"市场先生"的"权威"于不顾，更提出投资者应当逆向行动并学会利用其饱饱的口袋而不是其愚笨的脑袋赚钱。

5. 运动有害投资健康

关于这个话题，我们在"牛顿第四定律"一节中已有深入讨论。有兴趣的读者可以重温这一节的内容，这里就不展开了。

6. 价格波动不等于投资风险

什么是股票投资风险？由美国学术界创立的现代投资理论选择了以股票价格的相对与绝对波动幅度来度量投资风险的大小，而以巴菲特为代表的企业投资者们则认为学术界的观点荒谬至极。巴菲特在1993年致股东的信中指出："对于企业的所有人来说，学术界对于风险的定义实在是有点儿离谱，甚至有点儿荒谬。举例来说，根据贝塔理论，若是有一种股票的价格相对于大盘下跌的幅度更高，就像是我们在1973年买进华盛顿邮报的股份时一样，那么其投资风险就比原来股价较高时还要更高。但是，如果哪天有人愿意以更低的价格把整家公司卖给你，你是否也会认为这样的风险太高而予以拒绝呢？"

7. 风险与收益并不成正比

风险与收益成正比是市场中流行已久的观点，甚至它已经成为一种普遍的观点。正是在这一观点的指导下，不少投资者由于惧怕风险而选择了远离股市，将自己辛苦所得的资金放在银行或债权类金融工具上。幸运的巴菲特在老师格雷厄姆的教导下，在很早的时候便认识到股市中的投资收益并不与其所承担的风险成正比。只要投资方法得当，投资者完全可以在较低的风险水平下取得满意的回报："在投资股票时，我们预期每一次行动都会成功，因为我们已将资金锁定在少数几家财务稳健、具备持久竞争优势并由才干与诚信兼具的经理人所经营的公司身上。如果我们以合理的价格买进这类公司的股票,损失发生的概率通常非常小。在我们经营伯克希尔公司的 38 年当中,投资获利个案与投资亏损个案的比例约为 100∶1。"(巴菲特 2002 年致股东的信)

8. 股票市场是财富分流器

巴菲特在 11 岁时投入股市 120 美元,到 78 岁时个人资产高达 600 多亿美元(其中大部分是在股票市场上挣得的),这样的财富传奇再次证实了一个巴菲特曾多次提及的事实:股票市场永远照顾那些有耐力的投资者。在 1991 年致股东的信中,巴菲特指出:"我们以不变应万变的做法反映了我们把股票市场当作财富分配的中心,钱通常由活跃的投资者那里流到有耐力的投资者手中。"在本书的前面章节中,我们给出过多项关于在我国股市进行长期投资的实际效果的实证分析。这些统计揭示了一个同样的事实:我国股票市场的"分流器"功能绝不亚于美国股票市场。

> **本节要点:**
> (1)在行动层面,我们可以把巴菲特比喻成一尊"三面佛"(集投资者、经营者与所有者于一身);在精神层面,我们则可以把巴菲特比喻成罗丹塑造的"思想者",正如比尔·盖茨描绘的那样:他总是在思考。
>
> (2)正是由于"总是在思考",才使巴菲特最终确立了一套与众不同的投资思想体系。
>
> (3)这个思想体系的一项重要内容,就是在观察股市运行规律上所具有的独特视角与独到见解。

误读65：资本家

主要误读：对于作为资本家的巴菲特，人们的了解与领会可能还有较大的提升空间。

我方观点：巴菲特的传奇经历，为我们诠释了一个几乎是全新概念的资本家。

我们在"股神巴菲特"一节中曾经指出：纵观巴菲特的传奇经历，我们认为至少可以将三个称号"加冕"于他：(1) 股神巴菲特。(2) CEO巴菲特。(3) 资本家巴菲特。最后一个称号也可以被解读为"控股人巴菲特"、"董事长巴菲特"或"商业大亨巴菲特"。相比较之下，哪一个更贴近巴菲特的传奇经历呢？按照我们的长期观察，应当非"资本家巴菲特"莫属。当时我们的解读是从三条线展开的：(1) 巴菲特的主要兴趣是对私人企业的收购而非股票投资。(2) 巴菲特一直在两条"战线"上经营着伯克希尔公司。(3) 伯克希尔公司首先是一家保险业集团，而巴菲特就是它的掌舵人。

在本节中，我们将循着一条新的路径展开这个话题，并希望这条路径对每一个关注巴菲特的人都能有所启发。

关于什么是资本家，不同派系的学者给出了不同的定义。综合各种观点后，我们在这里暂且将资本家分成两种类别：(1) 只投资而不参与经营管理。(2) 既投资又参与经营管理。我们可以称前者为食利阶层的资本家，称后者为兼具企业家身份的资本家。那么巴菲特属于哪一类呢？

如果巴菲特属于上述两类资本家的任何一种，可能就不值得我们在这里单列一节讨论了。毕竟，无论是作为食利阶层的资本家还是作为企业家的资本家,过去一二百年来人们已经见得太多。事实上,巴菲特创造了一个资本家的新类型:作为企业监督者或激励者的资本家。他既不是完全的食利阶层的资本家,也不是完全的作为企业家的资本家,而是介于它们两者之间。

我们先来看作为典型意义资本家的投资者巴菲特。尽管他在两条"战线"上同时投资,尽管他的投资方法那么与众不同,投资回报又如此神奇,但作为投资者的巴菲特,他还是具有典型意义的:一个掌握资本的人,只是他赚的钱比我们多而已。

我们再来看作为非典型意义资本家的监督者或激励者巴菲特。当我们称巴菲特为一个监督者或激励者,而不是一般意义上的企业经营者时,他身上所具有的不同于传统概念划分的特质,就已经跃然纸上:巴菲特如果是一个传统意义上的经营者,那么一个管理着70多家经营事业体和数十万名员工的经营者,怎么可能让自己的工作像"每天跳着舞步去西斯廷教堂绘画"一样轻松和惬意?同时,我们又如何解释一家资产净值高达1 198亿美元、持有股票市值高达1 220亿美元、上缴税收占全美税收1/40的巨无霸企业,其总部员工只有区区16名,"世界总部"办公室的面积只有区区9 708平方英尺(大约900平方米)呢?

这其中的奥妙就在于,巴菲特并不是一个传统意义上的经营者,而是一个殚精竭虑让全美最优秀的人为其工作、为其创造价值的监督者或激励者。这样的一个的巴菲特,把自己的主要工作形容为:让开道路,为其鼓掌。我们下面就来一起"检阅"一下伯克希尔旗下经营团队的全明星阵容:托尼·耐斯里(盖可保险总裁——巴菲特曾经建议伯克希尔的股东给刚出生的小孩取名为托尼)、卢·辛普森(盖可保险投资总监——被巴菲特形容为投资业绩比自己还优秀的人）、罗斯·布鲁姆金（著名的 B 夫人——90 多岁高龄时还每周工作 6.5 天，每天工作 12 个小时）、凯瑟琳·格雷厄姆（华盛顿邮报发行人——巴菲特的挚友，普利策奖获得者）、汤姆·莫菲（大都会/ABC 总裁——一个优秀到巴菲特想把自己女儿嫁给他的人）、查理·哈吉斯（喜诗糖果总裁——为巴菲特创造了"最佳储蓄账户"的人）、罗伯特·戈伊苏埃塔（可口可乐 CEO——被巴菲特誉为有着充足股东意识的人）、卡尔·理查德（富国银行董事长——被巴菲特形容为有着很强成本意识的人）……在伯克希尔最新的投资名单中，我们又看到了高盛、通用电气、沃尔玛以及箭牌口香糖等。

为什么说是"殚精竭虑"呢？因为这一切从一开始就是一个早已计划好的行为："查理和我都知道，只要找到好的球员，任何球队的经理人都可以做得不错。就像奥美广告的创办人大卫·奥美曾经说的：如果我们雇用比我们矮的人，那么我们就会变成一群侏儒；相反，如果我们能找到一群比我们更高大的人，我们就是一群巨人。"（巴菲特 1986 年致股东的信）"伯克希尔的副主席，同时也是我的主要合伙人——查理·芒格以及我本人一直致力于建立一个拥有绝佳竞争优势并且由杰出的经理人领导的企业集团。"（巴菲特 1995 年致股东的信）"我很认同前美国总统里根说的话：繁重的工作也许压不死人，但又何苦冒这个险呢？因此，我决定让人生过得轻松一些，完全放手让集团中的优秀经理人来表现。而我的任务只是激励、塑造及加强企业文化以及资本分配。"（巴菲特 2006 年致股东的信）

在本书"快乐投资"一节中我们曾说过，巴菲特为我们创造了一个快乐投资的范例：回报是满意的，过程是轻松的。说到轻松的过程,还有比"每天跳着舞步去西斯廷教堂绘画"更轻松的吗?说到满意的回报,我们来算一笔账:以巴菲特在11岁买入人生第一只股票时拥有的120美元为财富起点,以2007年年底个人财富大约600亿美元为财富终点,在这66年里巴菲特取得了怎样的资本回报呢?答案是:年复合回报率:34.25%!总回报率:5亿倍!

在2002年致股东的信中,巴菲特对自己的投资生涯做出了一个看起来十分有趣但却不失恰当的总结:"提到管理模式,我个人的偶像是一个叫做埃迪·班尼特的球童。1919年,年仅19岁的埃迪·班尼特开始了他在芝加哥白袜队的职业生涯,在他加入的当年白袜队打进了世界大赛。一年后,埃迪·班尼特跳槽到布鲁克林道奇队,在他加入的当年,道奇队也赢得了世界大赛冠军。不久后,这位传奇性的人物发现了一些苗头,接着就转到纽约洋基队,他的加入使得洋基队在1921年赢得本队历史上的第一个联盟冠军。自此,埃迪·班尼特仿佛预知接下来会发生什么事,决定安顿下来。果不其然,洋基队在七年间五度赢得了美国联赛的联盟冠军。或许有人会问,这跟管理模式有什么关系?其实道理很简单,那就是想要成为一个赢家,就一定要与其他赢家一起共事。埃迪·班尼特很清楚地知道,他如何拎球棒并不重要,重要的是他是否能为球场上最当红的明星拎球棒。我从埃迪·班尼特身上学到了很多,所以在伯克希尔,我就经常为美国商业大联盟的超级强打者拎球棒。"

回顾巴菲特接管伯克希尔公司的这些年,今天的人们应当如何审视这家公司呢?我们经常听到是:在巴菲特的手中,伯克希尔从一家日薄西山甚至濒临倒闭的公司发展到一家全球闻名、横跨多个产业的控股公司。然而我们认为更能显示巴菲特的传奇经历的应该是:这是一个由巴菲特担任了多年队长的超级球队,它的队员包括：打高尔夫球的尼古拉斯和泰格·伍兹、打网球的桑普拉斯和费德勒、打篮球的乔丹和科比、踢足球的贝利和梅西、打乒乓球的蔡振华和马琳……

巴菲特曾在致股东的信中将伯克希尔公司的股东年会称为"一个资本家版的伍德斯托克音乐节"。这个比喻对这家公司的董事长和所有长期股东均作出了恰如其分的描绘：一个让全美最优秀的经理人为自己打工的超级资本家和一群有幸让这个超级资本家为自己打工的小资本家。

本节要点：

（1）巴菲特是一个资本家，但却不是一个传统意义上的资本家，而是游离于"食利者"和"经营者"之外的一种全新类型的资本家。

（2）这种全新类型的资本家，并不表现为一个在多项行动综合作用下产生的意外结果，而是从一开始就是一个"有预谋、有组织"的行动。

（3）"让全美乃至全世界最优秀的人为我打工"或"让开道路，为其鼓掌"就是这个全新类型的资本家所具备的基本特质中的一个。

误读66：查理·芒格

主要误读：谈起伯克希尔和巴菲特，人们会经常忽略查理·芒格及其对巴菲特的影响。

我方观点：从某种程度上来说，没有查理·芒格就没有今天的巴菲特。

查理·芒格，伯克希尔公司的副董事长兼巴菲特的长期合伙人，于1924年1月1日——早于巴菲特近七年——出生于巴菲特的故乡奥马哈市，他在35岁时才首次与巴菲特见面，从此开始了两人长达50多年的传奇般的朋友加合伙人关系。

当时的查理·芒格是一位毕业于哈佛大学并拥有着似锦前程的律师。在与巴菲特相识后，芒格在其劝说与影响下，逐渐放弃了父亲与祖父为之奋斗了一生的法律事业，于1962年与一位朋友开办了一家从事股票投资业务的合伙公司并取得了瞩目的成绩（1962—1975年间取得了高达19.8%的税前复合收益率）。

在很长的一段时间里，芒格与巴菲特之间仅仅是朋友关系。自20世纪60年代末期开始，在芒格与巴菲特分别以自己旗下公司的名义共同投资了蓝筹印花公司后，两人便由朋友关系逐渐转变为合伙人关系。我们认为，芒格与巴菲特之间独特而亲密的关系链条可以分解为以下三个方面。

首先是情感链：了解芒格和巴菲特的读者都知道二人在许多方面存在着不同，如前者性格直率而后者委婉温和、前者涉猎广泛而后者兴趣专一、前者在投资时喜欢买入优秀的大公司而后者则在"捡烟蒂"上乐此不疲（两人相识后前10年的情况）。但即便是这样，他们却能在首次碰面后维持了数十年的友情，我们认为，这主要源于彼此的相互欣赏。

第一次遇见巴菲特时，芒格便觉得"这不是一个普通人"[一]。43年后，在威斯科金融年会上，芒格用这样的一段话来对初识时的印象做出了注解："如果没有本杰明·格雷厄姆的影响，沃伦也

[一] 摘自《滚雪球》。

同样能成为一名伟大的投资者,而且比格雷厄姆更伟大。如果他从没有遇到过其他人(我们认为这是芒格在淡化自己对巴菲特的影响),他也会一样的伟大。他会在任何一个需要高智商、多才能以及冒风险的领域取得杰出的成就。"

在与芒格相识后的数十年里,巴菲特也曾多次在不同场合对自己的这位合伙人给予了高度赞许,令人最为印象深刻的是他在芒格传记《绝对正确》一书序言中的一段话:"41年来,我从没有看过查理试图利用哪个人,也没有看到过他将其他人做的事情归功于自己。实际上,我所看到的查理恰恰与此相反:他总是有意把功劳让给我和其他人。失败时他承担的责任重于他应该承担的,而成功时他领受的功劳又轻于他应该领受的。从最深层的意义上来说,他是高尚而宽容的,从来不会因为顾及自我而忽略了理性。"

其次是资金链:查理·芒格与巴菲特在资金链条上建立关系是从20世纪60年代末期共同投资蓝筹印花公司后开始的。当时巴菲特刚刚取得伯克希尔公司的控制权不久。由于蓝筹印花公司拥有与巴菲特较早前收购的保险公司一样的"浮存金",巴菲特和芒格就分别以伯克希尔和旗下合伙公司的名义买入了蓝筹印花的股票。这之后,两人又通过蓝筹印花公司分别在1972年买入喜诗糖果、1973年买入威斯科金融以及1977年买入布法罗晚报等公司的股票。1983年,蓝筹印花公司被全额并入伯克希尔,芒格被巴菲特选为公司的副董事长,两人公开的合伙关系便从此开始并一直延续到今天。

最后是思想链:谈到巴菲特的投资思想基础,被市场广泛传播的一句话应来自罗伯特·哈格斯特朗所著的《巴菲特之道》中巴菲特的一段自我表述:"我有15%像费雪,85%像本杰明·格雷厄姆。"由于我们掌握的文字资料有限,一直无法查到这段表述出自何处。不过在我们看来,此话至少漏掉了一个非常重要的人物:查理·芒格。毫不夸张地说,巴菲特作为职业投资人,其前20年的成就是属于格雷厄姆的,而后30年的成就,则有相当大的比例应当是属于查理·芒格的。

在谈及芒格对自己投资思想的影响时,巴菲特从来不吝于给出客观的高度评价:"世界上对我影响最大的三个人是我的父亲、格雷厄姆和芒格。我的父亲教育我要么不做,要做就去做值得登上报纸头版的事情;格雷厄姆教会了我投资的理性框架和正确的模式,它使我具备了这样的能力:能冷静地退后观察,不受众人的影响,股价下跌时不会恐慌;查理使我认识到投资一家获利能力持续增长的优秀企业所具备的种种优点,但前提是你必须对它有所把握。"[一]

其实,仅从智商上来看,格雷厄姆、巴菲特和芒格这三个人似乎谁也不会输给谁。但为何三个人的早期投资思想脉络竟是如此的不同呢?我们认为这可能与他们不同的阅历有关。格雷厄姆工作与生活的年代正好处于美国股市大起大落和长久大萧条的阶段,这在他的思想中深深地刻下了对风险的恐惧。他之所以在其所著的《聪明的投资者》中将"安全边际"视为成功投资的秘诀和座右铭,恐怕与他的这段经历有着直接的联系。而查理·芒格则几乎没有经历过格雷厄姆那样的"悲惨世界",在其1962年组建自己的合伙公司时,美国股市正处于一场波澜壮阔的牛市浪潮之初,这与格雷厄姆合伙公司所处的境遇几乎是天壤之别。而早期巴菲特与芒格的思

[一] 来自巴菲特接受《福布斯》的采访,1993年10月18日。

想差异则源于其"捡烟蒂"的成功经历。尽管他很快就显现出了与格雷厄姆在某些问题上的不同做法（如集中投资），但安全边际的思想对他影响实在是太深了，实在需要一个较长的时间去转变。

然而，如果将巴菲特投资思想在20世纪70年代后期的转变完全归功于查理·芒格的影响，似乎也过于简单了。我们的观点：是那段时间巴菲特继续按照"捡烟蒂"的策略而实施多项收购的惨痛经历以及与"捡烟蒂"策略正好形成鲜明对照的几项成功投资，再加上查理·芒格的影响，共同促成了巴菲特投资思想的转变。前者包括对伯克希尔、丹普斯特（制造风车与灌溉系统）、桑伯恩地图以及廉价百货公司的收购；后者包括对美国运通、喜诗糖果和威斯科金融的投资等。在这些失败案例与成功案例的强烈对比中，巴菲特才深刻地体会到了芒格投资优秀企业和"伟大生意"的思想的重要意义所在。

光阴飞逝，50多年一晃就过去了。关于巴菲特与查理·芒格近期的关系，由于我们掌握的资料有限，不知有否已发生了变化。隐约看到有新闻报道提及，两人的工作往来已经不像以前那样密切了，例如，巴菲特在1998年对通用再保险的巨资收购以及后来的多项重大收购似乎都没再事先认真征求查理·芒格的意见。

但不管怎样，查理·芒格还是一如既往地出现在伯克希尔的公司年会上，与巴菲特一起回答股东们提出的各式各样的问题。他还是像往常一样坦诚、直率，对他认为愚蠢的事情还是那样不留情面地予以批评和训斥。最近几年，在伯克希尔年会的"书虫精品"摊位上一直热卖着一本记录查理·芒格智慧的书——《穷查理宝典》，有兴趣的读者可以买来一读。

> **本节要点：**
>
> （1）投资者在谈到格雷厄姆和费雪对巴菲特的影响时，不要忘了还有一个人对巴菲特的重要影响：查理·芒格。
>
> （2）按照巴菲特自己的表述，芒格给予他的影响和帮助甚至在费雪之上。
>
> （3）如有可能，我们建议投资者把所有关于芒格的书都买来一读，它们对你的启发性可能不会低于那些关于巴菲特的书籍。

第七部分

关于 33 个新"雾"的讨论

误读67：巴菲特难以复制

讨论：为何要复制呢？

先看一段话："我甚至会认为，如果巴菲特和他的保险公司都能重回年轻的岁月，他本人也依旧如此聪明，恐怕也难再创造出如今的辉煌业绩。"（芒格，2014年致股东的信）

我们认为芒格的这段话描述的确实是大概率事件。那么试想：如果巴菲特本人都"难以复制"自己，我们为何要苛求在中国股市搞什么"复制"呢？此外，如果你让巴菲特重回年轻的岁月，同样去读格雷厄姆与费雪的书，他会因为"难以复制"原来的自己而行走出一条完全不同的轨迹吗？至少我们认为不会。

以本书两位作者为例，我们对巴菲特着迷，只是对他的投资方法着迷，其他的我们并不准备有样学样。一是没这个能力，二是没这个条件，三是也不想这样做（其中一个作者一直以"懒惰"著称）。尽管如此，这并不影响过去十几年我们在股票投资上获得一些还能令自己满意的成绩。

我们能做到的事，你也同样可以做到，这与复制不复制什么的完全无关。

误读68：巴菲特说价值投资很简单似有误导之嫌

讨论：他的本意应当是简单但不容易。

为什么说简单？以下是我们的解读。

1. 概念的简化

"价值投资的思想看起来如此简单与平常。它好比一个智力平平的人走进大学课堂,并轻易地拿到了一个博士学位;它也有点像你在神学院苦读了八年后,突然有人告诉你:你需要了解的其实只是'十诫'那点东西。"（巴菲特,纽约证券分析家协会演讲,1996年12月）

2. 思想的简化

"在商界和科学界,有条往往非常有用的古老守则,它分两步:（1）找到一个简单的、基本的道理;（2）非常严格地按照这个道理去行事。"（芒格,哈佛法学院,1998年）

3. 内容的简化

"投资要成功,你不需要明白什么是贝塔、有效市场、现代投资组合、期权定价以及新兴市场等知识。事实上大家不懂这些反而会更好……以我个人的观点,研读投资的学生只需要学好两门课程即可:（1）如何去评估一项生意的价值;（2）如何看待市场价格的波动。"（巴菲特,1996年致股东的信）

4. 操作的简化

"现在越来越多的基金采用高成本的复杂投资方法……我并不

推荐使用这些方法,而是建议基金采用一种更有成效的办法,就是对少数几家广受赞誉而且名副其实的国内公司进行长期的集中投资。"(芒格,基金会财务总监联合会的演讲)

简单,但不代表这样做很容易。"评估一项生意的价值"容易吗?当然不是。正确"看待市场价格波动"容易吗?自然也不是。正是因为简单但不容易,才使得股市上的不少(或者说是大多数)投资者让自己热衷于"炒股",而不是进行"简单"的价值投资。

买入并持有,听起来很简单,但市场上又有多少投资者(含机构)在按照芒格所说的,"对少数几家广受赞誉而且名副其实的国内公司进行长期的集中投资"?很少吧?其实可以说是非常少。如此我们就可以理解为何说价值投资是"简单而不容易"了。

误读69:巴菲特成功是因为他有着极高的智商

讨论:高智商并不是投资成功的先决条件。

本书作者对下面几段话(按时间先后排序)持肯定态度:

"要想在一生中获得投资的成功,并不需要顶级的智商、超凡的商业头脑或秘密的信息,而是需要一个稳妥的知识体系作为决策的基础,并且有能力控制自己的情绪,使其不会对这种体系造成侵蚀。"(巴菲特为《聪明的投资者》第4版作的序)

"投资人最重要的特质不是智力而是性格。你不需要有很高的智商,你用不着会同时下三盘国际象棋,或者同时打两副牌。你需要一种性情,不管是群居还是独处,你都能够做到从容自若、宠辱不惊。你知道自己是正确的,别人的态度对你不会产生影响,你只

是基于事实和自己的判断做出决定。"（巴菲特，1988年6月）

"在金融方面取得成就，并不取决于你的天赋高低，而是取决于是否有良好的习惯。"（巴菲特，《奥马哈世界先驱报》，1997年10月）

"如果你的智商超过了150，那么你不妨把其中的30卖给别人，因为你并不需要过高的智商，只需要有足够的智商，而过高的智商在某些时候会对你造成伤害。不过，你同时需要有足够的情商和判断力，因为你会听到各种不同的建议，你需要从中筛选，最终做出自己的决定。"（巴菲特，伯克希尔股东大会，2009年）

读投资史，让本书作者有机会倾听不少大师的心声。当谈到成功的条件时，我们记得有人说过知识（富兰克林）、理性（芒格）、专注（巴菲特）、逻辑与耐心（林奇）、性情（费雪）、独立（邓普顿）、纪律（卡拉曼），以及（综合上述各要素后的）智慧（格雷厄姆），但就是不记得有人提到过你要有不同于常人的智商。当然我们知道，前辈都是谦虚和低调的，他们不会承认自己有高智商。

不过我们宁愿选择相信这些前辈们的话，因为这符合我们十几年的细心观察。

误读70：巴菲特其实是85%的费雪

讨论：不能简单下此定论。

巴菲特是价值投资的集大成者。如果非要说出谁对他影响较大的话，我们觉得非格雷厄姆、费雪和芒格莫属。

费雪对巴菲特的影响毋庸置疑。关于这一点，不仅巴菲特自己承认，我们也亲自做过实证研究：在费雪所著《怎样选择成长股》一书中，我们曾发现至少有 56 处与后来巴菲特投资策略的改变有关联。但如果说巴菲特是 85% 的费雪，则恐怕有些牵强。

我们还是看看巴菲特自己曾说过什么。

"1950 年年初，我阅读了本书的第 1 版，那年我 19 岁。当时，我认为它是有史以来投资论著中最杰出的一本。时至今日，我仍然认为如此。"（巴菲特为《聪明的投资者》第 4 版作的序）

"看过伯克希尔股票组合的人或许以为这些股票是根据线形图、经纪人的建议或是公司近期的获利预估来进行买和卖的。其实查理跟我本人从来都不曾理会这些，而是以企业所有权人的角度看事情。这是一个非常大的区别。事实上，这正是我几十年来投资行为的精髓所在。打从我 19 岁读到格雷厄姆的《聪明的投资者》这本书之后，我便茅塞顿开。"（巴菲特，2004 年致股东的信）

"世界上对我影响最大的三个人是我的父亲、格雷厄姆和芒格。我的父亲教育我要么不做，要做就去做值得登上报纸头版的事情。格雷厄姆教给了我投资的理性框架和正确的模式，它使我具备了这样的能力：能冷静地退后观察，不受众人的影响，股价下跌时不会恐慌。芒格使我认识到投资一家获利能力持续增长的优秀企业所具备的种种优点，但前提是你必须对它有所把握。"（巴菲特，《福布斯》采访，1993 年 10 月 18 日）

"上天派了芒格来打破我的烟蒂投资模式，并且引入了一种既可以照顾我们的投资规模，又可以让投资回报大放光彩的新投资方法。""在我看来，芒格最重要的建筑成就是设计了今天的伯克希尔。他给我的设计蓝图很简单：忘记你所熟悉的以出色的价格买入普通的生意；取而代之的是以普通的价格买入出色的生意。""听芒

格的话,我们获得了丰厚回报。"(巴菲特,2014年致股东的信)

从以上表述可以看出,认为巴菲特是85%的费雪,这个结论似乎过于简单。说这些话的人我们猜在"价值与成长"这个话题上可能存在盲区,不过我们就不在这里展开讨论了。不管怎样,巴菲特是价值投资的集大成者,至于前辈或同辈在他的投资思想中各占多少比例,这个似乎已不那么重要了吧?

误读71:巴菲特成功是因为他生长在美国

讨论:不全对。

由于中了"卵巢彩票"这事早已被巴菲特昭告天下,我们就不赘言了。但是否非美国价值投资就不能成功,则有必要聊一聊。先看一个表格(见表7-1)。

表7-1 股票的名义收益率与实际收益率(1900—2000年)

	瑞典	澳大利亚	美国	加拿大	荷兰	英国	丹麦	瑞士	德国	日本	法国	意大利
名义收益率	12.2%	11.9%	10.3%	9.7%	9.1%	10.2%	10.4%	7.6%	9.9%	13.1%	12.3%	12.1%
实际收益率	8.2%	7.6%	6.9%	6.4%	6.0%	5.9%	5.4%	5.0%	4.5%	4.3%	4.0%	2.7%

资料来源:《投资收益百年史》。

在已过去的100年里,无论是股票的名义收益率,还是实际收益率,美国都不是最高的,这是否意味着"非美国不能成功"的说法还欠那么一点点说服力?退一步说,即使巴菲特在其他国家达不到他在美国一样的成就,是否就意味着他会一败涂地?我们认为,应当不会。

再看看香港股市过去半个世纪的回报（见表7-2）。

表7-2　**恒生指数年复合收益率**（滚动10年：1964—2015年）

年份	1964—1974年	1965—1975年	1966—1976年	1967—1977年	1968—1978年	1969—1978年	1970—1980年
恒生指数	5.37%	15.60%	18.61%	19.80%	16.50%	18.92%	21.42%
年份	1971—1981年	1972—1982年	1973—1983年	1974—1984年	1975—1985年	1976—1986年	1977—1987年
恒生指数	15.20%	-0.73%	7.27%	21.57%	17.48%	19.09%	19.01%
年份	1978—1988年	1979—1989年	1980—1990年	1981—1991年	1982—1992年	1983—1993年	1984—1994年
恒生指数	18.42%	12.42%	7.45%	11.82%	21.53%	29.81%	21.17%
年份	1985—1995年	1986—1996年	1987—1997年	1988—1998年	1989—1999年	1990—2000年	1991—2001年
恒生指数	19.11%	18.01%	16.63%	14.10%	19.58%	17.44%	10.25%
年份	1992—2002年	1993—2003年	1994—2004年	1995—2005年	1996—2006年	1997—2007年	1998—2008年
恒生指数	5.39%	0.56%	5.68%	3.98%	4.03%	10.00%	3.65%
年份	1999—2009年	2000—2010年	2001—2011年	2002—2012年	2003—2013年	2004—2014年	2005—2015年
恒生指数	2.57%	4.32%	4.53%	9.35%	5.75%	5.57%	3.34

在42个滚动10年中，只有1次录得了负回报（1972—1982年），其余41个观察期全部录得了正回报，其中有20个观察期录得了15%以上的年复合增长。尽管最后几个滚动期回报大幅下滑，但同期的银行存款利率也同时出现大幅下滑。

最后看看内地股市的回报（见表7-3）。

表7-3　**上深股指年复合收益率**（滚动10年：1990年至2018年9月30日）

分类			2008—2018年	2007—2017年	2006—2016年	2005—2015年	2004—2014年
上证综指			4.48%	-4.67%	1.49%	11.79%	9.83%
深圳成指			2.62%	-5.47%	4.34%	15.63%	13.63%

(续)

分类	2003—2013年	2002—2012年	2001—2011年	2000—2010年	1999—2009年	1998—2008年	1997—2007年
上证综指	3.50%	5.36%	2.94%	3.08%	9.14%	4.73%	15.97%
深圳成指	9.39%	12.68%	10.37%	10.11%	16.63%	8.20%	15.51%
分类	1996—2006年	1995—2005年	1994—2004年	1993—2003年	1992—2002年	1991—2001年	1990—2000年
上证综指	11.30%	7.65%	6.93%	6.02%	5.69%	18.84%	32.15%
深圳成指	7.53%	11.23%	9.19%	4.57%	1.79%	13.18%	18.34%

注：1. 所有计算以年终收盘价为准。
2. 深证成指1990—2000年的计算基期按1991年4月30日该指数的收盘价计算。

这么看，也没那么差嘛。况且，这还只是股指的回报。如果统计国内优秀个股的回报（巴菲特毕竟是一个主动选股者），将是另一番风景。这方面的统计其实很多，有兴趣的读者可以自己上网去查。

误读72：巴菲特对宏观经济真的不关心吗

讨论：不尽然。

先看看巴菲特自己怎么说（按时间顺序）：

"我不对股票市场总体情况和商业周期进行预测，如果你认为我能胜任这项工作，或者认为宏观经济预测对于投资非常重要，那么你就不应该参与本合伙公司。"（巴菲特，1966年致合伙人的信）

"我不看经济预测，有关经济预测的文章对我来说是废纸。"（巴菲特，《商业周刊》，1999年7月）

"关注宏观经济形势或者聆听其他人有关宏观经济或市场走向的预测，都是在浪费时间。实际上这样做还会很危险，因为它可能会模

糊你的双眼，反而让你看不清正在发生的事情。"（巴菲特，2013年致股东的信）

至于巴菲特为何不做、不听、不信宏观经济（短期）预测，我们认为至少有三个原因：

（1）测不准（具体可参见费雪的书）。

（2）巴菲特是一个长投者，不管是否能测准，都不会改变其既定的投资策略。

（3）美国宏观经济的以往波动，对既定操作策略下的长期成果没有形成任何实质影响。

但为何我们又说"不尽然"呢？这是因为当巴菲特由于资金规模的不断扩充，而将投资触角逐步延伸至原油、外汇、白银、公用事业甚至是衍生工具时，他就需要去了解甚至是熟悉宏观经济了。后期巴菲特的讲话不少都涉及宏观经济研究，原因恐怕就在于此。

巴菲特不做宏观经济短期预测，不代表他不做长期研究。其实，正是因为他长期看好美国经济的发展，才会在历次股灾中都能果断重仓"买入美国"。

误读73：如何正确把握"能力圈"

讨论：能力圈不能简单与专业知识画等号。

为什么说"不能简单与专业知识画等号"呢？我们用两件与巴菲特有关的事情简述之。下面两段话摘自巴菲特2013年致股东的信《关于投资的一些思考》。

"1986年，我买下了位于奥马哈北部，距联邦保险公司大约50

英里一个占地400英亩的农场。买下这个农场一共花费了28万美元，比几年前原农场主借款买地时的价格低了很多。我对经营农场一窍不通，但是我有一个儿子很喜欢农场，我从他那里了解到一些有关玉米和大豆产量以及相应运营成本的知识。根据当时的估算，我得出农场在正常情况下的投资回报大约是10%。不过我当时还考虑到了今后农场的产量还会逐步提高，农作物的售价也会上涨。这两个预期后来都被证明是对的。

我并不需要特别的知识和智慧就可以得出结论：这次的投资不仅亏损的概率很小，而且还有很大的盈利空间。当然，偶尔会出现较坏的年景及令人失望的农作物价格。但这又怎么样呢？同样也会有些好的年景和令人欣喜的价格。除此之外，也没有任何压力可以逼迫我把农场转手出去。28年过去了，农场现在的利润已经翻了三倍，其市场价值也大约是我们当初投资成本的五倍之多。我依然对经营农场一窍不通，最近才第二次到访那片农场。"

第二件事涉及伯克希尔旗下的众多子公司。它们不仅为数众多，而且业务领域跨度很大，大到"出售从棒棒糖到飞机等多种商品"（参见巴菲特后期的致股东的信）。试想：这些不同行业的子公司都在巴菲特的"能力圈"之内吗？

当然，巴菲特可以"借力"。事实上，他的借力还非常成功。不过，作为公司的CEO，如果对下面的公司运营都不甚了解，是不可想象的。

如果让我们总结这两件事，我们的看法是：

（1）可以"对经营农场一窍不通"，但如果内含的商业逻辑比较简单，就可以买入。

（2）不必对旗下诸多子公司的运营样样精通，但同样需要熟知其内在的商业逻辑。

对过于复杂的生意（比如非成熟期的科技类公司或运行记录飘忽不定的公司），我们相信巴菲特是不会深度介入的。

> **误读 74：如何理解巴菲特笔下的"合理价格"**
>
> **讨论**：可以从《证券分析》中寻找其源头。

还是先来看巴菲特的原话是怎么说的："我们的目标是以合理的价格买到优秀的企业，而不是以便宜的价格买进平庸的企业。（Our goal is to find an outstanding business at a sensible price, not a mediocre business at a bargain price.）"（巴菲特，1987 年致股东的信）

什么是"合理价格"呢？

我们再摘录两段话，对比一下，看能否从中发现一些端倪。

"芒格和我目前对于股票有所抵触的态度，并非天生如此。我们喜欢投资股票——但前提是能够以一个较具吸引力的价格买入。在我 61 年的投资生涯中，大约有 50 个年头都能找到这样的机会，我想以后也会同样如此。不过除非我们发现有很高的概率可以让我们获得至少税前 10%（也可视为公司税后的 6.5%~7%）的回报，否则我们宁可坐在一旁观望。"（巴菲特，2002 年致股东的信）

"对于任何股票，对于所采用的乘数必须设置一个适当的上限，以使得估价保持在谨慎估价的范围之内。我们建议，大约 16 倍于平均收益是投资性购买普通股可以支付的最高价格。"（格雷厄姆，《证券分析》）

16 倍的 PE，就是 6.25% 的 EP。这恐怕不只是一种巧合吧？

也许，这两者的关系没有这么简单，当巴菲特的后期操作与之前的操作出现较大背离后尤其如此。但不管怎样，在坚守价格"安全边际"这个问题上，巴菲特并没有出现实质性的改变。因此，当我们说这个问题可以从《证券分析》中去找答案时，也许并不为过。

误读 75：听说巴菲特多次推荐买指数基金

讨论： 的确如此。

纵览巴菲特历年的致股东的信，我们发现他分别在 1993 年、1996 年、2003 年、2004 年、2013 年、2014 年致股东的信以及 2007 年接受记者采访和 2008 年股东大会上，向那些不具足够投资素养（注意这个界定）的业余投资人推荐购买指数基金。

由于表述有重复性，我们只摘取一段有代表性的论述：

"另外一种需要多元化投资的情况，是当投资人并不熟悉某个特定产业的运行但又对美国经济的整体有信心且希望能分享它的增长时，可以通过分散持有多家属于不同产业的公司而实现他的目标。例如，透过定期投资指数基金，一个什么都不懂的投资人通常能打败大部分的基金经理。市场上有这样一个悖论：当'笨钱'了解到自己的局限之后，它也就不会再笨下去了。"（巴菲特，1993年致股东的信）

不过话又说回来，投资指数有时更需要耐心，它既能让你很快有大的收获，也能让你等上很多很多年后，账上依旧颗粒无收。为了应对股指的这种牛市效应,投资者不妨考虑进行定额投资,以避免在牛市时重仓杀入,在熊市时则口袋空空。不过这种策略多少带有一些"加强指数"的色彩,我们还需依据自己的能力大小而谨慎为之。

误读76:巴菲特计算现金流吗

讨论:我们认为他只是按公式粗算而已。

这个疑问源于1996年伯克希尔股东大会,当时有报道转引芒格的一句调侃:"我从未见过巴菲特计算现金流……"

果真如此吗?

我们的看法是:理论上是要计算的,但实际操作时简单估算即可。先来看理论上的:"约翰·布尔·威廉姆斯(John Burr Williams)在其50年前所写的《投资价值理论》(The Theory of Investment Value)中,便已提出计算价值的公式,我把它浓缩如下:任何股票、债券或企业的价值,都将取决于将资产剩余年限的现金流入与流出以一个适当的利率加以折现后所得到的数值。"(巴菲特,1992年致股东的信)

从这段表述看,巴菲特是会计算现金流的。但实际操作时,我们认为巴菲特只会进行一些简单估算。当年在估算《华盛顿邮报》、其他美国媒体和中国石油的内在价值时,可以看出巴菲特使用的都是简单估算。

还有一点需要指出,估值公式有时并不能解决所有问题:"芒格和我用来衡量伯克希尔表现以及评估其内在价值的方法有很多种，其中没有任何一个标准能独自完成这项工作。有时即使是使用大量的统计数据，也难以对一些关键要素做出准确描述。比如，伯克希尔迫切需要比我年轻得多且能够超越我的经理人就是一例。我们从未在这方面做出改观，但我却没有办法单纯用数字来证明这一点。"（巴菲特，2006 年致股东的信）

伯克希尔如此，其他业务较为多元的公司恐怕也会如此。

误读 77：估值时需要注意什么问题

讨论：务必记住六个要点。

既然巴菲特没有告诉我们他如何具体计算一家公司的内在价值，接下来的问题自然是：我们究竟应当如何做呢？其实我们也没有什么具体答案，连巴菲特都回避的问题，我们也就别自告奋勇地往上顶了。不过，以下六个要点可以提出来供大家参考。这些都是从巴菲特历年的致股东的信中找出来的。

要点一：选择普通价格的出色生意，而不是出色价格的普通生意。（参见巴菲特 1979 年、1985 年、1987 年、1994 年和 2000 年致股东的信）

要点二：估值时，你是企业分析师，不是宏观分析师，也不是证券分析师。（参见巴菲特 1984 年致股东的信）

要点三：内在价值是一个大致的估算值，不是精确值。（参见巴菲特 1990 年和 2000 年致股东的信）

要点四：估值的两个基本前提，坚守自己的能力圈和留有足够的安全边际。（参见巴菲特 1992 年和 1999 年致股东的信）

要点五:注意估值因子的变化,比如利率。(参见巴菲特1994年致股东的信)

要点六:定量分析+定性分析。(参见巴菲特2005年和2006年致股东的信)

还有一点需要提出来供大家参考。巴菲特曾经说过(大致意思):没有任何数学公式可以救你,你必须要懂企业。其实我们也一直有相同的看法。公式摆在那里,填入数字,估值就出来了。但填入什么数字,则是一个需要仔细斟酌的问题。你如果不"懂企业",最后计算出来的"数值",恐怕多半只是海市蜃楼而已。

误读78:巴菲特很看重一家公司的历史,但历史可以代表未来吗

讨论:不代表,但有关联。

巴菲特看重一家公司的历史,部分源自老师的教导。我们下面摘录的两段话全部来自《证券分析》(粗体字是我们加上去的)。

"分析家最应重视的质的因素就是稳定性。稳定性的概念是指抗变动性,或更进一步,过去结果的可靠性。稳定性如同趋势一样,可以用数量的形式表达,例如:通用银行1923—1932年间的收入从未低于1932年利息支出的10倍,或伍尔沃思公司1924—1933年间的营业利润一直在2.12~3.66美元之间浮动。但是**我们的观点是稳定性实际上应该是一种质的因素,因为决定稳定性的根源是企业的业务性质而不是其统计数据**。一份比较稳定的记录可以显示该企业的业务具有内在的稳定性,但这个结论也会由于其他条

件而发生变化。"

"在某些公司兴衰无常和缺乏稳定性的表象之下,一个依然存在的事实是,**总的说来,良好的历史记录能够为公司的前景提供比不良记录更为充分的保证**。形成这一判断的基本理由是,未来收益不完全是由运气和有效的管理技能决定的。资本、经验、声誉、贸易合同,以及其他所有的构成过去盈利能力的因素,必定会对企业的未来形成相当大的影响。"

的确,历史不能代表未来,但从历史中人们可以找到未来的影子。正是因为遵循了老师的教导以及经过自己长期的投资实践,巴菲特才得出一个结论:"在伯克希尔,我们从没有妄想过从一堆不成气候的公司中挑出幸运儿。"(巴菲特,2000 年致股东的信)

需要提醒的是,公司历史的稳定性尽管是"质"的表现,但未来会因为各种条件的变化而有可能发生改变。因此在判断公司未来前景时,历史表现只是其中一个参考要素,投资者需要持续关注公司的商业模式、竞争优势以及进入壁垒这些公司的"基本故事",是否会因环境的改变而出现大的乃至根本性的变化。

还是那句话:几乎没有什么公司可以长期放入箱底后不予理会,定期体检对每家优秀公司而言都是一项必要的行动。

误读 79:高收益必伴随高风险吗

讨论:回报与风险并不成正比。

我们按设定的三个小标题,从前辈的论述中寻找答案。

1. 风险高低与你"明智的努力程度"有关

"这是一个古老的原理。从这点出发已经形成了一个概念:投资者所预期的回报率或多或少与他准备承担的风险成正比。我的观点是不同的。更确切地说,投资者所追求的回报率依赖于投资者愿意和能够达到目标的明智的努力程度。"(格雷厄姆,《聪明的投资者》)

2. 低风险才能高回报

"写本书的初衷有两个:其一是阐明了诸多投资者面临的陷阱,通过突出许多投资者的错误,我希望能够学会避免损失。其二我推荐投资者遵循一个特定的价值投资哲学。价值投资是以客观的折扣买入内在价值被低估的证券的交易策略,以最小的风险获得较好的长期投资回报。"(塞思·卡拉曼,《安全边际》)

3. 追求具有高确定性的回报

"在投资股票时,我们预期每一次行动都会成功,因为我们已将资金集中在那些具有稳健财务、较强竞争优势、由才干与诚实兼具的经理人所管理的公司上。如果我们再能以合理的价格买进,出现投资损失的概率通常就会非常小。事实上,在我们经营伯克希尔的 38 年里(不含由通用再保险与 GEICO 自行做出的投资),我们从股权市场获取的投资收益与投资亏损之比大约是 100∶1。"(巴菲特,2002 年致股东的信)

通过以上论述以及我们自己的观察与投资实践,我们认为所谓高风险才能有高收益(或倒过来说——现代投资理论就是这样认为的——高收益必将伴随高风险）的观点不仅不成立，事实上有时还正好相反。

一个好东西本来卖 100 元，由于市场犯错（这经常发生），价格跌至 70 元甚至更低，就出现了价值投资者所形容的"天上掉金子"的情景。当然，不同的视角下，有人会认为这反而加大了投资风险，但一个合格的价值投资者是不会这样认为的。

误读 80：如何理解市场长期是"称重器"

讨论：这个问题没有看起来那样简单。

有不少网友曾经指出：既然股价每时每刻都是市场竞价后的结果（投票的结果），那么市场短期是投票机，在长期的任何时点上它也应当是投票机，不可能随着时间的推移就突然变成了"称重器"。

其实，差不多 100 年前，就有人回答了这个问题。

在埃德加·史密斯所著的《用普通股进行长期投资》一书中有一张曲线图，显示了 1837—1923 年美国股市中普通股市值的变动状况。自然，和其他的股价图一样，它虽不断震荡起伏，但总体是向上的。对这张图，埃德加在书中是这样总结的："当我们把目光投向低股价区域时就不难发现，它们向上的趋势是连续的，从 1857 年的低谷到 1878 年、1885 年、1896 年、1908 年、1914 年和 1917 年的低谷……将所有这些点连接起来，就得到一个逐渐上升的曲线。"

我们自己也可以做这个实验：随便找一家过去十年（时间越长越好）业绩出色的公司，调出它的 K 线图，然后自己做三条连线：

（1）最高价连线。

(2)中间价连线。

(3)最低价连线。

再看看它们的走势,你就会理解为何格雷厄姆和巴菲特说"市场短期是投票机,长期是称重器"了。

的确,在股市运行的每一个时点上,市场都是投票机。但把这些所有时点的"投票"结果连接起来后,你就会发现,长期来看市场其实就是一个"称重器"。

最后需要强调的是,人们的投票行为很多时候会受到情绪(乐观与悲观)的左右。因此,股价的短期变化是很难预测的。而市场在一段时间后行使它的称重功能时,这种情绪的影响就会随着企业业绩的逐步明朗而趋于弱化。

误读81:巴菲特的持股到底是集中还是分散

讨论:所谓"集中"应仅限于伯克希尔持有的上市公司股票。

先看巴菲特公司"持股"的集中度(见表7-4):

表7-4 伯克希尔持仓集中度(前五只股票的市值占比)

1977年	1982年	1987年	1992年	1997年	2002年	2007年	2012年
59.29%	77.73%	100%	85.52%	75.94%	73.38%	55.78%	63.42%

注:1987年只有三只股票。

总体上看,排在前五名的股票在伯克希尔经营前期的资产占比会较高一些,加上巴菲特不止一次地在致股东的信里声明自己是一个集中投资者,我们基本可以说:在管理伯克希尔经营的前期,巴菲特无疑是一个集中投资者(本书的前面有相关论述)。

不过到了后期，问题开始变得稍显复杂一些了。由于从20世纪90年代中后期开始，伯克希尔的经营重心开始向私人企业收购偏移，公司整体的投资结构随之慢慢地出现了一些变化，无论是资产构成还是利润构成，来自私人企业的贡献都在逐年增大。尽管有了这些变化，巴菲特在股票投资上仍可以被视为一个集中投资者，这是因为他所信奉的集中投资，其背后的逻辑并没有发生什么改变。

不过有一点需要指出，伯克希尔的综合实力能保障他们即使这样做也不会出大错：

（1）他们有来自非股票投资且分布于多个领域的数以亿计且源源不断的利润流。

（2）有巨额的且不断增加的保险浮存金。

（3）公司有着极为保守的财务策略，等等。

正如上面所述，今天，当我们问巴菲特是不是一个集中投资者时，恐怕视角只能以股票投资为限。否则，面对一家下辖七八十家私人企业的上市公司，再简单说他们仍然在进行集中投资，恐怕就与事实不符了。

误读82：巴菲特的财富都是在很老以后赚到的

讨论：一起做一个计算吧。

假设：

（1）巴菲特1965年的资产净值为680万美元。

（2）之后50年的净值增长率（年复合）为20%（这两个数字都与事实相差不远）。

那么在其45岁、55岁、65岁、75岁、85岁时，财富净值是这样分布的：0.42亿、2.60亿、16.14亿、99.9亿、618.8亿。

可以看出，巴菲特的绝大部分财富都是75岁以后赚到的，但这个简单的数字（请读者回忆一下所谓复利的神奇）游戏却把以下事实给忽略掉了：巴菲特在而立之年已是千万富翁（经过货币和通胀调整）；35岁时已是亿万富翁（经过货币和通胀调整）；50多岁时拥有20亿美元的财富；63岁时曾经一度成为美国首富。

这不禁让人想起四个馒头的故事……

记得十几年前，本书的其中一个作者在街头的一个书摊前遇到一对情侣，当他们看到有一本书是写巴菲特时，就发生了这样一番对话。女：巴菲特好像很有钱哦？男：我才不会学他呢！听说他的钱都是在很老以后才赚到的。

你会是那个小伙子吗？

误读83：巴菲特抛弃烟蒂投资是否只是因为他的资金规模变大了

讨论：并非简单如此。

伯克希尔持有的股票市值越变越大的确是一个不争的事实，见表7-5：

表7-5 伯克希尔持仓市值　　　　　　　　　　（单位：亿美元）

1977年	1982年	1987年	1992年	1997年	2002年	2007年	2012年	2017年
1.8	9.4	21.1	114.4	362.4	283.6	750.00	876.6	1 705.4

资料来源：伯克希尔年报。

市值越变越大，自然不只是源于所持股票价格的增长，还有公司资金规模（主要是保险浮存金）的贡献。但操作投资的"进化"（巴菲特语）是否只是因为资金规模变大了呢？我们不太认同这个看法。其实在早期的致股东的信里，巴菲特就曾经指出过"烟蒂"法的弊端：

"除非你是一个清算专家，否则买下这类公司实属不智。首先，原来看起来划算的价格到最后可能并没有给你带来任何收益。在经营艰难的企业中，通常一个问题刚被解决，另一个问题就又浮出水面——厨房里的蟑螂绝不会只有你看到的那一只。其次，先前的低价优势可能很快就被企业不佳的经营绩效所侵蚀。例如你用 800 万美元买入一家公司，然后能够尽快以 1 000 万美元的价格将其出售或清算，你的投资回报可能还算不俗。但如果卖掉这家公司需要花上你 10 年的时间，而在这之前你只能拿回一点可怜的股利的话，那么这项投资就会十分令人失望。时间是优秀公司的朋友，却是平庸公司的敌人。"（巴菲特，1989 年致股东的信）

循着历年巴菲特致股东的信进行寻找你将不难发现：巴菲特的操作策略从"烟蒂"进化到对优秀企业的集中持股，尽管确有资金规模变大的原因，但这应当不是变化的唯一原因甚至是主因。巴菲特对喜诗糖果投资案例的总结，也许可以说明这一点：

"芒格和我有许多地方要感谢查克·哈金斯和喜诗糖果，其中最明显的一个理由就是他们不仅帮我们创造了非凡的利润，而且其间的过程也是如此令人愉快。同样重要的是，拥有了喜诗糖果，让我们对于应如何去评估一项特许事业的价值有了更多的认识。我们靠着在喜诗糖果身上所学的东西，在别的股票投资上又赚了很多的钱。"（巴菲特，1991 年致股东的信）

可以这样说，费雪、芒格以及喜诗糖果等公司投资案例的成功，对巴菲特后期操作策略的改变有着很大的影响。资金规模变大是一个原因，但绝不是唯一的原因。

最后，我们再用巴菲特1987年的一段话来结束我们的讨论："需要特别注意的是，你们的董事长虽然以反应快速著称，不过我却用了20年的时间才明白买下好生意的重要性。在那段时间里，我一直在努力寻找便宜的货色，不幸的是真的就被我找到了。我在这些诸如农具机械制造、三流百货公司与新英格兰地区的纺织工厂身上，结结实实地上了一课。"（巴菲特，1987年致股东的信）

误读84：巴菲特的投资理念全部来自其前辈，没有自己独创的东西

讨论：有点言过其实。

说这番话的人，我们猜他（她）应当没有完整读过巴菲特历年致股东的信，否则不会出现如此武断的结论。

尽管我们自己也常说：巴菲特是价值投资最成功的集大成者，但这并不意味着在他所涉足的这一领域，完全没有他自己的个人建树。试想，一个没有个人思想建树的人，又如何经常被美国媒体称为最伟大的投资人呢？仅仅是因为他赚的钱最多？

巴菲特与前辈们最大的不同也许在于，他不仅是一个成功的投资人，还是一个成功的管理者和资本家。而一个在多个领域都声名卓著的人，一个如此成功的"三面佛"，如果没有属于个人的思想建树，是难以想象的。

由于本书的篇幅所限，我们仅列举几个关键词吧，在每一个关键词的背后，都有着精彩的故事。它们包括但不限于：对保险浮存金的理解与成功运用、先行一步的关系投资、几乎独树一帜的公司

治理、超小的公司总部、宽广得令人咋舌却十分成功的管理边界、对衍生工具及其危害的深刻认知、马与骑师理论、商业模式视角、企业文化、护城河、一个纯粹的股权持有者、2.0 的安全边际理论、超级集中投资者（曾经将 20 多亿美元的资产全部"押"在三只股票上）……

误读 85：如何给一家公司做定性研究

讨论：先从四个关键要素开始。

老实说，这不是一个寥寥几句就可以回答清楚的问题。最稳妥的办法就是去读巴菲特历年致股东的信，里面有大量的关于如何给企业做定性研究的表述。尽管如此，我们还是决定在这里为那些想偷点懒的读者提供几个观察企业的重要视角（全部源自巴菲特）。如能准确把握，定性研究至少能成功一半。

1. 商业模式

这个角度是要我们去分析，在下面给出的三种商业模式中，你的目标企业属于哪一种：

（1）一般竞争型（企业只能生产大众化且同质的产品与服务）；

（2）市场特许型（企业能生产具有独特品质且难以替代的产品与服务）；

（3）两者之间型（比如强势的一般竞争型或弱势的市场特许型）。

2. 竞争优势（护城河）

不管哪一个产业，都有其特定的竞争变量。一般来讲，竞争变量越多的产业，其竞争性就会越强，处于这个产业的企业，其发展前景也就越发具有不确定性。股票投资，理应回避处于这类产业中的企业。

除此之外，就要对具体的竞争变量进行评估了。典型的变量有成本的高低、品质的优劣、服务的好坏、技术的强弱等。比如盖可保险的优势是成本、喜诗糖果的优势是品质、《华盛顿邮报》的优势是内容、可口可乐的优势是口碑与品牌，等等。特别需要注意的是，当企业的某项竞争优势变得难以复制或难以超越时，就构成了企业的护城河。

3. 资本模式

关于这一条，巴菲特至少有四个提问：
（1）企业赚钱靠的是有形资产还是无形资产？
（2）事业的维持与扩展是轻资本投入还是重资本投入？
（3）企业每年赚的钱是股东利润还是海市蜃楼？
（4）企业历年的资本支出是低效还是高效（一元钱的投入是否能带来至少一元的市值提升）？

4. 管理团队

对管理团队的评价，一是"德"，二是"才"。所谓"德"，主要是看企业管理者是否事事都能以股东价值的最大化为行动目标。所谓"才"则涉及多个方面,其中的重点就是看他们的领导力究竟如何。至于何为领导力,市面上有关这方面的研究著作很多,我们就不赘言了。

综上所述,如果一家公司有一个好的商业模式、一种高效的资本模式、一条宽广的护城河、一支优秀的管理团队,就理应是一家优秀的上市公司。

误读86:巴菲特也会逃顶吗

讨论:不会。

关于巴菲特也会"逃顶"的说法,应当与1969年的合伙人解散和巴菲特在1987年股市大跌中的表现有关。我们认为,之所以有不少人把这两次事件解读为巴菲特成功"逃顶",是因为他们并没有看到事情的全貌,只是根据一些表象做出推断。

先说1969年。

从《滚雪球》一书以及当年巴菲特致股东的信中我们可以看出,导致1969年合伙公司解散的原因是复杂的、多元的。比如,巴菲特想购买更多的"整体生意"、想成为"全国范围内的出版商"、想"慢下来"以便不再让自己"完全沉迷于与投资的兔子赛跑"等,不只是想"高位套现"甚至是"逃顶"这么简单——尽管当时的股市确实比较热。

再看1987年。

有不少读者或许看过当时的有关报道,说巴菲特一直在指示其股票经纪人卖股票，从而给人一种仓促出逃的假象。但真实情况又是如何呢？我们还是用数据说话吧，一起来看两张表（见表7-6和表7-7）。

表7-6 巴菲特1986年的持仓明细

持股数量	公司名称 （市值大于2 500万美元）	成本价 （千美元）	市场价 （千美元）
2 990 000	大都会/美国广播公司	515 775	801 694
6 850 000	政府雇员保险公司	45 713	674 725
2 379 200	哈迪哈曼	27 318	46 989
489 300	Lear-Siegler公司	44 064	44 587
1 727 765	华盛顿邮报	9 731	269 531
合计		642 601	1 837 526
其他持仓		12 763	36 507
总持仓		655 364	1 874 033

表7-7 巴菲特1987年的持仓明细

持股数量	公司名称	成本价 （千美元）	市场价 （千美元）
3 000 000	大都会/美国广播公司	517 500	1 035 000
6 850 000	政府雇员保险公司	45 713	756 925
1 727 765	华盛顿邮报	9 731	323 092

从这两张表中我们可以看出：

（1）1986年的五只主要股中有三只在1987年继续持仓。

（2）这三只继续持仓的股票在1986年的总持仓市值中占比93.16%。

（3）1986年股票市值为18.74亿美元，1987年股票市值为21.15亿美元。

下面的这段摘录来自《滚雪球》："在股灾发生后，人们耳边不断听到股市崩盘的消息，不断被累加的损失轰炸着。但是巴菲特、芒格和鲁安等人却在考察股票价格，不断打着电话。股灾之后，他们没有选择抛售股票，而是在不断买进！对，他们在不断买进！"

误读87：巴菲特对卖出的股票好像从来不会再买回

讨论：这样做的逻辑并不复杂且这个观察也不全对。

在巴菲特掌管伯克希尔的50多年里，确实曾卖出过很多股票，数目远远多于他长期持有的那几只，绝大部分确实也没有再买回来。为何如此？我们可以很简单地做出如下三个层面的推论。

1. 卖对了，自然不会再买回

比如大都会/美国广播公司：1996年被迪士尼收购，1997年后巴菲特开始减持迪士尼股票，1999年后再无看到大都会的身影。比如通用食品：从1979年持有到1984年，后来公司被菲利普·莫里斯公司高价收购，在1985年的持仓中已看不到它的身影。这样的"卖出"，自然也不能再买回来了。再比如中国石油：原来的买入就有点儿低价套利的色彩（对外国股票，巴菲特的投资一直很谨慎），也就是说，当时之所以买入，主要是因为股价太便宜，后来股价不便宜了，就卖了。

2. 买错了，更加不会再买回

在巴菲特已卖出的股票中，绝大部分是因为买错了。这样的股票,自然不可能再把它们给买回来。巴菲特买入的股票中能被他长期(10年以上)持有的并不多,就那么几只,大多数的股票后来都被他卖掉了。卖掉的原因有很多,但最主要的原因是他"看错了",出现了"评估上的失算"(巴菲特语)。

3. 卖错了,有时也会买回

如果我们把目光局限在1977—2015年,则除了大都会这只股票外(1980年卖出,1984年又买了回来),其他股票基本没有出现卖出再买回的情况。但如果我们把目光放宽至巴菲特的整个投资生涯,情况就有些许的不同,而重新买回一些股票的原因也很简单:卖错了。这些股票包括1952年卖出的盖可保险,1967年卖出的迪士尼,以及早期卖出的美国运通等。这些被卖出的股票经过几年甚至几十年后,又被巴菲特买了回来。由于早年的巴菲特还没有实施长期持股的策略,因此这些股票就被过早地卖出了。

> **误读88:既然股价波动频繁,为何不高卖低买呢**
>
> **讨论:** 这样做反而会增加投资风险。

我们分四个角度,用四段摘录来说明为何巴菲特从不高卖低买。

1. 股价的短期走势难以预测

"每年我都和一千多家的公司负责人谈话,而我免不了会听到各种挖金人、利率论者、联邦储备观察者以及财务神秘主义者的论调，大都引自报上的文字。数以千计的专家研究超卖指标、超买指标、头肩曲线、看跌期权、提早赎回率、政府的货币供应政策、国外投资，甚至看星相、看橡树上飞蛾的痕迹等，但他们还是无法有效地预测市场，就像罗马帝国皇帝身边的智士，绞尽脑汁也算不出敌人何时来袭击。（彼得·林奇，《彼得·林奇的成功投资》）

彼得·林奇的话同巴菲特的一贯看法高度一致。

2. 不要用确定换取不确定

"如能次次做到高抛低吸，显然没有理由不这样做，因为除了获取股息收入、利润增长收入和市场收入外（我们可称之为三项收入），你还可以额外地不断获取交易性收入。只是要面对这样一个问题：当你低价买入一家优秀上市公司时，你的三项未来收入基本上属于可确定的收入，你付出的无非是时间而已。但如果你还想进一步获取交易性收入，那么由于后者是不确定的，你等于是用确定的收入去换取不确定的收入。"（费雪，《怎样选择成长股》）

巴菲特一向的做法是：追求回报的确定性。

3. 没有理由卖出优秀的股票

"我关于何时卖出的总体观点可以归纳为一句话：如果当初买进普通股时，事情做得很正确，则卖出的时机是——几乎永远不会来到。"（费雪，《怎样选择成长股》）也有人把这句话翻译成："没有任何时间适宜将最优秀的企业脱手。"

这段话和芒格的看法如出一辙,而芒格是巴菲特的合伙人兼伯克希尔的副董事长。

4. 投资滑向投机

"投资者想从市场水平的变化中获利——当然是通过所持有证券的价值随着时间的推移而上涨,但也有可能是通过按有利的价格进行购买和出售。他的这种兴趣是必然的,也是合情合理的。但是这涉及一个非常真实的危险:有可能导致他采取投机的态度和行为。"(格雷厄姆,《聪明的投资者》)

格雷厄姆对巴菲特的影响就无须赘言了。

误读89:巴菲特的高复利回报是否以抑制消费为代价

讨论: 不尽然。

我们先谈一个过去聊过的话题:将一个厚1厘米的纸板对折20次,最后的高度是1万多米。但如果每次对折后都将其削薄0.3厘米,那么最后的高度就变成了406米。不起眼的0.3厘米竟会产生如此悬殊的差距,这就是复利的神奇。

再假设一位有较高投资素养的先生有本金100万元,未来40年可获得年均15%的回报,那么40年后他的净资产就是2.68亿元。但如果他每年都将5%(即1/3)的回报用于个人消费(或减持股票,或消费股息),那么最后的净资产就会变成4 526万元,仅为上一数据的17%左右。

这两个事例告诉我们，湿雪与长坡都很重要！

但人活在世上并不只是来积累财富的，否则大家都变成葛朗台就没有什么意思了。我们就以巴菲特为例，尽管他经常以复利的思维思考眼下消费对未来财富的影响，但这与他本人的性情有关，其他人不一定也需要这样做——况且到了中后期，巴菲特的消费水平可一点都不低。

如何平衡消费与投资，恐怕还要看个人有一个怎样的生活追求，这里没有标准的答案。如果你想生活得奢华一些，滚雪球的厚度就需要削薄一些；如果你对奢侈没有什么追求，就可以适当加大滚雪球的厚度。

明白自己在做什么，这才是最重要的。

误读90：巴菲特进行股债平衡操作吗

讨论：基本不做。

对这个疑问，我们简要回答如下：

（1）巴菲特一生买过不少国债和企业债，原因之一是买入时巴菲特认为它们的回报不低于当时的股票（巴菲特认为现金流贴现同样适用于债券）。从这个角度看，如果要说这就是股债平衡，也似乎无可厚非。

（2）不过，巴菲特持有巨额的国债，主要目的是要保持伯克希尔的流动性，以便在保险公司有巨额赔付要求时，公司始终有足够的现金。从这个角度看，说巴菲特搞股债平衡，似乎又有些牵强。

（3）大家已知道巴菲特是一个股票长投者，这一操作策略与股债平衡背后的思考似乎有点矛盾。伯克希尔在股价过高时,也会卖掉一些股票,但都不会是伯克希尔重仓持有的股票。即使有到账的保险浮存金,但他可能也会因股价不合适而暂缓买入股票,但这算不算搞股债平衡,则见仁见智。

(4) 查看过去数十年伯克希尔的股票持仓市值,似乎也难以得出巴菲特一直进行股债平衡操作的结论。

误读91:巴菲特如何看一家公司未来5~10年的经济前景

讨论:通常用几把尺子量度。

1. 是否为自己看得懂的生意?

这里的重点不在于你是否为相关行业的业内人士或专业人士,即使答案是否定的,只要你能真正读懂生意背后的商业逻辑,也应当视为你是"懂"这门生意的。关于这一点,我们在前面的"能力圈"话题中已经谈过了。

2. 公司是否有稳定的经营史?

这里面至少包含两个含义,一个是产业,另一个是财务。一家总是在不同行业中跳来跳去的公司,在巴菲特看来就像是在流沙中建设城堡,其前景自然不易让人放心。除此之外,一家上市公司,如果其财务数据的历史表现不太稳定(比如 ROE 或 EPS 不停地上蹿下跳),其未来也会让人堪忧。

3. 公司是否有一个好的商业模式？

这一条其实与第二把尺子有关联。在巴菲特的老师格雷厄姆看来，公司财务虽然是一个定量指标，但却是公司定性指标的外在表现。如果公司有一个好的商业模式，其财务的历史表现一般就不会太差。至于什么是好的商业模式，请参考误读 85 的问答：如何给一家公司做定性研究。

4. 公司是否有一个好的管理者？

尽管巴菲特经常讲马比骑师重要，船比船长重要，但在评价一家公司的未来前景时，它是否有一个好的管理者，则从来都是巴菲特眼中的一个重要指标。怎样的管理者才能入巴菲特的法眼呢？这里列举几个关键词供参考：忠诚（股东利益相关）、诚实（信息披露相关）、经验（企业经营相关）、能力（个人素养相关）、献身精神（个人品质相关）。

当然，你自己也可以举一反三，设置属于自己的"尺子"。比如本书的作者之一在投资股票时，一般都会选择那些有长期消费体验的上市公司。

误读 92：如何把握合适的进场时机

讨论：以估值为基础。

以估值为基础,转化为以下三个操作要点。

(1) 投资决策绝不会受到市场上任何有关宏观经济或大盘短期走势预测的影响。这里的关键词是"短期走势预测",因为巴菲特始终看好美国经济或股票指数的长期走势,但对其短期走势则从来不去理会。他只关注一点:某只股票是否有长期投资价值?

(2) 当估值不乐观时,就等待市场犯错。市场犯错有大盘层面的,有行业层面的,还有公司层面的。伯克希尔在20世纪70年代的大举建仓得益于市场在大盘层面出错,买入媒体和航空股得益于市场在产业层面出错,而买入美国运通和盖可保险则得益于市场估值在公司层面出错(所谓出错一般都是指市场出现了过度反应)。

(3) 需要具备独特的、能够看透事情本质的长远目光。不管市场在哪个层面出错,你都需要有不同于大多数人的且大多是正确的眼光。都说天上掉金子时要用桶(而不是顶针)去接,但如果投资者的目光不具备穿透性,恐怕每次都会落得一个叶公好龙的结局。

> **误读93:伯克希尔的净值增长逐渐放缓是投资体系改变的结果吗**
>
> **讨论:**当然不是。

很多年来,市场上类似这样的疑问似乎一直不绝于耳。我们的看法很简单,主要原因就是资金规模的拖累。如果将现今的伯克希尔比作一架装满旅客的空客A380,那么早期的巴菲特合伙就相当于一架战斗机。你让它们两个比飞行速度,显然对前者不公平。

市场上之所以一直会有这样的疑问,我们猜可能与人们的一个固有看法有关：股票应该是用来炒的，只有不断地高卖低买，才有望取得超额回报。买入一只股票后拿着不动，是很难取得辉煌战果的。万一选错了，结果就更加不堪设想。

从巴菲特历年致股东的信中可以看出，巴菲特从早期的格式操作转变为后期的买入持有，除了因为资金规模变得越来越大以外，主要原因还在于旧有的操作模式在后来的投资实践中越来越"难以为继"。有关这方面的论述，读者可看看 2014 年致股东的信，在对过去 50 年的总结中，巴菲特对此有清晰的表述。

误读 94：安全边际是定量指标还是定性指标

讨论：应当两者都有。

先看巴菲特的两段表述：

"来自格雷厄姆－多德镇的超级投资者所具备的共同智力架构，帮他们探索企业的内在价值与该企业市场价格之间的差异。"（1984 年在哥伦比亚大学演讲）

"我们在买股票时，必须要坚守安全边际。如果我们所计算出来的价值只比其市场价格高一点，我们就不会考虑买进。我们相信，格雷厄姆十分强调的安全边际原则，是投资人走向成功的基石所在。"（1992 年致股东的信）

由于内在价值和市场价格都是可以量化的，因此安全边际理应是一个量化指标。其实无论是格雷厄姆的原始表述，还是巴菲特早期的一些对安全边际的诠释，都偏重于认为它只是一个量化指标。

不过，当芒格的思想开始逐渐深入影响巴菲特时，问题似乎就变得不那么理所当然了，至少不那么纯粹了。巴菲特在致股东的信中曾多次引用来自芒格的那句著名的话:"以出色的价格买入一家普通的企业,不如以普通的价格买入一家出色的企业。"这里面所包含的信息我们认为不仅仅是操作思路的改变,它还包含了另一个重要改变:安全边际不再仅仅是一个量化指标。

什么意思呢?我们的理解是:即使经保守计算的某家企业内在价值仅仅比其市场价格高了一点点(正所谓"普通"或"合理"价格),但只要这是一家信得过的杰出企业,也可以放心买入。换句话说就是:除了股票价格的高低外,企业的"杰出"程度,也能决定其安全边际的大小。

误读95:特许经营权与护城河是一回事吗

讨论:有了护城河,才有特许经营权。

根据巴菲特的相关表述,特许经营权的三个要件是:

(1)产品被需要;

(2)难以替代;

(3)有定价权。

产品被需要是基本前提,无须解释。难以替代这个要件应当至关重要,因为没有这一条,就不会有后面的"定价权"。

什么情况下,公司的产品可以做到难以替代呢?我们觉得至少要做到两点:

(1)产品具有明显的差异性;

(2)这种差异性背后有强大的竞争优势或核心能力作为支撑。

B夫人的家具店有定价权吗?有,因为它们有难以置信的成本优势。

茅台公司有定价权吗？有，因为他们的酒不仅好喝，而且背后的竞争优势难以逾越。

被巴菲特经常挂在嘴边的，是他认为一家优异的上市公司必须有护城河，而且这个护城河越宽越好。什么是护城河呢？我们认为就是指公司的竞争优势。这个竞争优势越是强大，其护城河就越是宽广。

综合所述，特许经营权中最难能可贵的就是"难以替代"。为什么难以替代？因为公司有强大的竞争优势，从而构建起难以跨越的护城河。

误读96：核心竞争力与护城河是一回事吗

讨论：可以这么说。

我们先来看核心竞争力（也可描述为核心能力）的三个基本要件（根据普拉哈拉德的相关定义）：

（1）能为公司创造价值；

（2）属于公司（而不是某个人）所有；

（3）难以模仿。

能为公司创造价值是基本前提，无须解释。属于公司所有，是指这项能力并不会因某个关键人物的离职而不复存在。而难以模仿这条最为关键，没有这一条，其他两条就都没有什么意义了。如何理解难以模仿呢？

这样的例子其实不少。巴菲特为何买入盖可保险？因为它的综合优势难以模仿。一些股票为何能被伯克希尔持有数十年？也是因为它们有着难以模仿的核心能力。其实我国的不少上市公司也有着自己的核心能力。上文提到的茅台自不必说，即使看起来有点同质化经营味道的招商银行，其零售业务优势也是在短期内难以模仿的。

总之，当竞争优势难以模仿时，就构成了企业的核心能力；当一家公司有着自己的核心竞争力时，在企业的周围就会形成一道难以逾越的护城河。

误读97：一般散户能通过股票投资实现财务自由吗

讨论：一看你的具体标准；二看你的初始本金；三看你的盈利模式。

先谈标准。尽管我们先提到了标准，但我们不准备在这里给出具体的数据，因为每个人（比如消费水平）以及每个城市（比如房价）的情况不一样，我们无法给出统一答案。不过这不妨碍你自己预先定出一个标准，然后再进行下一步的计算。

再看本金。为了易于说明问题，我们将股票投资回报率（年复合）统一定为四个档次（假设你已有一定的投资素养）：

（1）保守：10%左右；

（2）稳健：12%左右；

（3）进取：15%左右；

（4）乐观（较难达到）：18%左右。

这样，你就可以按照自己选定的回报率来倒推你的初始本金要求了。当然，如果你有源源不断的新增资金加入，就会得出不一样的初始本金要求（有些计算器可帮助到你）。

最后看盈利模式。说实话，如果没有足够的初始本金以及源源不断的新增资金,仅靠自己的那一点工资,想早日实现财务自由是比较难的。巴菲特为何可以?除了他具有极高的投资素养外,还有两个要素不可或缺:一是早期投资合伙公司有利润分成;二是后期的保险公司有源源不断的巨额浮存金流入(为盈利提供了强有力的财务杠杆)。

最后啰唆一句:我们不提倡一开始就想着尽快将证券投资职业化(除非你的专业让你一毕业就成了职业投资人)。年轻人最好先做好自己的本职工作,在努力赚钱的同时,把证券投资当作私人财富保值增值的工具。很早就想着通过股票投资实现财务自由,恐怕会欲速则不达。

误读98:如何按照巴菲特理念进行资产配置

讨论: 产权重于债权。

关于这个问题,巴菲特在2011年致股东的信中给出过很好的意见,我们摘录三段如下。

1. 关于债券

当然,获取固定收益回报的投资者所面对的通胀风险,可以通过高利率而得到补偿。事实上,20世纪80年代早期的利率表现就很好。然而,今天的利率水平已无法弥补投资者所承担的购买力风险。如今的债券应该被贴上一个警示标识……对于现在的情形,华尔街人士斯尔必·库洛姆·戴维斯在很久以前的一句有些嘲讽意味的评论倒很是适用:"昨天的债券可提供无风险收益,今天的债券仅提供无收益风险。"

2. 关于黄金

对于那些几乎对所有资产都有恐惧感——特别是纸面资产（正如我们曾提醒过的：这种担心倒是有几分道理）——的人来说，黄金无疑是最好的持有对象。然而，黄金有两个显著的缺点：它既没有什么实际用途，也不具任何的生产性。确实，黄金有一些工业和装饰上的用途，但此类用途不仅需求有限，也远不足以吸收新的黄金产量。还有，你手中如果有一盎司黄金，100年后它仍然还是一盎司黄金。

3. 关于股票（或生意）

我自己最喜欢的是第三类资产：即那些有着生产能力的资产，它们包括生意、农场、房地产等。在理想情况下，这些资产能在通货膨胀时期通过产出保持自身的购买力，同时只需要较少的资本再投资。农场、房地产和其他生意，如可口可乐、IBM 以及我们的 See's Candy，都能满足这种双重的测试……我相信，在任何一段较长的时间内，事实都会证明：这一类投资，相对于我们已经检验过的其他两类资产，将会是遥遥领先的赢家。更重要的是，它也最安全。

其实早期的（20世纪20年代）埃德加·史密斯以及后来的格雷厄姆和费雪等，对此就有过精彩论证，正是听了这些大师级投资者的劝告，本书作者的（金融）资产配置中，股票一直占有很高的比重。

误读 99：巴菲特与现代投资理论有交集吗

讨论：我们的个人看法——基本没有。

现代投资理论曾催生了多个诺贝尔奖获得者，因此我们恐怕没有资格在这里妄加评论。不过，这是一个绕不开的话题，就连巴菲特自己也曾经多次提到过这个问题。

由于问题过于深奥与庞杂，而我们的水平又实在有限，因此我们选择偷懒的方法：仅就三个关键词进行简要的讨论。对相关理论的具体内容以及它的提出者及其专业背景，我们就不做介绍了（读者可在网上获取进一步的信息）。

1. 标准差

关于有效证券组合的具体话题我们就不在这里讨论了，只聊聊一个重要术语：标准差。这个专业术语后来被归为对非系统风险的度量，可以理解为一只股票或一个股票组合的预期收益有一个怎样的离散度，离散度越高则风险越大。由于里面涉及大量的数学运算，我们就此可以简单提出看法：它与巴菲特投资没有什么交集——因为后者一直强调，他们的方法所需要的数学知识在小学就已经学完了。

过于简单粗暴？其实背后的逻辑也许没有那么简单：如果所谓的离散度是指股票内在价值的离散度，它也许有一定道理。但如果它只是指股票价格的离散度，就是另一回事了。举个也许并不恰当的例子：短期看，股票市场的波动幅度远大于债券市场；但长期看，股票的总体收益不仅高于债券，而且"风险更低"（参见巴菲特2011年致股东的信以及《投资收益百年史》这本书）。而当巴菲特和迪姆森等人给出这些结论时，我们觉得他们应当不会考虑所谓"标准差"的问题。

2. 贝塔值

如果标准差被归为对证券组合非系统风险的度量，那么贝塔值就是对证券组合系统风险高低的度量。简单理解就是，如果股票或组合的价格波动高于市场本身，它就是高风险的，波动的相对幅度（即贝塔值）越大，风险就越大。对此巴菲特又是怎么看的呢？可以用一句话来概括：错得有些离谱（我们就不展开讨论了，有兴趣的读者可参见1993年致股东的信）。

我们还是以茅台这只股票为例：当其股价因"限制三公消费"而几乎腰斩时，在很多人看来此时买入茅台的风险不仅没有降低，反而是提升了。然而，如果你是一个信奉买入并持有的投资者，并且深入了解茅台这家公司背后的成长逻辑，你也许就会得出完全相反的结论。

总之，无论是巴菲特提到的《华盛顿邮报》，还是我们提到的茅台，都证明用所谓的贝塔值去回避系统风险是有逻辑瑕疵的。当然，这种分歧还源自投资人的认知以及所处地位的不同。如果你是一个机构投资者，可能会认可贝塔值背后的逻辑；但如果你是一个私人投资者，结论也许就会大相径庭。

3. 有效市场

如何定义有效市场一直存在争议，但有一条结论应当是无异议的：由于有价值的信息会及时准确地反映在股市上，因此你不能仅凭基本分析而长期战胜市场。你发现地上有 100 元钱，是否去捡呢？按照市场有效的逻辑，不应去捡，因为它根本不可能发生，因此钱即使有，也肯定是假的。

显然，有效市场的逻辑与巴菲特投资背后的逻辑是相违背的。按照巴菲特等"主动选股"派的观点，说市场有效，简直就是荒谬至极。而有效市场论者的观点同样旗帜鲜明：由于市场定价有效，主动选股不如被动投资——即选择并长期跟踪一只指数基金。

在是否进行指数投资上，这两者看起来似乎有了共同语言。然而背后的逻辑却又十分不同：巴菲特多次提倡指数投资，针对的是那些没有选股能力的人；因为你选股能力欠缺，所以不如买指数基金。而有效市场论者鼓励人们进行指数投资，是基于他们相信没有人可以靠主动选股而长期获取超额收益。

有趣的是，现代投资理论的缔造者们，不止一个获得了诺贝尔经济学奖；而极力反对这一学说的人，却成了世界上最富有的人。

后　记

后记

读 书 名 单

在本书最后的部分,我们希望能与读者们分享巴菲特曾经推荐过的一些著作。我们这么做的原因有二:(1)巴菲特的投资体系不是凭空构建出来的,其中的许多甚至大部分内容都是来自于前辈的思想,读一读这些原著,实在不无裨益。(2)巴菲特曾在多个场合提出,投资者如果想在证券市场中取得长久的成功,首先要做的一件事就是博览群书。而按照大师的指引去读书,无疑会大大提高我们的学习效率。

巴菲特不但建议投资者要博览群书,他本人就是一个博览群书的楷模。在巴菲特的官方传记《滚雪球》中,有两段让我们记忆深刻的描述:"虽然政治是霍华德(巴菲特的父亲——作者注)的主要兴趣,赚钱次之,但对他的儿子来说,这两种兴趣的地位却是相反的。沃伦一有机会就去父亲的办公室转悠,读《巴伦周刊》上的《交易者》专栏文章,看父亲书架上的书。"这段记录至少告诉我们两点:(1)兴趣是能够做到博览群书的基本前提。(2)巴菲特在少年时(当时大约10岁)就已经开始阅读证券书籍了。

关于巴菲特在纽约哥伦比亚大学求学期间学习格雷厄姆的《证券分析》的一段记录中,《滚雪球》里这样写道:"作为《证券分析》这本书的主要起草者和构思组织者，多德（哥伦比亚大学教授，《证券分析》一书的合著者——作者注）对书的内容当然非常熟悉。不过，关于教材本身，沃伦·巴菲特说：'事实上，我比多德更了解教材。我可以引述书里的任何一段内容。当时，这本书差不多有七八百页，我知道里面的每一个例子，我已经把内容全部吸收了。'"比老师兼作者本人更了解教材里的内容，这不能不让每一个读书人都感到汗颜。

查理·芒格，这个被人们成为"贪婪的读者"的人，是这样评价合伙人巴菲特的："在我的整个一生里，我还不认识什么不读书的智者，绝对没有。沃伦看过的书也许会让你感到震惊……"[一]

下面我们将巴菲特曾经向投资者作出过正式推荐的书籍作一个简要的介绍。

《证券分析》（*Security Analysis*）

由本杰明·格雷厄姆和大卫·多德合著，1934年首次出版发行，正是由于这本书的出版，格雷厄姆后来才被人们称为"证券分析之父"。巴菲特曾为本书第6版亲自作序，足见本书对他的影响。有一个出处不详的报道曾这样描述巴菲特对这本书的重视程度："我告诫自己，在读完《证券分析》这本书12遍之前，不要买任何一只股票。"1984年巴菲特发表的那篇著名文章——《格雷厄姆——多德镇的超级投资者》，其出处就是他为哥伦比亚大学纪念《证券分析》发表50周年而作的演讲。

《聪明的投资者》（*Intelligent Investor*）

由本杰明·格雷厄姆所著，1949年首次出版发行。这是一本

[一] 摘自《投资圣经》。

被巴菲特推荐次数最多的著作。在 1984 年致股东的信中巴菲特写道:"我个人认为,至今最佳的投资教材,是格雷厄姆所著的《聪明的投资者》一书中最后一个章节提到的那句话:最聪明的投资是从生意角度来看的投资。"时隔 10 年后,在对纽约证券分析师协会的一次演讲中,巴菲特指出,源自《聪明的投资者》中的三个基本思想(把股票当作细小的商业部分、正确对待股价的波动、安全边际。)"从现在起直至百年后,都将会被当作正确投资的基石"。在 2003 年致股东的信中,巴菲特又一次向投资者做出推荐:"贾森·兹威格去年重编了《聪明的投资者》,这是我个人最钟爱的投资工具书。"在 2004 年致股东的信中,巴菲特对这本书做出了这样的评价:"我在 19 岁读到这本书后感到茅塞顿开""把股票当作一项生意去投资是我几十年来投资行为的精髓所在。"

《怎样选择成长股》(*Common Stocks and Uncommon Profits and other writings*)

由菲利普·费雪所著,1958 年首次出版发行。应当说这本书对巴菲特超越老师格雷厄姆的"捡烟蒂"式投资起到了重要作用。我们曾作过一项粗略的统计,经巴菲特表述并实施的各项投资策略中,大约有 60 个源自费雪这本书中的思想。在 1987 年给《福布斯》杂志的一封信中巴菲特写道:"20 世纪 60 年代初期,在拜读了《怎样选择成长股》一书后,我拜访了菲利普·费雪。和本·格雷厄姆一样,他的思想极为简单,却很有深度,我一直想拜访这位曾经给予我巨大影响的伟人。于是,我未约先至,贸然拜访了费雪先生。当然,费雪对于我是何人一无所知,但这却丝毫没有减少他对我的款待。他是一个天生的老师,对于一个渴望知识的学生有问必答。40 多年以来,在我的投资理念中,无处不渗透着他的思维。

否则,伯克希尔的股东就不可能有如此之多的财富。40年前,本·格雷厄姆和菲利普·费雪是我心中仅有的投资伟人,今天依然如此。"

《用普通股进行长期投资》(*Common Stocks As Long-Term Investments*)

由埃德加·史密斯(Edgar Smith)所著,1924年首次出版发行。巴菲特是在1999年太阳谷会议上向与会者推荐这本书的,并称这本书"对1929年狂躁的股市进行了细致深入的分析,充满了智慧"。[一]由玛丽·巴菲特与大卫·克拉克所著的《巴菲特原则》也提到过这本书,并指出本书作者关于企业的保留盈余增加了企业附加值的观点对格雷厄姆和巴菲特的思想体系具有较大的影响。

《大牛市:涨升与崩盘》《交易室里最聪明的人》《不确定的年代》

三本书的英文名称及作者分别是 *Bull*——Maggie Mahar 著、*The Smartest Guys in the Room*——Bethany McLean 和 Peter Elkind 合著、*Uncertain World*——Bob Rubin 著。这三本书是巴菲特在2003年致股东的信中向投资者做出推荐的,并认为它们是"2003年投资人应当仔细一读的好书","这三本书都写得相当翔实,文笔也颇佳"。

《核子恐怖主义:最终可避免的大灾难》《穷查理宝典》

这两本书的英文原版名称及其作者分别是 *Nuclear Terrorism: The Ultimate Preventable Catastrophe*——Graham Allison 著和 *Poor Charlie's Almanac*——Peter Kaufman 著。在推荐第一本书时,巴菲特

[一] 摘自《滚雪球》。

指出这是一本"所有关心国家安危的人必读的书籍"。而在谈到第二本书时,巴菲特是这么说的:"一直以来许多学者都在争论查理是否为富兰克林再世,我想这本书或许可以消除大家的疑问。"(巴菲特2004年致股东的信)

《探寻智慧:从达尔文到芒格》《客户的游艇在哪里?》

这两本书的英文原版名称分别是 Seeking Wisdom: From Darwin to Munger 和 Where Are the Customer's Yachts。

前者是由瑞典的一位伯克希尔的长期股东 Peter Bevelin 所著。《客户的游艇在哪里》是由小弗雷泽·施威德所著,"在1940年首次发行后一共再版了四次"(巴菲特2006年致股东的信)。十分巧合的是,本书的其中一位作者曾经于1999年在某证券报上向投资者推荐过这本书。当时是为了提醒投资者要密切关注"交易成本"的问题,以免让"客户的游艇在哪里"这样的悲剧在中国票股市场重演。遗憾的是,在以后的10年里我们没有看到投资者的行为模式有什么实质性的改变。

以上列出了巴菲特的"荐书"名录,我们认为这是投资者的必读书目。不过,若要做到"博览群书"的话,投资者们要读的书当然不止这些。下面我们仅就还有哪些书能够有助于准确了解巴菲特的投资思想,提出一些建议。

我们首推的是巴菲特历年致股东的信。有条件的读者最好能阅读这些信的英文原版,至少要与中文译本对照着读(某些翻译水平实在是不尽如人意)。接下来是由中国财经出版社出版的《巴菲特:从100元到160亿》,这是巴菲特历年致股东的信的缩编版,不想读全文的读者也可将这本缩编版拿来一读。我们推荐的第三本书是巴菲特的官方传记《滚雪球》,共分上下两册,尽管里面对巴菲特的具体投资事宜谈得不多,但我们还是能从中管窥出一些巴菲特的真实的投资思想。第四本书是由玛丽·巴菲特与大卫·克拉克合著的《巴菲特原则》,在我们看来,这是一本把巴菲特的投资思想诠释得比较准确的书。最后,我们推荐有时间的读者还可以看一看由罗伯特·麦尔斯所著的《巴菲特的 CEO 们》这本书,它将有助于我们更为全面地了解巴菲特。